接続

SETSUZOKU
2002

vol. 2

Ⅰ【特集】つくられた子ども Children Created

#『接続』のために

『接続』は「開かれた場」です。関心を持つ領域は参加者によってまちまちですが、各人がそれぞれの視点、すなわち専門の異なる視点から、同じテーマについて議論を進めてゆきます。いわば、異なる「知の領域」を接続する試みなのです。

『接続』の試みは〈特集〉〈交差点《クロスロード》〉〈はじめての接続〉の三つの場で行われます。異なる立場から議論を重ね、互いに接続しあった結果は、〈特集〉〈交差点《クロスロード》〉に収められた「論考」と、それとの「ダイアローグ（対話）」をとおして報告されます。

〈特集〉のテーマは最初から設定したものではありません。それぞれの視点に沿って、連歌のように少しずつテーマをずらしながら議論する中で、到達した現在の地点に過ぎません。少し異なる方向に進んだ議論には〈交差点《クロスロード》〉で出会うことになるでしょう。

『接続２００２』では、参加者の関心が「子ども」に集まりました。参加者それぞれが、子どものあつかわれ方の歴史や、文学作品などにおける子どもの表象などについて論じ、対話するなかで、やはり、「子ども」のイメージが時代の大人たちによって「つくられたもの」にほかならないことが見えてきました。「子ども」は、時代の困難さを象徴する存在であるとともに、大人たちの希望を託す存在でもあったようです。特集のタイトルは、「つくられた子ども」としました。フィリップ・アリエス（『〈子供〉の誕生』）や柄谷行人（「児童の発見」）が語るように、「子ども」が「大人」と区別されて、「子ども」として取り立てられ、時代のイメージを託されるようになったのが近代以降のことであるなら、この特集は、『接続２００１』の「【特集】近代再訪」の議論とも接続するものといえます。

『接続』は「大学」と「社会」、「教員」と「学生」、「世代」と「世代」を接続する試みでもあります。それぞれの論考は、学術研究フォーラム*での発表・討論や、教室での学生とのやりとり、講演・留学・学会発表など、いろいろな場所での、いろいろな人との接続からヒントを得ています。〈はじめての接続〉では、まだ見ぬ、より若い世代との接続を目指します。

そして何より、『接続』は読者のみなさんとわたしたちを接続する試みです。ダイアローグは、みなさんとわたしたちの間に開かれています。この試みに興味をお持ちの方は、ホームページにアクセスして、ぜひ議論に参加していただきたいと思います。

http://www.hituzi.co.jp./setsuzoku/

わたしたちの試みが、人と人、心と心、知と知の「接続」を、少しでも広げることを願って。

二〇〇二年五月

『接続』刊行会

*学術研究フォーラム——教員・学生・社会人を問わず、領域を越えて知見を交換し、議論する場。担当者の発表と、自由討論からなる。現在は一〜二ヶ月に一度、明星大学日野キャンパスで開かれている。

I

【特集】

つくられた子ども

Children Created

生きにくさの抜け道[1]

『北方教育』、宮沢賢治、『赤い鳥』

宮川健郎

1 泣くことからの脱却

「泣くことからの脱却」と題して、子育ての途上での経験のひとつをエッセイに書いたことがある。上の子が小学一年生、下の子がまだ三歳、そのころは仙台の大学につとめていて、エッセイは、地元の新聞『河北新報』の夕刊に書いたものだ（一九九五年九月一九日、共同連載「のびのび子ども学」第一九回）。

○

子どもは、なぜ泣くのだろう。「泣く子」との切れ切れのコミュニケーションを試みる日々がつづいている。

宮川朔、みやかわ・さく、長男、三歳。

夏のおわりの日曜日。妻が、あるワークショップに参加するため、朝から出かけ、夜七時すぎにかえってきた。朔は、妻について行き、一日、託児をされていた。小学一年生の姉は、夏

1▼『生きにくさの抜け道』は、小児科医である毛利子来（もうり・たねき）さんの著書のタイトル（岩波書店、一九九九年七月）。同書の副題は、「子どもと大人の黙示録」である。

風邪なので家で留守番。私は、娘の面倒を見ながら、いそぎの仕事をしていた。

　帰宅した妻と朔は、まず、シャワーをあびて、ようやく夕ごはん。食事のあと、朔は、ビデオで大好きなアニメ「黄金勇者ゴルドラン」を見はじめた。

　三〇分ほど、見ていただろうか。もう九時だから、ねなくっちゃということになって、ふとんをしき、ビデオも消した。そうしたら、消してはだめ、と朔が泣き出したのである。

「もうおそいから、ねよう」と教えても、「おかあさんにだっこしてねよう」となだめても、泣き声は、大きくなるばかりだ。寝室へは入ろうとせず、リビングの床にねて、足をばたばたさせて泣いている。その声は、あけっぱなしの窓から外へもれて、マンション中にひびきわたると思われた。

　一〇分以上たっても、まったく泣きやむ気配はない。あきれた姉が「おとうさん、朔のこと、おこったら……」とささやくけれど、まる一日の託児で疲れているのはよくわかるから、おこる気にもなれない。その日は、蒸し暑かったし、託児室は狭かったというのだ。しかたがないから、ただ、泣かせておいた。

　さらに、一〇分ほどすると、朔は、泣きながら、「おかあさん、きて、きてー」といいはじめた。「じゃあ、ねようね」と妻が朔をつれに行き、だっこして、寝室に来た。が、朔は、『おかあさん、おこりんぼうで、こないで！」とむくれている。妻がこわい顔をしているのが気にいらないのだ。そして、「もう一回する！」といい出した。

　結局、ふたたび、朔をリビングの床にもどした。彼は、思い出して、また泣きはじめた。しかし、泣き声は弱い。私が「さっきは、もっともっと泣いてたぞ」と注文をつけ、姉が「足をばたばたして、おかあさん、きて、きてーっていわなきゃ」と「演出」すると、朔は、「大泣きする自分」をもう一度やりはじめた。先ほどの激しさが再現されたと思われたとき、妻が、ことさらに、にこにこしながら登場した。——「朔ちゃーん」

これを「演劇的知」(中村雄二郎)[2]というのか、「泣く自分」を演じることによって、「泣くこと」から抜け出すことができたのだろう、朔は、ずいぶん晴れ晴れと、ふとんに来た。ところが、電気を消したとたん、「のど、かわいた」と朔。三〇分も泣けば、のどもかわく。四人で台所に行き、冷蔵庫のジュースを四つのコップにわけた。ジュースを飲みほして、また、寝室へ。今度は、ほんとうにねた。

2　もうひとつのチャンネルを

日本作文の会が編んだ『年刊日本児童生徒文詩集』二〇〇一年版(『作文と教育』臨時増刊、二〇〇一年八月)を読んで、感想を述べるようにという依頼があり、「もうひとつのチャンネルを——『年刊日本児童生徒文詩集』二〇〇一年版感想」という題で書いた(『作文と教育』二〇〇一年一一月、特集=作品のなかに子どもをよむ)。その感想文のはじめに、つぎのように述べた。

○

『年刊日本児童生徒文詩集』二〇〇一年版を通読した。いちばん心にのこったのは、小学二年の詩の部のはじめに掲載されている「学校から帰ったら」だった。

学校から帰ったら

あわの　たつや

げんかんあけて

2▼中村雄二郎『魔女ランダ考——演劇的知とはなにか』(岩波書店、一九八三年六月)を参照のこと。

「ただいま」と言って
じぶんで
「おかえりなさい」
おかあさんはしごとでいないけど
大きな声で　言ったら
げん気が　出ます。

神戸市の小学二年生あわのたつやくんの、この作品について、「作品のみかた　小学２年【詩】」には、つぎのように書かれていた。文責は、江口季好《すえよし》さんだ。
〈どのことばも、どの行も、まったくむだなことばのない七行の詩である。自分で自分をはげましている作者の生活態度がいじらしい。〉

江口季好さんは、〈作者の生活態度がいじらしい。〉と見ているけれど、あわのくんの内面で起こっているのは、もっとちがったことなのではないか。それは、同じく二年生の、とみたなおやくんや、大かわらゆうなさんの中で起こっているのと地続きのことだと思う。「作品のみかた」に、〈子どもたちのこんな楽しい生活とことばは、できるだけ詩として表現させておきたい。明るい学級づくりともなり、集団のよろこびの詩ともなる。〉（とみたなおや「いもほりワンワン」について）、〈こんな愉快な子どもたちの情景はどんどん詩として書きとめさせたい。大きくなってからも、すてきな思い出となろう。〉（大かわらゆうな「給食」について）と書かれた、その二作品を引いてみよう。

いもほりワンワン

とみた　なおや

「ほれほれ。」
いもほりしたよ
ブチ
ザクザク
「ここほれワンワン」
ぼくが言った
そうしたら
ようすけくんが
「ワンワン」
って言ってるうちに
おいもが顔を出した

給食

大かわら　ゆうな

給食の時間に
パンであそんだ。

パンを半分にちぎった。

その半分を頭にのせて、

「ちょんまげ」

って、言った。
それをくわえて、
手をついて、こんどは、
「きつつき」
って、言った。
楽しかった。

ゆうなさんの作品を読んで、「給食の時間に遊んではいけません。まして食べ物で遊ぶなんて……」とか、「パンを頭にのせたらいけません。きたないでしょ。」とか、ちょっといいたいけれど、いってはいけない。ゆうなさんのなかで起こっていることを見なければならないからだ。

「学校から帰ったら」を書いた、あわのたつやくんの内面で起こっていることとは何か。それが、なおやくんや、ゆうなさんの内部と地続きだとしたのはどういう意味か。私がそれを考えるヒントになったのが、前節に引いた「泣くことからの脱却」に書いた事柄である。

「泣くことからの脱却」は、新聞に掲載されたエッセイなので、タイトルとは別に、記者が「役者するうち晴れ晴れ」という見出しをつけてくれた。三歳だった息子は、彼の姉や私の「演出」や、妻が相手役をつとめたことに助けられながら、つい先ほどの「泣く自分」を演じ、そのことによって「泣くこと」から脱却することができた。現実とはちがう演劇的な次元を生きることによって、現実を相対化することができたのである。これは、わが家のリビングルームでたまたま行われたことだけれど、このとき、私は、現実を「もうひとつのチャンネル」に切りかえることの意味を思い知ったような気がする。だれだって、現実を現実のままで生きるのはつらい。チャンネルを切りかえ、現実の素《す》の自分を別の自分へといったん切りかえてみることによって、現実のむこうへと抜け出す道が見えてくるのだ。

さて、あわのたつやくんの詩「学校から帰ったら」に話をもどす。あわのくんは、学校からかえった、その玄関という小さな劇場で、「ただいま」という自分を演じ、「おかえりなさい」と相手役のおかあさんをも演じる。「ただいま」「おかえりなさい」という声は大きい。同時に観客にもなり、その場全体を仕切る演出家の役割をもはたしている。見事だ。そして、これは、たぶん毎日くりかえされるロングランの芝居なのだ。

先にも述べたように、あわのくんのすがたを〈生活態度がいじらしい。〉というようなことばで語ることはできない。あわのくんは、現実とはちがう「もうひとつのチャンネル」を発見し、現実をそのチャンネルに切りかえて、そこに生まれた新しい次元を生きる。そのことによって、〈げん気が　出ます。〉――これは、切実だが、それでも、楽しい遊びのはずだ。そして、それが遊びであるという点で、「いもほりワンワン」や「給食」にもつながってくる。なおやくんは、ようすけくんといっしょに、芋掘りを昔話の世界へと転化し、ゆうなさんは、給食の時間を「ちょんまげ」や「きつつき」の世界へと切りかえている。そして、それは、〈楽しかった。〉それが〈楽しかった。〉ならば、そこには、子どもたちの「生きにくさの抜け道」があるのではないか。

3　『北方教育』

第二節に一部を紹介した文章を書いたあとも、私は、あわのたつやくんの詩「学校から帰ったら」についての江口季好さんの見方と私の見方との食いちがいについて考えつづけた。江口さんの見方は、どこから来たものなのか。

江口季好さんは、一九二五年生まれ。江口さんについては、たとえば、つぎのように書かれたことがある。

〈江口季好は生粋の教師である。自らの教師生命を、児童詩を中心とする作文教育と、障害児教育に捧げた。昭和三九年に出した『児童詩の授業』（明治図書）は、戦後児童詩教育界をリードするといっていい名著。戦後における日本作文の会の児童詩を常に引っ張ってきた。〉（畑島喜久生「人と作品」、日本児童文学者協会編『現代日本児童文学詩人名鑑』、教育出版センター、一九九六年七月の「江口季好」の項、カッコ内原文）

江口さんは、児童詩（子どもが書く詩）教育にたずさわるだけではなく、少年詩（子どものために書かれる詩）の詩人でもある。[3]江口さんが〈戦後における日本作文の会の児童詩を常に引っ張ってきた。〉のであるならば、江口さんの仕事は、戦前戦後の生活綴方にまっすぐにつらなっていくはずだ。一九五〇年七月に発足した「日本綴方の会」が、「日本作文の会」と改称したのは、五一年九月だった。生活綴方の伝統をうけついで、活動を展開している民間教育団体である。

生活綴方は、日本の作文教育の歴史において一時代を画した。最近刊行された渋谷孝『作文教材の新しい教え方』（明治図書、二〇〇一年九月）には、作文教育の歴史について、簡潔にまとめた記述がある。

〈学校における作文学習とは、さまざまな必要に応じた文章の書き方について、一斉指導に

3▼江口季好の詩集には、『風、風、吹くな』（百合出版、一九七四年六月）、『チューリップのうた』（同前、一九八六年八月）、『生きるちからに』（同前、一九九一年八月）がある。

おいて、具体的に指導することだった。ところが、明治時代の終わり頃から大正時代にかけて、作文の題材は、児童一人ひとりの生活上の心情について書いてもらうのがよいのだという考え方が起こって来て（芦田恵《え》之《の》助《すけ》の「随意選題」という考え方や、児童雑誌『赤い鳥』の綴方に関する考え方――宮川註）、教室では作文活動はあるが、作文学習指導は乏しくなった。また作文の題材も狭小になった。そして国語科作文学習であることを越えて、一種の生活教育の一環としての認識力の育成の手段の一つになった。

〈一種の生活教育の一環としての認識力の育成の手段の一つになった。〉と評されているのが、生活綴方である。生活綴方は、ある種の「教育方法」であり、「教育運動」だけれど、このことの明瞭なはじまりをあらわすことのひとつが、かつては綴方教師だった小《さ》砂《さ》丘《おか》忠義が主幹となって編集した研究誌『綴方生活』の発刊だろう。一九二九年一〇月のことである。『綴方生活』の立場は、つぎのようなものだった。

〈社会の生きた問題、子供達の日々の生活事実、それをじつと観察して、生活に生きて働く原則を吾も摑み、子供達にも摑ませる。本当な自治生活の樹立、それこそ生活教育の理想であり又方法である。

　吾々同人は、綴方が生活教育の中心教科であることを信じ、共感の士と共に綴方教育を中心として、生活教育の原則とその方法とを創造せんと意企する者である。〉（「宣言」、『綴方生活』一九三〇年一〇月）

『綴方生活』は、生活綴方運動のいわば中央誌的な存在で、各地のうごきを反映している。

一九三五年七月号の巻頭には、雑誌『北方教育』を刊行していた北日本国語教育連盟の名前で「北方性とその指導理論」という論文がよせられている。雑誌『北方教育』は、一九三〇年二月に秋田市で創刊された。元小学校の代用教員、のちには豆腐屋をいとなんでいた成田忠久が、滑川道夫ら若い綴方教師と語らって発刊したのである。彼らは、彼らが「北方性」と呼ぶ地域性にもとづいた綴方教育を展開しようと意識していたのだが、論文「北方性とその指導理論」には、「北方地帯」の「生活性」として、つぎの項目をあげている。

一、貧困及農村不況。二、本人の無自覚、虚栄。三、父兄の無智と強要。四、嫁入準備。五、郷里に適職なし。六、悪周旋人の毒牙。七、家庭不和。八、農村忌避。九、身を寄す血縁なき者。一〇、婚期のおくれるを恥ぢて。一一、自暴自棄。

論文には、つぎのようにもある。

〈先づ私達は、北方の子供たちに、はつきりと、この生活台の事実を分らせる。暗さに押し込める為めではなく、暗さを克服させるために、暗いじめ〳〵した恵まれない生活台をはっきり分らせる。分つたゝめに出て来る元気はほんたうのものであると私達は考へてゐる。〉

「生活台」というのは、『北方教育』の同人たちの独特の造語である。人びとの生きる場所、「地域」というほどの意味だろうか。この論文から、にわかに連想するのは、宮沢賢治だ。

4 宮沢賢治

『北方教育』の教師たちと宮沢賢治とは、同時代の東北を生きていた。『北方教育』の活動と、賢治の後半生とをかさねながら、ごく簡単な年表をつくってみた。

一九二六年　賢治、花巻農学校を依願退職し、開墾生活をはじめる。
一九三〇年　『北方教育』創刊（成田忠久主宰）。
一九三二年　賢治、「グスコーブドリの伝記」発表（『児童文学』第二冊）
一九三三年　賢治、病没。
一九三四年　大凶作。『北方教育』一三号、一四号発行。

宮沢賢治は、一八九六年、岩手県花巻に生まれた。

〈八月二十七日、宮澤賢治生る。（中略）
これより先、六月十五日、記録的な大津波が三陸地方を襲った。午後七時より翌十六日朝まで激震三一回。なかでも八戸附近から雄勝、女川附近までがもっとも悲惨をきわめた。流失、全壊家屋九千三百余、死者二万二千余、農作物はほとんど全滅という惨害をこうむった。
七月には大風雨がつづいて北上川がはんらんし、家が流れ、田畑が荒らされた。夏も寒く、赤痢がはやった。

『北方教育』創刊号（1930 年刊行）

宮沢賢治「グスコーブドリの伝記」
冒頭のカット（棟方志功による）
『児童文学』第二冊（文教書院）1932 年刊行

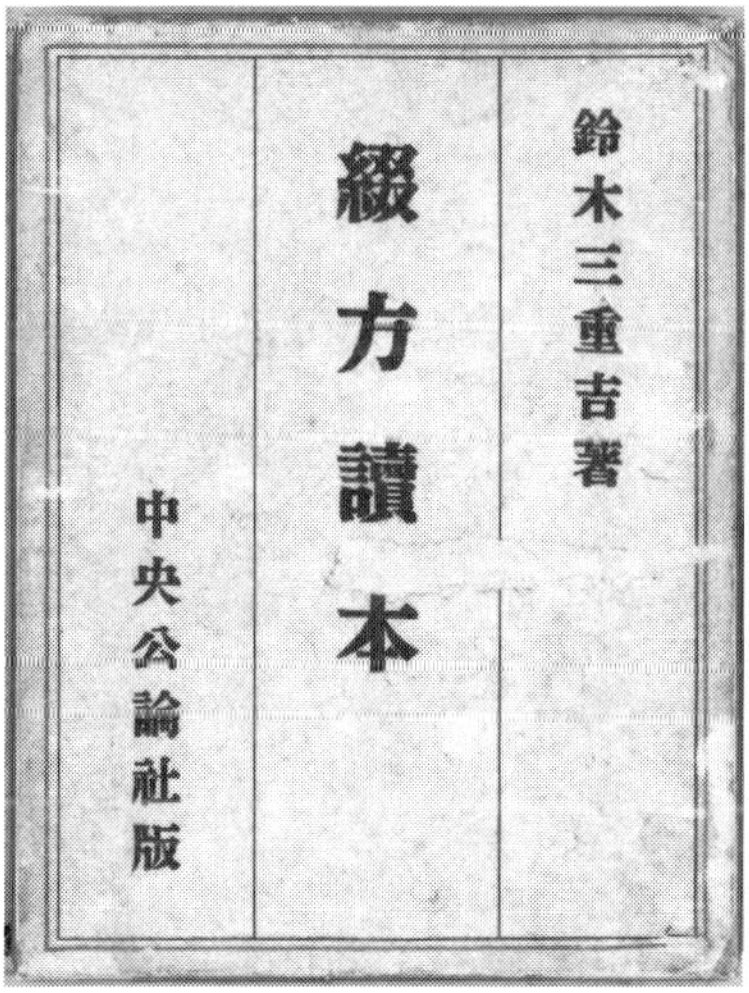

『綴方読本』鈴木三重吉著（中央公論社）1935 年刊行

賢治の生れた八月二十七日から五日めの八月三十一日午前五時、また大地震がおこった。〉

（堀尾青史『年譜宮澤賢治伝』図書新聞社、一九六六年三月）

宮沢賢治は、天災と飢饉のなかに生れた。彼をめぐる現実は、さまざまな問題をはらんでいた。かつての岩手県は「日本のチベット」と呼ばれ、一〇一四（長和三）年から一八六九（明治二）年までの八五五年間に大きな凶作だけで六四回、一三年に一回の割合でおこっているという。賢治が成人するまでにも、一九〇二年、一九〇五年、一九一三年の三度、冷害、凶作に見舞われている。

賢治は、不作、凶作をくりかえす東北の農村を救うために開校された盛岡高等農林学校にまなび、農芸化学を専攻する。研究生時代は、稗貫郡の土性調査に従事している。稗貫農学校教師の職をすて、農民としての生活に入ったのは、三〇歳の春だった。ちかくの村々に無料の肥料相談所をもうけて、稲作指導や肥料設計もした。高等農林での勉強を土台に、不順な天候とたたかおうとしたのだ。一九二七年には、六月までに二千枚の肥料設計書が書かれた。ところが、翌二八年、日照りと稲熱病で稲の出来が悪いのを心配して走りまわり、体をいためつけた賢治は、とうとう発熱、病にたおれてしまう。病気は、両側肺浸潤だった。

一九三〇年、賢治は、いったん小康をえて、その後は東北砕石工場の技師をつとめたりしたけれども、三一年、上京した際にふたたび発熱、帰宅して寝ついてしまった。「雨ニモマケズ」は、このとき手帳に書きつけられたものだ。

宮沢賢治をめぐる現実は、さまざまな問題をはらんでいた。しかし、そのことが賢治のなかの物語る力をかき立てていったのではないか。

病床で、賢治は、童話や詩に手をいれていたが、『児童文学』第二冊（一九三二年三月）に掲載の「グスコーブドリの伝記」も、こうして推敲された。ブドリは、飢饉で父母と死別し、妹のネリとは生きわかれになる。はたらきながら学問をして、クーボー大博士にも出会った。博士にみとめられたブドリは、火山局で仕事をするようになる。

〈すつかり仕度ができると、ブドリはみんなを船で帰してしまつて、じぶんは一人島に残りました。

そしてその次の日、イーハトーブの人たちは、青ぞらが緑いろに濁り、日や月が銅いろになつたのを見ました。けれどもそれから三四日たちますと、気候はぐんぐん暖くなつてきて、その秋はほぼ普通の作柄になりました。そしてちやうど、このお話のはじまりのやうになる筈の、たくさんのブドリのお父さんやお母さんは、たくさんのブドリやネリといつしよに、その冬を暖いたべものと、明るい薪で楽しく暮すことができたのでした。〉

これが作品のおわりだ。ブドリは、イーハトーブを飢饉からまもるために、カルボナード火山島を爆発させて、気候をかえる。引きかえに、ブドリ自身は、命をおとす。

ねたり起きたりの毎日のなかで、賢治は、どんな思いでこの物語を書き直したのだろうか。宮沢賢治は、暗くまずしい〈日本岩手県〉にかさねて、イーハトーブというまぼろしの土地を見たひとである。〈罪や、かなしみでさへそこでは聖くきれいにかゞやいてゐる。〉という（童話集『注文の多い料理店』広告ちらし）。同じように、賢治は、農村改革の志なかばにたおれた賢治自身にかさねて、ブドリの物語を夢見たのではないか。ブドリは、〈世界がぜんたい幸福にならないうちは個人の幸福はあり得ない〉（「農民芸術概論綱要」）ということばを実現してしまった主人公だった。「グスコーブドリの伝記」は、〈ありうべかりし賢治の自伝〉ともいわれる（中村稔『定本宮沢賢治』七曜社、一九六二年一一月）。

宮沢賢治――一九三三年九月二一日、午後一時三〇分永眠。その前夜も、肥料相談の農民がたずねてきていた。絶筆は、〈方十里稗貫のみかも稲熟れてみ祭三日そらはれわたる〉。豊作をよろこぶ歌だった。

『注文の多い料理店』（杜陵出版部・東京光原社、一九二四年三月）は、宮沢賢治の生前唯一の童話集である。その「序」は、左記のように書きおこされている。

〈わたしたちは、氷砂糖をほしいくらゐもたないでも、きれいにすきとほつた風をたべ、桃いろのうつくしい朝の日光をのむことができます。

またわたくしは、はたけや森の中で、ひどいぼろぼろのきものが、いちばんすばらしいびらうどや羅紗や、宝石いりのきものに、かはつてゐるのをたびたび見ました。

わたくしは、さういふきれいなたべものやきものをすきです。〉

賢治の生家は、質、古着商をいとなんでいた。賢治に〈服装に寄せる関心の深さ〉を見出したのは、続橋達雄だ（『宮沢賢治・童話の世界』桜楓社、一九六九年一〇月）。〈ひどいぼろぼろのきもの〉とは、まずしい農民のものだろうか。童話集の「序」は、その〈ひどいぼろぼろのきものが、いちばんすばらしいびらうどや羅紗や、宝石いりのきものに、かはつてゐるのをたびたび見〉たというのである。

〈ひどいぼろぼろのきもの〉を〈いちばんすばらしいびらうどや羅紗や、宝石いりのきもの〉と見る。第二節のことばをつかえば、そこに宮沢賢治の「もうひとつのチャンネル」がある。

不順な天候、それによる不作、凶作、それによる貧困。宮沢賢治をめぐる現実は、いろいろな問題をはらんでいた。だが、そのことが彼のなかの物語る力をかき立てていったのではないか。賢治は、〈ひどいぼろぼろのきもの〉に〈いちばんすばらしいびらうどや羅紗や、宝石いりのきもの〉という物語をあたえる。それによって、困難な現実をこえようとする。困難な現実をこえようとする想像力が『注文の多い料理店』という童話集全体をささえている。

　童話集が刊行されたときの広告ちらしには、つぎのようにあった。これも、賢治の手によるものと考えられる。

〈イーハトヴは一つの地名である。強て、その地点を求むるならばそれは、大小クラウスたちの耕してゐた、野原や、少女アリスガ《ママ》辿った鏡の国と同じ世界の中、テパーンタール砂漠の遙かな北東、イヴン《ママ》王国の遠い東と考へられる。

　。。。。。

実にこれは著者の心象中に、この様な状景をもつて実在した

ドリームランドとしての日本岩手県である。（この行改行赤刷り）

そこでは、あらゆる事が可能である。人は一瞬にして氷雪の上に飛躍し大循環の風を従へて北に旅する事もあれば、赤い花杯の下を行く蟻と語ることもできる。〉（圏点原文、圏点は赤刷り）

　宮沢賢治は、いろいろな問題をかかえていたはずの〈日本岩手県〉が、彼の心象中には、〈ドリームランド〉として実在すると書いた。その〈ドリームランド〉の名が〈イーハトヴ〉という〈創作されたエスペラント風の岩手県の異称〉（小倉豊文「解説」、『注文の多い料理店』角川文庫、一九五六年五月所収）である。賢治は、〈日本岩手県〉という現実を〈イーハトヴ〉

という「もうひとつのチャンネル」に切りかえた。〈賢治にとって岩手県という郷土は、自己を越えるために観念を具現した存在ではなかったか。そこに岩手県がイーハトーヴォに転身する操作があったのではないか。〉という境忠一のことば（『詩と故郷』桜楓社、一九七一年三月）も、このことにかかわる。ここに、宮沢賢治にとっての「生きにくさの抜け道」があったと思う。

境忠一は、〈一種独特の土臭さのようなものが、賢治の作品を他の詩人、作家たちのものから区別する大きな要素になっている。〉とも述べた（同前）。それに対して、〈エスペラント風のバタくささ〉が賢治作品の特徴だとするのが中村稔氏である（『定本宮沢賢治』前掲）。だが、〈土臭さ〉と〈バタくささ〉とは、たぶん二重になっている。賢治は、〈日本岩手県〉を〈イーハトヴ〉という理想郷になぞらえた。彼は、〈日本岩手県〉にかさねて〈イーハトヴ〉を幻視した。〈土臭さ〉が〈日本岩手県〉から、〈バタくささ〉が〈イーハトヴ〉から引き出されるなら、それらは二重になって、賢治のなかに共存している。宮沢賢治のなかに、「方言」の世界と、「エスペラント」の世界が打ちかさなって存在するといってもよい。

5 『赤い鳥』という第三項

同時代の東北を生きていたのに、宮沢賢治と『北方教育』の教師たちでは、ずいぶん生き方がちがう。『北方教育』の教師たちは、現実を決して別のチャンネルに切りかえようとはせず、現実を現実として見つめていこうとする。教師たちのひとり、鈴木正之が指導した高等科二年の佐藤サキの綴方「職業」をめぐるエピソードは、よく知られている。[4] 綴方「職業」は、こう書き出される。

4▼ このことは、渋谷孝『作文教材の新しい教え方』（前掲）でも、『北方教育』の教師たちを描いた、高井有一の小説『真実の学校』（新潮社、一九八〇年一〇月）でも、大きくとりあげられている。

〈父「サキ何職業さつく気だ」
私「ドド（父――宮川註）さ聞いだども、だまつてんもの、俺だて分らなくて農業て書いだ」
父「農業でもする気が」
私「…………」
この頃先生が自分の職業を書く紙をよこした時、どの職業につけばよいやら分らなかつたので、「自分の望む職業」と書いてあるところへは「農業」と書き、「将来希望する職業」というところへは「裁縫」と書いてやつたのであつた。〉

サキは、さらに考えて、交換手か産婆か、「職業婦人」をめざす決心をしたのだけれど、産婆の学校に行くには金がかかり、もう年とった父親にだめだといわれてしまう。彼女の長い綴方のしめくくりは、こうだ。

〈「百姓はやだ」といひたいのを金がないのに家へ手伝ひするからだとは言へ「産婆の学校へ出してくれ」とどうして云はれよう。私は心の中ばかりで思つてゐた。私は一生百姓で終つてしまふのか。
百姓はきらひだといへば生意気かも知れないけれども――銭がかゝらなくて、私に適した職業で家の手助けの出来る職業、私は何時もこんな夢のやうなことばかり思つてゐる。私も、どうかすればよいやら迷つてゐる。〉

『北方教育』の有力な同人のひとり、佐々木昂は、佐藤サキのこの綴方の全文を引いた上でいう。――〈「うそでない」事実であるところのサキの心境をこゝまで吐き出すことが出来たことはサキの並々ならぬ手腕であり、正之（綴方を指導した鈴木正之――宮川註）のそして私たちの大いなる収穫であつた。〉佐々木の「リアリズム綴方教育論(三)」(『北方教育』一五号、一九三五年五月）である。綴方は、うまく書けたかもしれない。しかし、綴方を書いたサキ自身は、出口のない状況におちいっている。佐々木自身も、〈正之がこの「職業」を抱へ込んで来た時私たちはどうだつた。厳然たる生活事実と、そしてそれをたゝかひ抜かうとしてゐる子供の姿の前に立つて物を言ふことが出来なかつたじやなかつたか？（それでも君たちは指導者づら下げてゐるのか――こんな気がした。）〉（傍点・カッコ内原文）と反問している。佐々木の文章の末尾には、カッコでくくって、（作者サキは今私たち同僚の某氏の家で奉公しながら裁縫を習つてゐる。）とある。これは、サキにとって、ひとつの「出口」だったのかもしれないけれども、その「出口」は、サキの綴方を読んだ教師たちが心配し、世話をしてくれた結果であって、サキが綴方を書くこと自体によって見つけられたものではない。

　宮沢賢治と『北方教育』とは対照的であり、同時に、昭和初期の東北地方をその母胎としている点で、二者は、双生児だともいえる。この二者それぞれと対立する立場にあったのが、一九一八年に創刊され、休刊の時期をはさんで一九三六年までつづいた、雑誌『赤い鳥』である。

　生活綴方は、もともと『赤い鳥』を主宰した鈴木三重吉やその協力者であった北原白秋が指導した綴方や児童自由詩の影響下で出発したのだが、やがて、『赤い鳥』指導の綴方や児童詩をいろどっていた文芸主義[5]に反発していく。先の佐々木昂は、対話形式でこう書いている。

〈×（中略）リアリテイこそ、その表現こそ綴方のすべてだ。

×恐ろしいケンマクだな、さう云へるね、どこまでも吾々がリアリテイを追求して来た為

5▼ 鈴木三重吉は、『赤い鳥』に入選した綴方の〈優秀なもの〉のアンソロジー『綴方読本』（中央公論社、一九三五年一二月）を編んで、その「序」に、〈それらの作篇の価としては、第一に、おの〳〵の中に光つてゐる、児童独自の叡智と純情と、鮮鋭な感覚とに頭が下るのを通例とする〉としている。〈いかにすぐれた作でも、方言の対話のひどく多いものは、やはり一般の学校での引例に不向きである点で、二三篇のほかはこと〴〵省き去つた〉としているのも興味深い。

に、ネオ、ロマンチシズムの「赤い鳥」が住み場をなくしてしまつたのだ、追はれてしまつたのだね、それでもまだ〳〵離したがらないで後生大事にしてゐるところもあるよ、ずいぶん長いことご奉公したんだから。〉（佐々木昂「綴方に於けるリアリズムの問題」、『北方教育』九号、一九三二年一一月）

佐藤サキの綴方「職業」の評価や、〈リアリテイこそ、その表現こそ綴方のすべてだ。〉〈どこまでも吾々がリアリテイを追求して来た為に、〉といったことばを読むと、佐々木昂ら生活綴方の教師たちは、「リアリティー」ということに、実は、「生きにくさの抜け道」を見出していたのかもしれないと思えてくる。佐々木の文章が書かれた前年の秋ぐちに、鈴木三重吉は、自らの影響力を回復しようと秋田市をおとずれ、講演会をもよおしている。しかし、生活綴方の新しい勢いを止めることはできなかった。

宮沢賢治が知り合いを介して童話「タネリはいちにち噛んでゐたやうだつた」を『赤い鳥』にもちこんだけれど、掲載をことわられた話もよく知られている。三重吉は、「君、おれは忠君愛国派だからな、あんな原稿はロシアにでも持っていくんだなあ」といったという（堀尾青史『年譜宮澤賢治伝』前掲参照）。先に、宮沢賢治のなかには、「方言」と「エスペラント」が二重になって存在すると書いたが、それに対して、大正期に形成された都市の市民階層の要求にこたえて発刊されたともいえる『赤い鳥』は、象徴的にいえば「共通語」の世界だった。『北方教育』は、「北方性」、つまり、「方言」の世界だろう。『赤い鳥』は、宮沢賢治とも、『北方教育』などの生活綴方とも対立しているのだ。『赤い鳥』―宮沢賢治―生活綴方を昭和初期の児童文化における「三派鼎立」というふうにいう見取り図をつくることもできるかもしれない。[6]

6▼ これは、もちろん、平野謙の昭和文学三派鼎立説から思いついたことである。平野謙『昭和文学史』（筑摩叢書、一九六三年一二月）には、こうある。

〈私小説によって代表される既成リアリズム文学と新感覚派から新心理主義にいたるいわゆるモダニズム文学とプロレタリアートの解放を念願するマルクス主義文学とが鼎立したまま、無条件降伏以後の現代文学の流れにそっくり持ちこされたことは、いいにしろわるいにしろ、やはり昭和文学の大きな特徴として、ここに数えあげておかねばならない。〉

『北方教育』などの生活綴方をマルクス主義文学にちかいものとして、そこへ重ねることはできるかもしれないが、児童文化における「三派鼎立」といったものは、平野のいう「三派鼎立」とはズレている。

小学二年生のあわのたつやくんの詩「学校から帰ったら」をめぐる話から、ずいぶん遠くまで来てしまった。江口季好さんの見方の底には生活綴方があり、私の見方は宮沢賢治の想像力をたよりにしている。そんなふうにいえるのではないか。〈作者の生活態度がいじらしい。〉とした江口季好さんの口ぶりには、生活綴方以前の『赤い鳥』の「童心主義」（子どもを純粋無垢なものとして理想化する考え方）も見えるような気がするが、どうか。

〔参考文献〕

江口季好『児童詩の授業――その基礎としての発達分析』明治図書、一九六四年九月。

江口季好『児童詩教育入門』百合出版、一九六八年八月。

江口季好『児童詩の探求』民衆社、一九七七年二月。

渋谷孝『作文教材の新しい教え方』明治図書、二〇〇一年九月。

鈴木三重吉『綴方読本』中央公論社、一九三五年一二月。

高井有一『真実の学校』新潮社、一九八〇年一〇月。

日本作文の会編『北方教育の遺産――若き日本民間教育運動創始者たちの歩み』百合出版、一九六二年七月。

境忠一『詩と故郷』桜楓社、一九七一年三月。

境忠一『評伝宮澤賢治』桜楓社、一九七五年四月。

中村稔『定本宮沢賢治』七曜社、一九六二年一一月。

堀尾青史『年譜宮澤賢治伝』図書新聞社、一九六六年三月。

宮川健郎『宮沢賢治、めまいの練習帳』久山社、一九九五年一〇月。

ダイアローグ

〈子ども〉という生きにくさ

生活綴方という前近代からの挑戦

◉ 細谷 等

僕は中学まで作文というものが苦手であった。いや、何を書いたらいいのかサッパリわからなかった、というほうが正しいだろう。投げやりに採点された悲惨な結果を教師から突き返され、僕はとまどうばかりであった。「どこが悪いんだ」、とすら思わなかった。僕にはあずかり知らぬ何か規準があって、先生はそれにしたがって評価してるんだな、とおぼろげに感じるだけだった。

ところが、ある日、事態は一変する。いまでも憶えている。詩を書け、と国語の時間にいわれ、何かピンときたのか、「まるでテレビのスイッチを切ったかのようにあたりはシーンとなりました」と僕は綴った。おそらくテレビ好きだったから、こんなフレーズが頭に浮かんだのだろう（当時一日八時間はテレビを見ていた）。教師は僕の詩を「優秀」なものとして取り上げ、皆のまえでそれを褒めた。その瞬間、その教師が何を求めているのか、僕はわかった。彼女（女性の先生でした）は、隠喩であれ直喩であれ、とにかく修辞表現を高く評価し、それを〈子ども〉らしい言い方でひねれば喜んだのである。他愛のないもの、それから僕はバシバシ修辞法を使い、「空き地」とか「自転車」、「半ズボン」、「ブランコ」といった、いかにも〈子ども〉性べったりの殺し文句をたっぷり作文にそそぎ込んでやった。おかげで、「2」ばかりの僕の通信簿に、国語だけは「4」の数字がひときわまぶしく輝いたのだ。これが僕の受けた「生活綴方」教育であった。

一九六〇年、ちょうど僕の生まれる一年前に、フィリップ・アリエスが『〈子供〉の誕生』を発表し、近代以前には〈子ども〉など存在しなかったという強烈な学説を放った。簡単にいえば、僕たちがいま抱いているような〈子ども〉の認識は近代の確立とともに形成されたもので、それ以前には〈子ども〉は「小さな大人」として認識された、ということである。それを受けて、柄谷行人は『日本近代文学の起源』（一九八〇年）のなかで、「内面」／「外界（風景）」の分節化と連動させて、日本では明治二〇年代に「児童」が発見されたと論じた。いずれにせよ、もはや僕たちは〈子ども〉を所与のもの、はじめからそこにあるものとして捉えることはできない。

ということになると、〈子ども〉をめぐる言説は、すべてこの〈子ども〉なる制度や認識を強化・補強、および生産・再生産するものとなろう（したがって、煩雑になるのを承知で、すべて〈子ども〉とカッコ付きで表記する）。とりわけ、柄谷がいうように、「真の子ども」を追求しようとすれば、それは本来自然でないものに「自然さ」を求める「倒錯」した手続きとならざるをえない。つまり、僕たちは子どもを語ることはできず、〈子ども〉について語るしかないのだ。したがって、判定は「真」か「偽」かとはならず、説得力があるかないかだけになってしまう。しかも、その説得力の規準ですら、時代・文化によって大きく左右されるのだ。

おそらく、「生きにくさの抜け道」において、宮川健郎が江口季好に、あるいは生活綴方に、違和感を感じたのは、彼(女)らの〈子ども〉をめぐる言説が誤っていたからではなく、そこに説得力を見いだせなかったからであろう。宮川の表現を借りれば、それは「チャンネルの切りかえ」方の問題なのだ。著者は、綴方教育が「現実を決して別のチャンネルに切りかえようとはせず、現実を現実として見つめていこう」としたと述べているが、そうではなかったことを彼自身の論が語っている。論のなかで引用されている『北方教育』のマニフェストによれば、綴方教育とは、「暗さを克服させるために、(〈子ども〉たちに)暗いじめぐした恵まれない生活台をはっきりわからせる」ことを目的とする。それは見えなかった現実を別の角度から見ることで、〈子ども〉たちに「現実」を認識させる教育である。すなわち、現実が映らないチャンネルから、映るそれへの切りかえ方を教える方法にほかならないのだ。ちなみに、そのチャンネルは、「貧困及農村不況」や「悪周旋人の毒牙」、「本人の無自覚」といった、綴方教育が掲げる認識すべき「暗さ」の項目からもわかるように、そうしたプロレタリア文学的な枠組みで構成されている。荒俣宏がいうように、プロレタリア的視点はけっして現実のありのままの描写とはなりえず、それ自体の物語論理を宿したひとつの見方、ひとつの表象、ひとつの「チャンネル」としかなりようがない(荒俣宏『プロレタリア文学はものすごい』)。生活綴方もまた、宮川自身が認めるように、「生きにくさの抜け道」を探るチャンネルの切りかえだったのである。

では、なぜ宮川は綴方教育のチャンネルに説得力を見いだせなかったのであろうか。その答えは、もうひとつのチャンネルの切りかえ方、宮沢賢治の切りかえ方のほうに、なぜ彼が説得力を見いだしたのか、という表裏をなす問いかけのなかに見つけられるかもしれない。

宮沢賢治は〈日本岩手県〉をイーハトヴという〈ドリームランド〉に読みかえる。生活綴方とは違い、彼のチャンネルには、「貧困及農村不況」や「悪周旋人の毒牙」といった、いわば〈大人〉向けの毒々しい現実性《リアリティ》は検閲されて映らない。テレビ番組に喩えれば(比喩は僕の得意とするところだ)、賢治と生活綴方の関係は、『ドラエモン』と『プレイガールQ』の関係と同じようなものだ。ちょうど『ドラエモン』が子ども向けのアニメとして異論なく見られるように、誰もが違和感なく賢治の作品を「童話」として読み、「児童文学」として定義する。しかし、『北方教育』をまえにしたとき、僕たちは『プレイガールQ』のパンチラ・キックを食い入るように眺めている小学生に出くわしたときにも似た当惑を覚えよう（生活綴方と血縁のプロレタリア文学が、エログロ要素満載のキワ物文学とも読めることを思い出そう）。「私は一生百姓で終わってしまうのか？」などと書く〈子ども〉は、僕たちの〈子ども〉の概念から完全にはみ出す。しかし、はみ出すことによってわかるのは、綴方教育的〈子ども〉像の誤謬とかその教育法の欠陥などではなく、僕たちに刷り込まれた〈子ども〉の認識の強度である。綴方をする〈子ども〉たちをまえにして、ほとんど生理的な拒絶を感じるとしたら、それは〈子ども〉という制度・認識が骨の髄まで染み込んでいることの証左にほかならない。宮川が生活綴方のチャンネルを嫌悪した理由も、ここにあるのではないか。彼にとって、綴方する〈子ども〉は、認識の枠外にある何か、よくいっても説得力に欠ける児童像としてしか映らなかったのであろう。

すると、綴方教育は、ある意味で〈子ども〉という制度に著しく逆行する先祖帰り的現象であったとはいえないだろうか。綴方教育は、小林多喜二や葉山嘉樹のように生々しい現実を書くよう児童に指導する。いわば〈大人〉の見方を〈子ども〉に教え込むのだ。つまり、綴方教育の教師たちは、〈子ども〉を「小さな大人」として扱っているわけである。その点、宮沢賢治は近代以降の〈子ども〉という制度に愚直なまでに忠実といえよう。江口の小学生の作文にたいするコメントにしても、綴方教育ほどではないにしろ、〈子ども〉を「小さな大人」として見ているふしがある。「まったくむだのないことば」とか「生活態度がいじらしい」とかいったことは、僕たちの頭のなかにある〈子ども〉にはそぐわない表現だ。本田和子ならいうだろうが、〈子ども〉は論理や言語システムから逸脱した「むだなことば」を弄するものであり、日常の「生活態度」からは遊離した「ひらひらした」存在でなければならない（本田和子『異文化としての子ども』）。しかし、これもまた〈大人〉が分節化した〈子ども〉の属性なのだ。綴方教育が〈大人〉の言葉を〈子ども〉に語らせようとしたように、〈子ども〉という制度は〈大人〉の抱くイメージどおりに〈子ども〉が存在し（「まれびと」としてであれ、「演劇的知の使い手」としてであれ）、語ることを期待する。どのみち、そこには〈子ども〉と便宜的に名づけられたモノ自体は不在であり、またそれは別の意味で〈子ども〉という生きにくさをもたらす枠組みとなるのだ。

宮川は、綴方教育を受けた「サキ」という児童の綴方を「教師たちが心配し、世話してくれた結果」という。「サキ」は〈大人〉のマウスピースにすぎないというわけだ。一方、たしかに、彼が引用してくる〈子ども〉の作文は、「書くこと自体によって見つけられたもの」のように読める。しかしそこには、著者が使うのとは違った意味で、「演劇的知」が働いていないだろうか。つまり、〈子ども〉は〈大人〉が何を期待しているかを知っていて、まさに〈子ども〉を演技しているのだ、と。例えば、「あわのたつや」くん。一見淡々と日常生活を何の意味もなく綴っているように見えながらも、「おかあさんはしごとでいないけど」と胸を打つ一文をさりげなく滑り込ませる。なかなかの修辞家である。また、「とみたなおや」くんにしても、「大かわらゆうな」ちゃんにしても、本田和子好みの擬音を多用したり、ルイス・キャロルばりのナンセンスを彷彿とさせたりと、僕たちの〈子ども〉像に安心の保証を与えてくれるものばかりだ。彼(女)らの作文を読むと、僕は中学生のころを思い出してしまう。そう、そう書けば、きっと〈大人〉は喜んでくれる（小学生の彼(女)らの姿が中学時代の僕と重なるのは、ひとえに僕の知的未成熟のためであるが）。おそらく、彼(女)たちは、僕のようにあざといわけではなく、素直に自分の思ったことを書いたのであろう。しかし、ちょうど十九世紀にヒステリー患者が医者の思惑を察知して、なかば無意識に期待通りのヒステリー症を演じたように、彼(女)らも直感的に教師の期待に応えたとはいえないだろうか。となれば、「たつや」くんも「ゆうな」ちゃんも、「サキ」と同じように、〈大人〉を語っているにすぎない。ただ違うのは、「サキ」が露骨に〈大人〉の言葉を語らせられたのにたいし、「たつや」くんたちは〈子ども〉という〈大人〉の概念をしっかり内面化し、あたかも〈子ども〉自身の言葉であるかのようにそれを語ったことである。

以上述べてきたような難癖に近い論評をされることを、宮川は百も承知であったに違いない。それは、生活綴方と賢治や〈子ども〉たちの作文になかば本質主義的な差異を設けつつも、両者を同じく「生きにくさの抜け道」と見なさざるをえない、彼の逡巡する論理展開にはっきりと伺える。綴方教育は遅れてきた前近代として〈子ども〉という自明性に挑戦し、宮川を、そして僕たちを、戸惑わせ、愚弄する。僕たちは、生活綴方を近代以降の規範でもって高みから断罪してはならない。むしろそこに見るべきは、自らの立脚点を改めて問わせる認識論的な裂け目であろう。

近世日本・庶民の子どもと若者

子殺し、育児、しつけ、折檻

神辺靖光

最近、頻発している実母の子どもに対する虐待がモチーフである。

明治初期の人口統計によると士族は総人口の五パーセントにすぎない。平民九五パーセントのうち、商人、職人、その他の庶業一〇パーセントと推定すると八五パーセントは農民であった。江戸時代、農民の割合はもっと多かったろうし、庶業といえども農業を兼ねていた。わずか五パーセントの武士の家庭や子どもをあつかっても近代日本人の原生活とは言えない。よって武士を除く庶民の子ども、若者、娘達に焦点をあてる。

あつかう子どもの出自は貧しい農民である。彼らは無筆の者が多いから自分の生活や子どものことを書き残していない。従って当事者の記録から書くことができない。しかし菅江真澄[1]や喜田川守貞[2]のような学者が各地を廻って見聞した庶民の暮らしを書いているし、喜多村信節の『嬉遊笑覧』の如き江戸時代の百科事典もある。風俗画や歌舞伎、江戸落語などから庶民の生活を想像することもできる。明治になってから前時代の風俗を博捜した三田村鳶魚や宮武外骨の編著書も多い。また常民の生活を追求した柳田国男や宮本常一の民俗学の業績から近世の庶民生活を推測することもできるし、近年、急速に進んだ近世庶民生活史の研究から教えられる

1▼ 江戸中期の国学者、紀行家。旅から旅の生涯を送り、各地の風土、民俗を記録した。『菅江真澄遊覧記』全五巻（平凡社東洋文庫一九六五年）がある。

2▼ 「守貞謾稿」の著者。『近世風俗志』全五冊（岩波文庫一九九六年）がある。

ことも多い。これらによって考察しよう。

表題の近世日本はおおむね江戸時代をさすが、庶民の生活はそのまま、明治期につながった。明治期は西洋風と江戸期の生活が並行した時期である。昭和戦前期まで続いた近世的生活習慣もある。そうしたことについては江戸時代にこだわらずに叙述する。

1 子どもを待ち受ける災難

生類憐れみの令と捨子

徳川五代将軍は犬公方という不名誉なあだ名をつけられている。犬を切った下級武士を流罪にしたり、吹矢で燕を射殺した子供を死罪にしたと『徳川十五代史』に載っているし、江戸に充満していた野犬を保護するために江戸郊外（現JR中野駅前）に巨大な犬小屋を建てたのだから犬公方と称されても仕方あるまい。以後、犬の過保護ばかり誇張されて話を面白くした。しかし動物を憐れむあまり人間の生命や生活を軽んじたわけではなかった。人間を襲う狼や田畑を荒す鹿は撃ち殺してもよかった。保護するのは犬ばかりでなく、長年、人間のために働いた牛馬を見殺しにするなとも言っているし、行き倒れの病人を手厚く看護せよとも言っている。生類憐れみの令は犬類憐れみ令ではなかった。

世は元和偃武《えんぶ》3▼から七〇年もたっている。獰《どう》猛な戦国武士は絶滅し、新しい武士は役人に変った。戦国時代の殺戮《りく》暴行はすさまじく、侵略した土地の女房、娘を犯すことなど朝めし前、文字通りの焼き殺し、磔《はりつけ》、串刺し、股さき、生き埋め等、暴虐の限りをつくした。戦争がなくなるにつれてこうした暴虐行為は少なくなったろう。しかしいまだその余風は残っていた。生類

3▼ 元和元年（一六一五）の大坂落城で戦争は終ったとの意。

憐みの令はこうした時期に出たのである。

生類憐みの令が出た前後、捨子の禁止令がしばしば出ている。捨子が多かったということである。元禄の頃（一六九〇年代）、京都に「赤子ひろい」「赤子売り」「乳子買い」と呼ばれる女性がおり、捨子の売買をするため、わめき歩いた。「人置きかか」とも呼ばれ、禁ぜられたが止まなかった（『嬉遊笑覧』）。生類憐みの令がでた貞享四年（一六八七）の命令は捨子を見つけたら、その家で養うか、希望者を見つけて養って貰えというものであったが、元禄三年（一六九〇）には「捨子御禁制」とした。子どもの養育ができぬ時は奉公人ならば主人に、百姓ならば名主か五人組[4]に頼み子どもを養育せよ。子を捨てるのは「急度曲事《きっとくせごと》」（『御触書寛保集成』）、すなわち大変悪い事だときめつけた。主人、名主、五人組にとって迷惑なことである。なにがしかの養育料をつけて子どもを他人にまわした。その周旋をしたのが「赤子売り」「乳子買い」であった。

幕府の捨子禁制はききめがなかった。そこで元禄九年（一六九六）追い討ちをかけた。名主家主宛に三歳までの近隣の子どもの委細を書いて報告せよ。かくしだてをすると処罰するというものである。名主、家主はいよいよ困ったであろう。捨子を見ても知らぬ顔をするしかない。

一方、捨てる側の親も必死である。寛政年間（一八世紀末）のことであるが、子捨てを決心した親は篭の中に古布古綿をつめてそこに子どもを寝かせて、ある家の門に置き「捨子だ、捨子だ」と騒ぎながらも子どもが野犬に食われてはならぬと見張っていたという（『久世条教』[5]）。安政年間（一八五〇年代）の大阪の話であるが、捨て子の母はなるべく裕福そうな家の門に子どもを置き、野犬の襲撃を見張りながら子が拾われると手を合わせていたという（『浪花の風』）。

4▼ 江戸時代の民衆統治組織の一つ。村でも町でも五家一組で連帯責任をとらせる。被雇用人や借家人、無宿者はこれに入らない。

5▼ 幕府代官・早川正紀が美作国久世の代官をしている時に著わした教訓書。

母胎に生命を宿した胎児にはまず堕胎という災難が待っていた。母胎の不調によるものもあったが多くは家の都合による。

堕胎と間引き

限られた土地を分割相続したら、二代三代のうちに土地が細分化して自立できなくなる。よって泰平になった近世中期から農民は嫡男の単子相続となった。次男、厄介《やっかい》は養子に出るか、一生、実家の部屋住み（故に厄介という）で独身生活を送るか、流浪の旅に出るしかない。よほどの大地主でない限り分家はできないから、子どもの将来を想えば多くは生めないのである。とは言え、当時、子どもの死亡率は高いから、何人かの相続予備の子どもを産んでおかねばならない。養子を貰うにしても女児がなければならない。また何人かの子どもがいないと農作業の労働力が枯渇する。要する子どもは多くても少くても困る。相続予備の子どもがみんな育ったらまた困る。土地に縛られ、転職がきかない近世の農家はいずれもこうしたジレンマをかかえていた。バスコントロールの知識がなく、娯楽が少ないから勢い楽しみは食と性に傾く。農家の女房はよく妊娠した。夫婦は将来を勘案して生むか堕すか決める。中条流という堕胎専門の医者や産婆もいた。

堕胎のことを子堕《こおろ》し、お戻し、流しなどと言った。日本各地にみられる水子地蔵や水子観音は堕胎した子どもの霊をなぐさめるものである。うまく堕胎できなかったり、チャンスを逃がすと出産になる。それでもやはり生かせないとなれば出産直後、母親が新生児の頭を膝にはさんで圧殺する。間引きである。「落す」「お返し申す」「流す」等の隠語がある。圧殺できないで川に流す場合もある。「鰍《かじか》つくりにやった」という。

堕胎、間引きは日常化していた。寛政年間、各地の天領の代官を遍歴した幕臣、早川正紀《まさとし》は道徳的見地からこれらの子殺しをきびしく禁じた。人道上もっともなことだが農民は困ったことだろう。この子が最後だとの願いを込めて留吉《とめきち》とかお末《すえ》などと命名する。それでもまだ生まれてくれれば他人に貰ってもらうしかない。喜んで貰ってくれる人がいればよいが、なければ養育費をつける。これが次の悪事を生む。養育費目当ての養父母が子どもを虐待死させるのである。だから堕胎や間引きは為政者の道徳観を押しつけても解決できるものではなかった。実の母が新生児を圧殺するのはいかにも残酷であるが、他人にわが子を虐待死させるよりは気がすんだかも知れない。間引きを「お返し」と言うのは神様仏様にお返しいたしますという含意である。嬰児《えいじ》の亡骸《なきがら》は自宅内や玄関に埋めた。もう一度生まれてきたら家に置いてやるよという気持である。

子どもは母の胎内に生命を受けてから堕胎、間引き、捨子等の淘汰をくぐり抜けて、やっと母親の胸に抱かれるのである。

2 子育て

擬制親

捨てられた子どもはよく育つという迷信があった。そこであらかじめ示し合わせ、合意の上で新生児を親類縁者の家の前に置く。直ちに約束の女性がその子どもを取り上げて親の元に届ける。拾った女性は拾い親という擬制親になる。生まれて七日目に名前をつける。名付けの縁者は名付け親という擬制親になる。産婆を取り上げ親と呼んで擬制親にしてしまう所もある。このようにたくさんの擬制親をつくるのは子どもの成長を大勢で見守り、多くのきずなをつく

図1　捨子の絵「浪花の風」宮武外骨『奇態流行史』河出書房新社より

図2　七五三　男児五歳の袴着祝同廻礼の図『江戸風俗画集成』国書刊行会より

っておく安全対策である。

生後三〇日、五〇日、百日と地方によって違うが、氏神に「お宮参り」をする。姑か、親類の女性が子どもを抱く。これは氏神と村人から氏子として認められるという意味があるから、お参りの後、村中を廻ったり、或は村人を招いたりする。生後、百日頃、「喰初《くいぞめ》」がある。「箸揃え」とも言う。乳児の前に茶碗、箸、膳を揃え、赤飯に尾頭つきの魚、それに小石を置く、小石を嚙み砕けるような強い歯が生えるようにとの願いからである。実際は小石どころか、一粒の米も嚙めないで吐き出してしまう。それでもかまわない。両親、親類縁者から拾い親、名付け親等の擬制親が集って祝い膳を囲む。祝後、小石は氏神か、雨だれが落ちる屋根の下に納める。清らかな場所とされているからである。貧富によって多少の差があるが基本は同じである。要は一たび子どもとして育てると決めたら、家の子どもとしてではなく血縁、地縁、みんなの子どもとして育てると考えるのである。

成長の区切り

生後一年が誕生祝いである。男児であったら餅をつき、女児だったら赤飯をたいて親類縁者に配ったり、招いて一緒に膳を囲む。男児が生後一年もたたぬのに歩いたら、子どもの尻に餅を結びつけて歩かせ転ぶのを見届ける。これを尻餅と言う。昔の農民は人並みを尊び、早熟や異才を恐れる。早く歩き出す早熟児を心配して尻餅をつかせるのである。餅を首にかける地方もある。

一一月一五日は七五三の祝いである。江戸時代のいつ頃からかこの習慣が拡まった。一一月一五日は太陽暦に直すと一二月中旬になる。刈入れもすみ、年貢も納め、冬ごもりの準備をしつつ来春までしばしの休憩に入る。豊作ならば喜びは大きい。子どもの成長をこれに重ね合わせる。なぜ子どもの成長を三歳、五歳、七歳で区切るのだろう。一月一日、三月三日、五月五日、七月七日、九月九日の五節句と同じ奇数[6]（陽数）を貴ぶ中国思想からきたものだが、子どもの成長とどうかかわるのか。旧暦による数え年三歳の七五三当日は新暦の満年齢にすれば二歳一一ケ月から二歳一〇ケ月である。成長に差があるが、危げながらも立ち歩くことができる。これが数え三歳の目安であろう。数え五歳は満三歳一一ケ月から四歳一〇ケ月。完全に歩けるし、転びながらも走ることができる。七歳ともなれば一人前の子どもとして村で認知されるから氏神に報告するのである。「七歳までは神のうち」と言って七歳までの子どもが死んでも正式の葬儀は行わなかった。

疫病の恐怖と前髪と言葉

疫病も子どもをねらっている。近世の乳幼児の死亡率は非常に高かった。明和八年（一七七一）から明治三年（一八七〇）まで、約百年間の飛騨地方のある寺院の過去帳を調べた研究によると、〇歳から五歳までの死亡率は七〇～七五パーセントであった[7]。いろいろな病気のうちでも痢病（赤痢）、傷寒《しょうかん》（腸チフス）などの急性伝染病は怖かった。疱瘡《ほうそう》との戦いも命がけであった。天然痘《てんねんとう》にかかった子どもを近くの山に捨てた所もあった。山では乞食が集まってきて子どもを看病し、治ると家に送り多額の謝礼を貰う。伝染病に対する恐怖を示す逸話である。

次に怖いのは怪我である。家の中には囲炉裏《いろり》、かまどなどの火炎《えん》があった。田畑には小川、池、肥たごなど溺れる危険がいたる所にあった。この危険から子どもを引っぱり上げるために前髪をつけておいた。前髪をつかんで引き上げるのは神様と信じられていた。七歳はこの危険から遠ざかる年頃なのである。

人間として認められる一つに言葉、会話がある。子どもは大人から話しかけられて一つ一つ

6▼ 陰陽思想では奇数は陽（男）、偶数は陰（女）である。

7▼ 須田圭三「飛弾〇寺院過去帳の研究」（『日本子どもの歴史三』）による。

言葉を覚える。ババ、ママ等、唇を震わせる発音から始まって「チョチチョチアワワ」とか「カイグリカイグリトットノメ」というような意味不明の言葉を何度も聞かされて日本語の発音とイントーネーションを覚え、やがて「茶壺に追われてトッピンシャン」とか「かごめかごめ」というやや意味のある言葉会話の練習に遊びながら入る。母や祖父母から聞かされる寝物語で話の概念ができ上る。七歳は幼児語で会話ができる年頃でもあった。

ヘコ親方と節句祝い

江戸期から明治前期の風俗画を見ると幼児の遊び姿に下帯がない。尻をはしょった子どもは男女とも丸見えである。七歳を過ぎると遅くとも一三歳頃までに男児に褌《ふんどし》を贈る祝いがある。伯叔父母が贈り、贈り主をヘコ親方と呼び、祝いの褌をオバクレ褌という。女児には腰布をはじめて締める祝いがあり、初潮の時は赤飯を炊いて祝った。

こうした子どもの成長を区切る祝いと並んで、女児の雛祭、男児のための端午《たんご》の節句があった。雛人形を作ったり、それを川に流したりする遊びは平安朝の貴族間で始まったのだが、江戸時代には庶民にまで拡がり、三月三日（現四月はじめ）が雛祭りになった。雛人形はもとは上方で作られ、江戸に下ったものだが、江戸中期頃から江戸でも作られ、にぎやかに売られるようになった。花が咲き乱れる春で女児の前途を祝うにふさわしい。ついでながら庶民の雛人形は紙で折った粗末なもので、雛壇を重ねた豪華な内裏雛《だいりびな》は上級武家か豪商のものである。

女児の雛祭に対して男児には端午《たんご》の節句がある。田植えがすんだ五月五日（陽暦六月上旬）である。「端午」は陰が極まる悪日である。これを払って男児の前途をひらくために菖蒲を屋根にさした。菖蒲《しょうぶ》を尚武《しょうぶ》とかけていかにも強そうな鍾馗《しょうき》の絵や人形を飾る。幟《のぼり》を立てたり、鯉のぼりを空に泳がせたりして強い男児の将来を祝ったのである。

一〇歳から一三歳頃までが子どもの人生の分れ道になるのだが、後に述べよう。

3 しつけと折檻

子どものしつけと折檻

着物を仕立てる時、糸で止めて型を整えるのを「しつけ」と言う。「躾《しつけ》」という国字（漢字ではない）をあてている。身体の動作を美しくするという意味である。「折檻《せっかん》」は主君の非行を強くいさめた忠臣が段上から蹴落とされたので、檻（てすり）につかまったら檻が折れたという故事による（『漢書』）。上の者が下の者に理由なく体罰を加えることだが、子どもへの折檻は躾と混同する。一般に行われたのは手で叩く、柱に縛る、物置きや小屋に押し込める等であった。着物が貴重品だったから、着物を汚す子どもは裸にされたり、裸のまま縛られたり、尻に灸を据えられたりした。寝小便の止まない子どもは罰として蒲団を背負わされて屋外に立たされた。そういう絵が残っている。蒲団を背負い、「私は昨夜、寝小便をしました」と言いながら近隣を歩かされたこともあったと言う。人権思想がなかった時代であるが、子どもの人権じゅうりんも甚だしい。躾、折檻と児童虐待の境界はむずかしい。だが今日的視点でこれを吟味し、評価することも求められるであろう。最後の所で私見を述べたい。

寺子屋での折檻

七、八歳頃から手習いをはじめる子どももいる。寺子屋は元禄頃（一七世紀末）上方ではじまったが、天明寛政年間（一八世紀末）から全国に拡まった。手習いと言うように主な学習は習字である。師匠は常に子どもと一緒にいるとは限らない。所用でしばしば外出する。その間、子ども達はおとなしく手習いに励んでいるわけではない。互いに顔に墨を塗りつけたり、喧嘩をしたりする。芝居の「菅原伝授手習鑑・寺子屋の場」の通りである。いたずらが過ぎると師匠に叱られる。叱責の声が鳴り響いたのであろう、「雷師匠」と呼ばれた手習師匠が江戸日本橋にいたと諸書に見える。

ご赦免に机をおりる黒ん坊
師匠様　机は重きとがめなり（柳多留）

とあるように机の上に正座させたり立たせたりする体罰もあった。片手に水をはった茶椀《わん》、片手に線香を持って火が燃えつきるまで姿勢をくずしてはならない。柱に縛ることもあるし、留《とめ》置《おき》と言って夕暮まで帰宅させないこともある。この場合、師匠の妻または近所の老人が「あやまり役」となって、頃合いを見計らって師匠にあやまり、子どもが許される筋書ができている。例外的に轡《くつわ》を噛ませたり、机を背負わせて村中を廻らせたというひどいものがあったが、多くは留置で、それほどひどい折檻はなかった。

寺子屋では席書会と言って正月や七夕祭に清書をする。上手に書けても書けなくても「大吉々」とか「極上大吉」などの褒詞を肩書きして壁に張りめぐらす（『江戸府内絵本風俗往来』）。毎月二五日は学問の神・菅原道真の命日とされていたから、この日は壁に道真の絵を掛けたり、道真像を置いてお祭りをする。子どもはお賽銭《さいせん》を持ってお参りする。この賽銭が師匠の収入になるのだが、師匠の方も子ども達に紙や筆墨を与えたり、幼児には砂糖をなめさせたりするのである。

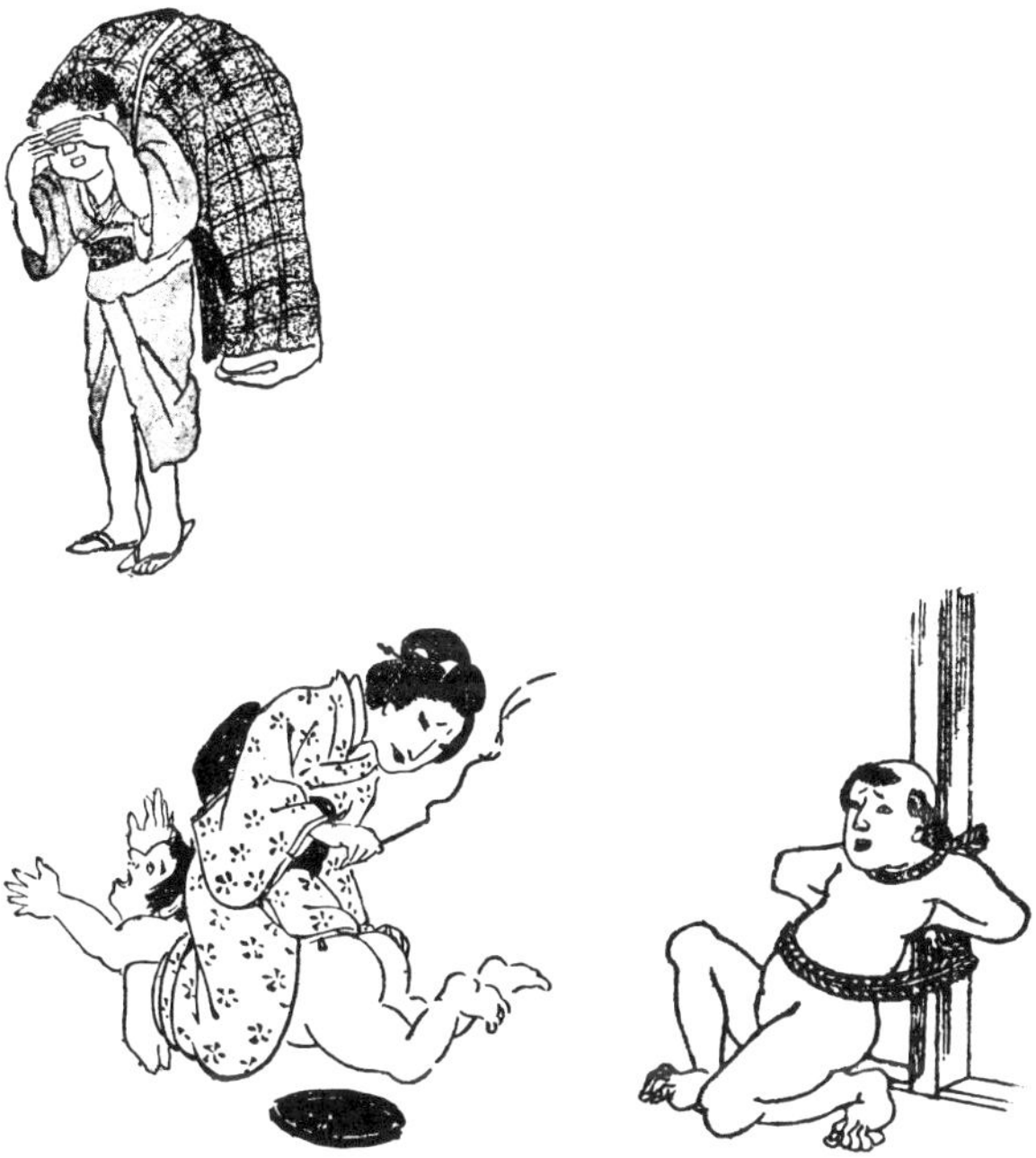

図３　寝小便した子どもへの折檻　宮武外骨『私刑類纂』河出書房新社より

図４　寺子屋での罰　宮武外骨『私刑類纂』河出書房新社より

農漁村の子どもの労働

農民漁民が一人前と見なされるのは一四～一六歳である。それまでに子どもは親からいろいろなしつけを受ける。民俗学者・宮本常一は郷里（山口県大島郡・瀬戸内海の大島）で父から受けた農民としての教育を次のように記している。

最初は田植えの時の苗運びと苗の投げ方であった。次いで田の草取り。十歳の頃である。それから秋の稲刈りの時の稲運び、稲こきの蒿運び、春蒔きの畝起しの時の株切り、土塊れのクレ打ち、柄の長い木槌で打つので手にマメができる。痛むので休むと叱られる。姿勢がくずれると叱られる。すべてに作法があって鍬についた土を手でとると叱られる。木片でとらねばならない。手が荒れるとそこから病菌が入って破傷風になり死ぬ恐れがある。土を恐れてはならないが、土の恐ろしさも知らねばならない。

入会山（村民の共有地―引用者）に薪をとりに行く。米搗き、麦搗きも十歳頃からはじめる。もう少し長じると肥料にするため一里ほど山に登って草刈りをし、刈り草を背負って帰る。夏期、二十日間ほどこれを続けて草肥をつくる。草で傷つくと非常に痛い。鍬や鎌が使えるようになると下肥《しもごえ》桶をかついで歩く。肩の入れ方、腰のひねり方、調子をとって歩かないと下肥はかつげない。これが上手にかつげると一人前と言われる。十四歳から十六歳頃までに覚えるのである（『家郷の訓』）。

少年としては重労働である。

女子も田畑の仕事をするが男子より軽減される。しかし田植の時は早乙女《さおとめ》が村中総出で苗を

図５　稲こきの図　農村では子どもも労働力である。前髪をつけているのが子ども（図手前）
『画報近世三百年史　第６集』国際文化情報社より

図６　子守り　図右の女子『江戸風俗画集成』国書刊行会より

植える。揃いの手甲脚絆《てっこうきゃはん》、赤い襷《たすき》に菅笠をかぶり男衆の笛太鼓に合わせ、一列に並んで田の端から端まで移動する。女子は一〇歳頃から飯炊きを覚えさせられ、食事の仕度、食器洗い、片づけをする。井戸からの水運びは力仕事である。田畑へ湯茶や芋、漬物などのおやつを運ぶ。一家の子どもは通常五、六人以上であるから、姉は弟妹を背負って働かなければならない。

食糧が貧農を直撃する。最悪の場合は子どもを売り、そうでない時でも子どもを徒弟に出すが、一時的な口べらしのために女児を一〇歳頃から子守りに出すこともある。子守りは主家の幼児を背負って子の安全を守るのが仕事である。給金は貰えないが、三度の食事と寝具は保障される。「わらべ唄」に幼児を呪う句があることから、子守はひそかに背負った幼児を虐待したのではないかと主張するものがあるが、たとえあったとしても例外であろう。娘達はむしろ子守りに出ることを希望した。実家に居ても重労働をさせられる。子守りを雇う家は実家より裕福であるから生活文化が高い。それを習うためであった。前述の宮本常一の母は子守りをしながら主家の小学生の送り迎えをし、窓から教室をのぞいて文字を覚えたと言う。行儀見習いから裁縫の手ほどきまで教えられる者もあった。

漁村の子どもは七、八歳から舟に乗って沖へ出る。海に慣れるためである。一〇歳頃から櫓をこぐことを教えられ、見よう見まねで釣り網の作法を覚える。魚をはずす法や道具の扱い方はきびしく仕込まれる。女児も七、八歳から泳ぎを覚え、やがて海中にもぐることを教えられる。母親たちがもぐる深さまでもぐれるようになるとはじめて沖に出る。こうして一二、三歳で一人前の海女《あま》が誕生するのである。

若者組、娘宿

農漁村の男子は一五、六歳になると若者組に入る。若連中、若い衆などとも言う。二〇歳までを小若、それを越えて結婚するまでを若者という地方もある。農閑期や祭礼前後、日どりを決めて合宿する。これを若者宿、若衆宿、若屋などと言う。男子の若者宿に対して女子の娘宿がある。区別されているが互いに引き合って、それぞれ異性の品定めとか性交、夜這いの作法などが話題となる。村内の道路修理に若者が出ると、娘達は競って炊き出しに出る。若者は娘達に夜這いをかけるし、娘達も程よく受け入れる。ただし他村の娘に夜這いをかけると、見つかれば半殺しの目に合う。若者組に入る儀式として条目（若者組のきまり）の言い聞かせがある。新参者は砂利の上に正座させられ、古参の若者から条目を一つ一つ言い渡される。条目には道徳もあるが、制裁もある。叩き、簀《す》巻き等の体罰、中には穴に埋めるとか、穴からはい出す者を蹴落すとか片鬢《びん》を剃って辱しめるなどもある。重い刑は村八分[8▼]と所払い（追放）である。これを宣告されたら庄屋、名主の口ききがないと許されない。処刑の言い渡しは年長の若者が入札（選挙）した若頭がする。

若者組の役目は団結して洪水や嵐、火事等の災害から村を守ること、村の秩序を守ることである。その一つに村祭り一切のとり仕切りがある。そこは若者の力量を見せる格好の場面でもあった。農村では突出した行動は忌避され、なにごとも人並みが尊ばれるが、人は個性を持ち、得意を人に見せたい。そこで許容されるのが力くらべ、大飯喰い、相模、馬飛ばし（草競馬）などである。それらの見せ場が祭りであった。娘達も田植の早い者や唄の上手はほめられて得意になった。

明治中期の町村合併で在来の自然村は組、結《ゆい》、字《あざ》となり、村は広域の行政村になった。村の鎮守は神道の整理格付で変り、自然村単位の小学校も本校、分校の組織化で広域行政村に吸収された。自然村単位の若者組も変わらざるを得ない。夜学会とか処女会の名でそのまま続いたものもあったが、やがて報徳教の指導による行政村単位の青年団になり、昭和初期には政府主

8▼ 葬事と火事の消火以外は一切の交際を絶つこと。農耕は共同作業が多いから生活できなくなる。

導の大日本青年団の傘下に入り本来の若者組は消滅した。

4 徒弟奉公

商人《あきんど》の徒弟奉公

近世は前時代に発達した商業がさらに拡充した時代である。大店では主人の下に番頭、手代、丁稚《でっち》（関東では小僧）の三階級があった。丁稚に入るのは一〇歳頃からである。近隣農家の次男、三男以下の男児が雇われる。商人は読み書き算が必要だから手習いの初歩をすませてくる者が多い。特定の寺子屋から年々送られる場合もあった。

丁稚は仕着せと称する衣服が貸与され、三食つき、寝具もあるが、給料はない。休暇も年に何日かの籔入りがあるだけである。起床は七ツ半（午前五時）、就寝は四ツ（午後一〇時）以後。掃除、片づけ、使い走り、雑用を何でもこなして走り廻る。名前を呼ばれると「へーい」と長くのばして大声で返事するようにしつけられる。客の気嫌を損じないように応答できなければならない。その第一歩である。やがて荷造り、運搬など商売に近い仕事をするようになるが休む暇などない。主人を親と思い、先輩を兄と思えという擬制家族観を叩き込まれる。長幼の序が基本だから、逆らえば先輩から折檻される。商人だから衆人環視の店先でなぐられることはないが、閉店後や就寝前に体罰を受ける。夕食後、読み書き算の稽古をすることもあり、店の包装紙作りや袋張りをすることもある。昼の疲れで居眠りをすると、煙草を吸いながら監視しているお上さんや先輩から煙管《きせる》で頭を叩かれる。

商品の種類を覚え、客への応対、売り渡しができる一七、八歳になると手代に昇進する。主人は別家や番頭を呼び、祝宴を開いてくれる。木綿の紋服、羽織が与えられ、煙草入れや下駄などが贈られる。これまで出身地や本名にちなんで「正どん」「市どん」などと呼ばれたが、手代になると「何兵衛」とか「何左衛門」等、大人びた名前を名乗れる。仕事も出納、記帳、仕入れなどさばくようになり、自分の才覚で商売することも許される。酒、煙草は大っぴらになり、花街の遊びも黙認される。その後、数年して選ばれた者が番頭になって店の一切を取り仕切るようになるのである。番頭になると店外に家を借りて住み店に通う。その中でさらに選ばれた者が屋号を許されて別家をたて正妻を迎えるのである。このようであるから、丁稚から順次昇進して店を持つ一人前の商人になるのは容易なことではない。多くの落伍者がでたはずである。

商人といってもピンからキリまである。大通りの商店街に店を構えるのがレッキとした商人である。これに対し九尺二間の長屋（四畳半に小さな土間）住まい、その日の仕入れ金を家主に借りて天秤棒《びん》を担いで売り歩くボテ振りはその日暮しの商人である。職業修業の道から落伍した者が入る一つの露路である。

ボテ振りも町を練り歩く行商人であるが、近江商人や伊勢商人のように上方、江戸をはじめ、北陸道、中山道、東海道、奥州街道の要所、要所に店を構えて大 商《おおあきない》をする行商人もある。組んで商売するのだが、近江商人一人が歩く行程は年間千里と言われている。近江商人も丁稚、手代、番頭と昇進する。しかし、ほとんど全員が近江出身で各地の出店に居住する。従って年一回の籔入りはない。その代り、五年目、次に三年目の在所登り（帰郷）があった。往復の日数を含めて五〇日。ただしこれが曲者《くせ》で、見込みのない丁稚や手代は因果を含められて追放されたのである。

下女奉公

女子には下女《げじょ》奉公があった。明治以後「女中」が一般化したが、江戸時代の女中は大名、旗本屋敷の御殿女中、御女中をさす。たてまえとして百姓町人の娘が武家屋敷の御女中になることはできないが、実際は百姓町人の娘が名目上武士の養女となって屋敷に上るのである。貧乏武士は名儀料をとった。女中奉公を別名、行儀見習いと言うように、教養を身につけるためであるから給料は貰えない。逆に金がかかるのである。天保年間（一八三〇〜四〇年代）、上州桐生の富裕な機屋《はたや》から江戸の武家屋敷に上った娘の年間費用は数十両にのぼったという。江戸町人の娘も競って武家屋敷の奉公を願った。最高は江戸城であるが、江戸には大名屋敷、旗本屋敷が多かったから機会はいくらでもあった。屋敷奉公の経歴は結婚に泊がつくのである。

商家でも農家でも富裕な家は女中を置いた。奉公に上る方からすれば、貧家が多いから口べらしになるし、嫁に行く時、祝儀や道具が貰える。関西の商家では女子衆《おなごし》と言うし、針女《しんみょう》とかおさんとか、土地、階層によって名称が違うから、ここでは一般的な女中と言っておく。上流武家や豪商では上《かみ》女中、中《なか》女中、下女の区別があった。番頭、手代、丁稚に相応する。下女から順次昇進するのだが、女子の場合は出自によって下女を飛ばすこともある。下女は最下級で丁稚同様、掃除、片づけ等、雑事をすべてこなす。おさん、お鍋、お釜とも呼ばれるように炊事、水仕事が主たる仕事である。子守奉公を終えた一二、三歳からはじまる。中女中は針《しん》妙《みょう》とも言い、針仕事や家具、調度品を扱う。上女中は武家屋敷で言えば腰元で、主人や奥様に直接仕えて身のまわりの世話をする。女中全体に睨みをきかす存在でもある。店によっては決った名前があり、例えば上位から順にお松、お竹、お梅と呼び、昇格すると名前が変るという所もあった。

図７　江戸に集団で奉公に出る子どもたち　森末義彰ほか『生活史Ⅱ』山川出版社より

図８　職人の従弟（見習小僧）　まげを結っていないのが子ども（右二人）
唐澤富太郎『日本教育史』誠文堂新光社より

小さい家では上女中、中女中の仕事は主婦がこなすから、雇われるのは下女だけである。一二、三歳からの下女奉公は重労働であった。

職人の徒弟奉公

江戸時代の職人は大工を筆頭に左官、鍛冶《かじ》、鋳物《いもの》、陶器、料理人等、数十種類に及ぶ。家一軒建てるにしても鳶職、大工、屋根職、壁職、畳職、建具職が合力し、経師《きょうじ》、指物師《さしものし》（家具職）、庭師、井戸職が加わる。それぞれの職人に親方と弟子がいる。弟子入りは一〇歳から一二、三歳、年季はたいがい一〇年で、親方の家に住み込む。無給で三度の食事があり、藪入りのほか、休日がないのは丁稚と同じである。雑用で走り廻る見習い小僧のうちは着物の裾をはしよるだけであるが一四、五歳、一人前の背丈になると紺盲縞《こんめくらじま》木綿《もめん》の腹掛と股引が貰える。これに印半纏《しるしばんてん》を着れば一人前の職人に見える。まず諸式の頭と言われた大工からみよう。

大工にもまた専門があり、家大工、船大工、神社仏閣専門の宮大工に大別されるが、いずれも弟子入りしたら飯炊き、掃除、材木運びから始まる。木に慣れることが大切で、木目で材木の種類、性質、梢と根元が見分けられねばならない。やがて錐《きり》、鋸《のこぎり》、鉋《かんな》、ノミ等の使い方を学ぶのだが、親方も兄弟子も教えない。「技《わざ》を盗む」と言って先輩の手さばきを見て自ら覚えるのである。材木や道具の扱い方が悪いとすぐなぐられる。職人はあまり口をきかない。目くばせか、あごをしゃくって仕事を命じる。その目つき、顔つきで仕事の進み工合を会得し、用事にかからなければならない。たまに口をきいても「なに持ってこい」「なにしておけ」のなにないなにづくしで、素人《しろうと》が聞いたら何のことかわからない。問い返しても返事はない。勘を働かせ、仕事のコツを覚えなければならない。

左官職人も同様で、はじめは雑用、運搬、やがて土を篩《ふるい》にかけることを覚え、鏝《こて》を借りて下塗りの練習、次いで中塗り、上塗りと進む。土地と気候によって砂と土の混合が微妙に違うが、これも教えてくれないから先輩のやり方を見て覚える。左官は白足袋《たび》をはくが、泥が足元に落ちたらすぐわかるためである。泥を落さないという自信と心意気が白足袋をはかせるのである。左官は足場に登って仕事をするが、兄弟子が突然、突き落すことがある。落されたらすぐ早く何かに摑《つか》まらなければあぶない。仕損じて地面に落ちたらどやされ、なぐられる。如何なる時でも何かにつかまって身を守る敏捷さが求められているのである。

鋳物師《いもじ》や鍛冶屋のように鉄製品を造る職人を金屋《かなや》と言う。雑用からはじめるのはいずれも同じだが、金屋は火を使うから火傷《やけど》が多い。他の職人と同様、股引、腹掛けに鉢巻姿だが足袋ははかない。足袋に火がつくと火傷を大きくするからである。だから素足に火の粉が飛んできてもじっと我慢していなければならない。火花に目がくらんで動き廻ると、共同作業者が迷惑するから棒でなぐられる。

職人の年季明けは大概二一歳である。この時、親方から衣類一式と道具一揃えが与えられ盃を交わす。一人前の職人になったのである。それから一年ないし二年のお礼奉公（無給）をして独立する。一人前の職人になると、さらに腕を磨くために旅に出て他の親方の所で働く。渡り職人という。ヨーロッパにもこの習慣がある。ミューラーの叙事詩「水車小屋の乙女」やゲーテの『ウィルヘルム・マイスターの修業時代』はこれを示している。

以上のようにつらい修業をおよそ一〇年するのだから、辛抱できなくて逃げ出す落伍者もいる。これらは半端《はんぱ》者と言われ、同業者仲間では弟子入り出来なかった。

職人の徒弟奉公は明治・大正・昭和前期まで続くが、小学校義務教育の拡充で弟子入りの年齢が遅くなり、徴兵の拡大で年季明けが早くなった。徒弟として叩き上げた職人が消えるのは高度経済成長期の一九六〇～七〇年代である。

舟乗り稼業

商人とも職人ともつかぬ両者をかねた者に舟乗り船頭稼業があった。江戸時代は道路が不備だから物資輸送にむかない。街道といっても木輪、鉄輪の大八車が重い荷を乗せて通ると砂利は埋まり、小石は砕けて道路は破壊される。坂道の危険は至る所にある。結局、人の肩に頼るか駄馬に頼るかで、輸送の効率は悪かった。そこで水運が盛んになる。川舟にしろ湖舟にしろ陸上輸送よりよほどよい。まして海上輸送ともなれば効果は絶大であった。内陸部では河川の開削が進み川舟輸送が盛んになったし、瀬戸内海から日本海に出る北前船、さらには上方と江戸を太平洋で結ぶ樽廻船《かいせん》、桧垣《ひがき》廻船も現われた。

河川の舟乗りは家族や仲間二、三人でやるが、海の千石船ともなれば船方、水主《かこ》と呼ばれる専門職が必要であった。船頭（船長）、知工《ちく》（荷物の事務長）、表《おもて》（航海士）、親司《おやじ》（水夫長）、若衆（水夫）、炊《かしき》の序列があった。炊は字の如く炊事専門の少年で、雑用すべてをこなす丁稚、見習い小僧と同じである。一二、三歳からこの道に入る。板子一枚下は地獄と言われる危険な職業であり、雲や風、潮の流れを見て勘で動く航海だから、敏感でなければならない。また突然襲ってくる暴風や高波に対処して帆や梶を操るのだから、敏捷でなくてはならない。波でぬれ、傾いた床板の上も走らねばならない。こうした危険から身を守るための訓練として、停泊時に船縁を走り廻わされたり、海に突き落されたりする。航海中は風浪で普通の声は聞こえない。そこで船乗り独特の抑揚を覚えなければならない。「ようそろ」は「これでよし」「このまま直進」ということだが、「ようーそろー」と抑揚をつける。すべて言葉は抑揚で嗅ぎとる。長い説明は不要である。

5 売られた子どもと落伍した若者

娘の身売り

人身売買といえば娘の身売りがまずあがる。理由は貧困のためで、貧農や都会の細民の娘が売られた。人身売買は禁じられていたから表向きは職人と同じく年季奉公という。年季は概ね一〇年で、芝居や噺《はなし》（落語や人情ばなし）で「年季が明けたら一緒になろう」というのはこのことである。身売りの契約書には「年貢上納に差詰り」と書かれている。年貢は公的義務であるから許されると解釈する。無筆の親が多いから女衒《ぜげん》（娘の売買の周旋業）が書く。売られた娘は「親の病気の薬代のため」というのが常套語である。親孝行は道徳の鑑とされていたから、客は気立てのやさしい娘と思う。早ければ一〇歳、多くは一二歳で売られて、初潮をみればすぐに客をとらされた。

江戸時代、城下町、門前町、宿場町等、人の集る所には必ず売春宿があった。江戸は参勤交代で全国の単身武士が集るから成年男子で溢れていた。あり余る性欲のはけ口が娼婦に求められた。吉原遊郭には一万五〇〇〇人余の娼婦がいたという。そのほか、東海道、中山道、甲州街道の出入口には大きな遊郭があった。東北、北陸から娘が流入したというのは鉄道が発達した後のことで、江戸時代は関八州の出入口にはいたる所に関所があったから、江戸に売られた娘達は概ね関東地方に限られていた。江戸以外の売春宿に売られた娘も近隣在郷の者であった。

吉原では上位から太夫《たいふ》、格子《こうし》、散茶《さんちゃ》、うめ茶、局《つぼね》、次《つぎ》の階級があるが、徒弟のように下から順次昇格するのではなく容貌《ようぼう》や人気で上下する。まだ客をとらせられない一〇歳ばかりの女児は禿《かむろ》と称して、娼婦になるための訓練を受ける。大店《おおみせ》では唄、踊りから生花、茶道まで稽古させた。

性病にかかると接客を休み、光のささない高窓の病室に入れられる。これを鳥屋《とや》につくという。客がとれないと茶を挽《ひ》かされて抹茶をつくる。ゆえに客のこない遊女や旅役者のことを「お茶を挽く」という。お茶挽きが多くなると下級に落され、最後は蹴《け》込《こ》みと称する長屋風の小屋に入れられ低料金の売春婦になる。もともと前金、借金で縛られた身であるが、商売道具である衣装も化粧も楼主から借金してととのえるのだから借金で首が廻らなくなり、年季があけてもこの道から逃がれられないようにできている。肉体の酷使と性病のため死亡率が高かった。

角兵衛獅子

男児にも人身売買があった。猿廻しなどの大道芸人、綱渡りなどの曲芸、軽わざの芸人に売られる。代表的な角兵衛獅子でみよう。彫物の名人・覚兵衛《かくべえ》が作った獅子頭をつけて踊ったからだとか、越後蒲原《かんばら》郡で始まったからかんばらが角兵衛となまったとか諸説があるが、角兵衛獅子を別名越後獅子というから越後の国との因縁があろう。七歳から一四、五歳までの男児が獅子頭を頭に乗せ、腰に羯鼓《かっこ》、胸に鼓《つづみ》をかけて打ちながら親方の口上に合わせて各種の芸をする。そりくり返り、とんぼ返り、逆立ち歩きなどである。七歳頃、売られ、稽古がはじまる。立ったまま身を後に返らせて手を地面につける。逆立ちしてから足を地につけ手を地面から離して起き上る。これが基本でさまざまな曲芸を覚える。身体が柔らかでなくてはならぬから七歳頃からはじめるのである。満腹だとこの種の訓練はできないから常に空腹にさせられてい

図 9　角兵衛獅子　喜田川守貞『近世風俗志 1』（岩波文庫）より

図 10　ぬけまいり『画報近世三百年史第 10 集』国際文化情報社より

た。きびしい体罰が加えられていたらしく、訓練を他人がのぞくと親方からひどい仕かえしを受けたと伝えられる。

これら大道芸人の子どもが成長した後、どうなったかわからない。親方になったものもあろうが多くは逃げたのではないだろうか。

抜け参りと雲助《くもすけ》、博徒《ばくと》

江戸時代、村にも町にも五人組があって外所者《よそ》を寄せつけない。だが裏道があった。抜け参りである。柄杓《ひしゃく》を片手に粗末ななりで門付《かどづけ》（門の前に立つ）する。すると少々の米、銭を恵んでくれるのである。これを続けて伊勢参りや出雲参りをするというのだが、途中でやめてしまう者が多い。行きつく所は街道筋の宿場で馬子や駕籠《かご》かき、川人足、土方になる。前述の商人や職人でその道を全うしなかった半端者で、ここに逃げ込んだものもあろう。宿場から宿場へ渡り歩き、雲が流れるように居所が定まらないから雲助という。馬子にしろ、駕籠かき、川人足にしろ、宿場に住むそれぞれの親分が馬、駕籠、川渡しのはしご、連台等を貸すのである。それればかりではない。肩を痛めぬために当てる数枚の布まで親分から借りて損料を払わねばならない。つまり駄賃の上前をはねられるから収入はわずかである。そのわずかな収入を彼らは賭博《とばく》に使ってしまうのである。負ければボロ着から褌まで取り上げられ、蓆《むしろ》を身体に巻いて寒さをしのぐ。十返舎一九の『東海道膝栗毛』にも出てくるし、菰《こも》かぶりの人足は芝居にもでてくる。

人別帳に書かれない無宿人を幕府は認めていない。が、実は黙認しているのである。それは陸上輸送の助郷《すけごう》[9]が足りないからで、雲助に駄賃をやって助郷の補助にするのである。一説によると大名行列の荷物運びの中にも雲助が仲間《ちゅうげん》姿でまぎれ込んでいたという。江戸城への大名

9▼ 公的な陸上輸送のため街道筋の村々に労働力を割りあてる制度。

の登城も格式上、供の人数を揃えねばならぬから日雇い仲間を使った。
別の裏道は博徒の子分になることである。一宿一飯で各賭博場を渡ることもできる。博徒が兼業していた岡っ引[10]の手下（下っ引きと言う）になって捕物に身を張ることもある。逆に巾着切《ちゃくきり》（スリ）の子分になってその技術を学ぶこともある。

[10] 岡目《おかめ》八目とか岡《おか》場所とか正規でないものを岡《おか》という。岡っ引きは正規の役人でない警察、捕り物専門家、目明《めあか》しとも言う。

6 おわりに

人間は本性、攻撃性をもち、残虐性を内在しているが、同時にそれを否定し、和楽を尊び弱者をいたわる志向も持ち合わせている。殺戮《りく》が日常であった戦国時代の終焉が、殺人、残虐を社会から追放しようとする政治を起こしたのである。しかし封建制度に根ざした組織や慣習が多くの貧民を生み出し、貧困がさらなる弱者、とりわけ子どもに残虐の矛先を向ける結果になった。堕胎、間引、子捨て、子どもの売買は民衆の貧困からくるもので、親の激情や怠惰によるものではなかった。

多産と貧困ゆえにいろいろな手段で子どもを手離すが、一たん子どもを育てると決めれば沢山の擬制親をたてて、みんなで子どもを守る。これが農村を基盤とした近世日本の子育てであった。

子どもの成長に気を配り、節目、節目に祝いをする。「子やらい」と言われるもので、子どもの鼻づらに紐をつけて引っぱるのでなく、子どもの尻を押して成長を自覚させる装置である。祝いを通過するごとに子どもは年齢相応の仕事をこなして成長のあかしとした。それが子どもや若者の誇りであり、仕事を通じて技術や生活を学んでいったのである。

商業以外では会話も文字も極めて少なかった。親や先輩の仕事を見て、勘で、身体で覚えてゆくのである。技術のすべてに作法があった。作法は仕事の手順でもあったが、その基本は姿勢とされた。躾《しつけ》は身体を整え美しくする意味であるが、姿勢はそれぞれの仕事をする最も合理的な身構えでもあり、それは見た目に美しく映るものであった。

言葉少なく文字を使わない技術教育は時に打つ・叩く・蹴るという暴力訓練になる。暴力訓練を短絡的によしとするのではないが、言葉と文字だけで技術訓練ができると思うのは言葉・文字文化への過信である。訓練中の一喝や一打がカンやコツを悟る機になることはある。現在、身体をぶつけ合って覚えるのはスポーツだけであるが、スポーツの練習で痛い目にあっても子どもは泣かないし、恨まない。子どもが恨み怒るのは身に覚えのない叱責や長時間、長期間のことである。

小説にこんな場面がある。戦後の小学校五年生の教室。小児まひのため、足を引きずって歩く子どもの後を、三人の悪童がこれを真似して囃《はや》しながら続いていた。これをみた担任の教師は公憤のあまり三人を強く叩く。二人はあやまるが、一人の子どもは反抗して登校を拒否する。そして、町の教育長、学校長の事なかれ主義からその教師は学校教育法第一一条の体罰禁止に違反するとして辞職を強要されるのである。しかし作者は、その一年後、身体障害の子どもとこれをからかった子どもが仲善く遊んでいる光景を描いている（石川達三『人間の壁』）。

筆者にも同じような体験がある。九歳の頃、当時としてはめずらしい異常に太った女の子がいたので、数人の悪童たちと「ぶた、ぶた」とはやしたてた。すると担任の先生が足早に近づいて、いきなり拳骨《げんこつ》で私達の頭を叩いた。自分を可愛がってくれていると思っていた私は大変なショックであったし、先生の顔はとても怖かった。以後、私は人の容ぼうや姿態について嘲笑したことはない。その時の先生は恐らく教育のためだの、人権だの考えたのではない。本当に怒ったのである。しかし今、想い返して、その先生はよい先生だったと思う。先述の小説のその場面は感動して読んだ。

もう一つの回想を語るのを許してほしい。旧制中学三年生の時であった。戦時中の当時、毎秋、陸軍師団司令部から派遣される高級将校による軍事教練の査閲があった。私達のクラスは査閲将校の前で銃の着剣、刺突の実演をしたのだが、査閲官は不満で生徒の面前で指導の教練教官を面罵した。面目を失った退役中尉のその教官は突然、私を名指して「お前のやり方が悪い」と怒鳴り、査閲将校が去った後、衆人環視の中、あまり上手でない私に何度も実演させた。私は下手《へた》な標本になった。この屈辱は忘れられない。この教練教官の説教の長いことと、話せば話すほど支離滅裂になるということは評判で、経験ずみであったから、説教がなかったのを幸いとしなければならないかもしれない。

これまで述べた通り近世の親、親方たちは生業技術を教えるために叱ったり、なぐったり、時に虐待と思われる折檻、体罰を加える。しかし表向き人身売買は禁ぜられていたし、殺人は極刑に処せられた。前時代の暴虐に比べれば人権は一段と擁護されたのである。しかし子どもへの折檻、体罰の実態は今日からみればすさまじいものがある。学校での体罰が禁止されたのは明治一二年(一八七九)であるが、教師が子どもを叩いたり、立たせたりする慣行は敗戦まで続いた。戦後、「児童憲章」「国連・児童の権利に関する条約」等、児童の人権思想は法の形で一段と進んだ。

このように子どもの人権思想は時代とともに進んだのであって、それはそれとして時代の進歩として認めねばならない。しかし現代は打つ、叩くどころでない。人身売買や臓器売買まで行われているし、「正義の戦い」の名のもとに大量の子どもが悲惨な目にあっている。打つ叩く程度と大違いである。

「愛の鞭」という偽善的な言葉は言い逃れを想わせて忌わしいが、その時は怒りにまかせて叩いたことが、子どもを結果的によい方に導くことはある。体罰イコール虐待と単純化したり、その状況、動機等を見ないで、ただ形態だけで体罰と断罪するのはあまりに表面的である。子どもを叩く時の大人は冷静である筈がない。昂ぶっている。ただその昂ぶりを抑えきれず自ら狂ってしまう大人は危険で虐待につながる。断罪すべきは儲《もう》けるために子どもを痛めつける大人、自分の立場をよくするために子どもを傷つける親である。

［参考文献］

石川謙『わが国における児童観の発達』青史社、一九二九年。

石川松太郎・直江広治『日本子どもの歴史三』第一法規、一九七七年。

石川松太郎・直江広治『日本子どもの歴史四』第一法規、一九七七年。

入江宏『近世庶民家訓の研究』多賀出版、一九九六年。

氏家幹人『江戸の少年』平凡社ライブラリー、一九九四年。

梅村佳代『日本近世民衆教育史研究』梓出版、一九九一年。

江森一郎『体罰の社会史』新曜社、一九八九年。

遠藤元男『近世職人の世界』雄山閣、一九八五年。

遠藤元男『職人と生活文化』雄山閣、一九八五年。

乙竹岩造『日本庶民教育史』上・中・下、目黒書店、一九二九年。

乙竹岩造「早川正紀とフォン・ロッヒョー」『日本教育史の研究』目黒書店、一九三五年。

太田素子『江戸の親子』中公新書、一九九四年。

古島敏雄『産業史Ⅲ』体系日本史叢書12・山川出版、一九六六年。

児玉幸多『産業史Ⅱ』体系日本史叢書11・出川出版、一九六六年。

喜多村信節『嬉遊笑覧』緑園書房、一九五八年。

末永国紀『近江商人』中公新書、二〇〇〇年。

高井浩『天保期・少年少女の教養形成過程の研究』河出書房新社、一九九一年。

高橋敏『家族と子供の江戸時代』朝日新聞社、一九九七年。

高瀬真卿「東京感化院創業記」『明治文化資料叢書六』、一九六一年。

内藤耻叟『徳川十五代史三』新人物往来社、一九八五年。

春山作樹「徳川時代教育史」「江戸時代の教育」『日本教育史論』国土社、一九七九年。

三田村鳶魚『江戸の女』『吉原に就いての話』青蛙房、一九五六年。

三田村鳶魚『江戸の生活と風俗』中公文庫、一九九八年。

宮武外骨「奇態流行史」「私刑類纂」『宮武外骨著作集四』河出書房新社、一九八五年。

宮本常一『家郷の訓』岩波文庫、一九八四年。

宮本常一『庶民の発見』講談社学術文庫、一九八七年。

宮本常一、山本周五郎ほか『日本残酷物語』一～五平凡社ライブラリー、一九九五年。

森末義彰、宝月圭吾、木村礎『生活史二』、体系日本史叢書一六　山川出版社、一九六五年。

柳田国男『こども風土記、母の手毬歌』岩波文庫、一九七六年。

ダイアローグ

子どもの労働

近世日本と現代社会

毛利聡子

シャンカル、六歳。「ぼくは、いまでも小さいけれど、とても小さい時から働き始めた。今ぼくがやっている仕事は、重たい道具を使ってカーペットの結び目を裁断すること。でも、よく手をすべらせて指を切ってしまう。そんな時、『お母さん』と泣いてしまう。そうするとご主人がぼくのことをぶつんだ。ご主人はぼくを病院に連れて行ってくれたこともないし、薬もくれない。ケガをした時、ご主人はよく傷口をマッチの粉でふさいで火をつけたよ。そうすると皮膚と血が固まるんだ。皮膚を焼かれるとき、ぼくは『お母さん』て泣いてしまう。そうするとご主人はまたぼくのことをぶつんだ」

パム、一五歳。「お母さんがうなずいて男の人から五〇〇ドルをもらって、それからわたしは売春宿に連れて行かれてすぐに働かされた……その頃、わたしは一回に〇・二セントしかもらえなかった。売春宿は朝七時から翌日の午前三時まで開いていた。いつだったか仕事時間に眠ったことと仕事にとりかかるのが遅いという理由で二〇ドルの罰金をとられたわ。わたしは売春宿の経営者が雇っている売春の手引きをしている男が怖かった。男は売春宿を逃げようとした子をいつもひどくなぐっていた……」

これは国際労働機関（ＩＬＯ）が制作したビデオ・テキストに掲載されている児童労働の実例である。[1]

＊＊＊＊＊

神辺靖光「近世日本・庶民の子どもと若者」には、一〇歳頃から働きはじめる農村の子どもたちが描かれている。田植えの手伝い、薪とり、下肥運び、飯炊き、水運び、子守りなど、中には子どもには重労働の仕事もあった。貧農の家に生まれた子どもは、豊かな武士や商人の家に下女奉公や徒弟奉公に出されたという。江戸時代のことで正確な記録はないそうだが、おそらく折檻や体罰を受けていた子どももあったであろう。江戸時代、人身売買は表向き禁じられていたが、実際には、口減らしのため子どもが売られることもあった。特に、貧農の娘は年季奉公という名目で一〇歳ごろから売られ、売春宿に送られたものもいたという。ここでは、現代の国際社会における子どもの労働に視点を移してみたい。言うまでもなく、その多くは途上国の子どもたちである。

子どもが家計を助けるために幼い頃から働き始めることは、洋の東西を問わず行われてきた。手伝いは子どもの成長に役立つ、子どもだって仕事をして親を助けるものだという伝統的な考え方は依然として根強い。子どもにも、親の仕事を直接あるいは間接的に手伝うことによって、親の役に立つという自覚が生まれる。それが自分自身の尊厳や存在価値の確認へとつな

1▼ ＩＬＯ児童労働ビデオ『I am a child／働かされる子どもたち』（一九九八年）「最悪の形態の児童労働禁止キャンペーンビデオ副読本」参照。

がることもある。江戸時代の働く子どもたちと現代の働く子どもたち。双方に共通しているのは、貧困が子どもの労働の背景にあるということであろう。加えて、人口の増加もある。子どもの死亡率が高い途上国では、労働力を確保するために子どもをたくさん産もうとする。

ＩＬＯの報告によると、世界では今なお二億五〇〇〇万人の子どもたちが働いている。そのうちフルタイムで働く五～一四歳の子どもは、少なくとも一億二〇〇〇万人。さらに、その三分の一は、劣悪な労働条件で、危険な重労働や性的搾取をされつつ働いている。[2]

貧困と人口増加という背景の問題は今も変わらないけれど、働きに出された子どもを取り巻く状況は大きく変わった。ネパールでは、毎年一万二〇〇〇人の子どもがインドへ売られていく。行き先の多くは、ムンバイの売春宿。性感染症にかかってしまう子どもたちも多い。最初に登場したパムも、売春宿から救出された時、すでにＨＩＶ／エイズに感染していた。感染した少女たちは、故郷に帰りたくてもエイズを持ち込むと批判されることを恐れて、帰れない。タイでは母子感染によるエイズ孤児も深刻な問題になっている。[3]直接的な暴力にさらされていなくても、一日中、紅茶のプランテーションで茶の葉を摘む作業に追われたり、路上で物乞いや靴磨きをしている子どもたちは、教育の権利や遊ぶ権利を奪われているだけではない。子ども時代を過ごせないことによって、身体的・情緒的・社会的な発達をも損われている。

ＩＬＯは、子どもの健康を著しく阻害し成長に有害な影響をおよぼす労働を、他の仕事と区別して、「児童労働」と呼んでいる。途上国では、たとえ子どもであっても生きていくためには働かざるをえないという冷徹な現実があるため、「児童労働」に焦点を絞り、その廃絶を目指すものである。そして、「児童労働」の中でも、強制労働、売春、ポルノ、麻薬の製造・取

2 アジア太平洋資料センター『オルタ』、「誰が子どもを働かせるのか!?」二〇〇一年一〇月号。

3 ユニセフの報告によると、世界では、すでに一五歳未満の子どもも約四〇〇万人がＨＩＶの母子感染で亡くなっている。（ユニセフのホームページ、http://unicef.or.jp/ を参照。）

引を「最悪の形態の児童労働」とし、その禁止および廃絶のため各国政府が実効性のある措置をとることを求めている。これは「最悪の形態の児童労働の禁止および廃絶のための即時行動に関する条約」（ILO一八二号条約）として、一九九九年に採択された。[4]

4▼ 同条約にはソマリアと米国を除く一九一カ国が批准している。人権諸条約の中では最も多くの国が短期間に批准した。

＊＊＊＊＊

一九九三年、中国、深圳特別経済区の致麗玩具工場で長時間、ぬいぐるみの製造に追われていた八七人の労働者が焼死した。この香港との合弁工場で作られたおもちゃはイタリアに輸出されていた。工場で火災が発生した時、労働者が逃げ出さないように窓に鉄格子が入れられ、ドアには鍵がかけられていたため多くの少女たちが犠牲になった。

この話を授業で取り上げたら、「そんなことまで知ったら、何も買えなくなってしまう（だから、あまり知りたくない）」というコメントが学生から返ってきた。一瞬、私は声を失った。「知りたくない」、きれいなモノを目の前にして、その背景にある暗い現実は、できることなら見ないことにしたい、と誰もが思うのだろうか。グローバル化する経済の中で、先進国の消費者は生産者と切り離されてしまった。自分たちが使っているもの、食べているものが誰によって、どういう状況のもとで作られているのか、もはや関心を持たなくなってしまったのだろうか。同じ地球上で起こっていることに思いを寄せようとする想像力が萎えてしまったのかもしれない。

もう、こんなことは知りたくないという読者のみなさんも多いかもしれない。でも、もう一つだけ例をあげよう。

華々しいサッカー競技で使われるサッカーボールも、その多くが劣悪な労働環境におかれたパキスタンやインドの子どもたちによって縫製されていた。この問題はメディアでも大きく取り上げられた。スポーツ用品企業であるナイキは、不当に低い賃金で現地の労働者を雇用しているとして、人権擁護団体から厳しく批判されてきた。この批判を受けて、パキスタンのサッカーボール製造業者はＩＬＯ、ユニセフ（国連児童基金）との間で、一四歳以下の子どもを縫製作業に携わらせないという協定を結んだ。現在、パキスタンではサッカーボールは家内生産ではなく、縫製センターでつくられ、ＩＬＯが児童労働を防止するため監視をしている。そして、一九九八年、国際サッカー連盟（ＦＩＦＡ）と国際自由労連は、児童労働によって生産された製品はワールドカップで利用しないという協定を結んだ。今年五月、サッカーのワールドカップが日韓合同で開催される。インドの非政府組織（ＮＧＯ）「グローバルマーチ」は、ワールドカップ大会に連動して、働く子どもたちの現状を日本でも知ってもらおうと児童労働の廃絶を呼びかけるキャンペーンを展開している。[5]

＊＊＊＊＊

近世日本と現代社会における子どもが働くということの違いは、大きく言って、二つあると思う。一つは、現代社会では子どもに対する搾取がトランスナショナルに行われていることである。六〇億人という世界人口の約八〇％を占める人々が、世界の富の二〇％しか所有していないという圧倒的な不平等が、児童労働を生んでいる。激化する国際競争の中で、企業は、より安く従順な労働力を子どもに求める。低賃金で働き、労働組合を組織することもない子どもたち。多国籍企業は、彼らを雇用することによって、より大きな利益を確保しようとする。イ

5▼ グローバルマーチのホームページ、http://www.globalmarch.org を参照。

ンドでは、企業が子どもを労働に駆り立てる結果、大人が職につけないという状況も作り出されている。子どもが、結果として大人の仕事を奪っていることになる。国境を越えて行われる子どもたちの売買も、その背後にはグローバル化する犯罪組織の存在がある。

もう一つは、子どもに対する考え方の変化、つまり「子ども観」の変化である。今のような人権思想も、「子ども」という概念もなかった近世日本においては、たとえ子どもが過酷な状況下で仕事をさせられていたとしても、それが子どもの人権を蹂躙していたという意識は、当事者である大人にはなかったであろう。そもそも、子どもの人権という考え方は、現代になって生まれ、一九八九年に採択された「子どもの権利条約」において、ようやく国際的に共有されるようになった。さかのぼってみると、子どもの権利を初めてうたった国際文書は、第一次世界大戦後の一九二四年に採択された「子どもの権利に関するジュネーブ宣言」であった。この宣言では、大人による子どもへの保護に重点が置かれた。第二次世界大戦後の一九五九年にも、「子どもの権利に関する宣言」が国連総会で採択され、社会保障や教育を受ける権利など、権利主体としての子どもが明示された。そして、さらに三〇年の歳月を経て法的拘束力を伴う「子どもの権利条約」が採択されたのである。子ども観は、大人の所有物としての子どもという見方から、保護する対象としての子ども、そして、権利主体としての子どもへと半世紀以上かけて発展してきた。まだ世界各地には、歴史的・社会的、さらには文化的伝統として、子どもの権利を認めない考え方も依然、強く残っている。しかし、子ども観は、より実践的な「子どもの参加」へと、さらなる進展を見せている。

二〇〇二年二月、インドネシアで開催された「東南アジア子ども支援NGO会議」に参加す

写真１　インドネシアのNGO・ペリタ・イルム財団（YPI）の事務所。子どもたちがHIV/エイズに感染するのを防ぐため，情報提供と教育プログラムを実施している。

写真２　YPIの子どもたちとYPIを訪問した「東南アジア子ども支援NGO会議」の参加者（ユース）。

る機会があった。このＮＧＯ会議開催の背景には、一九九七年のアジア経済危機が貧困層を直撃したため、学校に行けなくなり、路上生活を強いられ、人身売買や商業的性搾取の犠牲になる子どもが急増するという状況があった。そして、こうした子どもたちの支援に取り組む日本とアセアン諸国のＮＧＯにより、その対応策が話し合われた。[6▼] そこでは、権利主体である子どもが社会参加することの重要性が確認された。子どもの参加を重視する背景には、子どもには問題解決能力があり、子どもをエンパワーすることによって、自ら危険や虐待から身を守ることができる、という新しい子ども観がある。さらには、子どもたちが連帯することによって、労働者としての権利や教育を受ける権利を求め、政策決定過程に意見を表明できるようになることを目指している。大人には、真の意味で子どもに参加の機会を提供し、それをサポートするという新しい課題が投げ掛けられている。

6▼
同ＮＧＯ会議には、日本、インドネシア、フィリピン、タイ、マレーシア、カンボジア、ベトナム、ミャンマー、ラオス、ブルネイから、一七人の子どもを含む約一〇〇名のＮＧＯ関係者や政府関係者が参加した。フィールド・トリップも企画され、著者はインドネシアのＮＧＯペリタ・イルム財団（ＹＰＩ）を訪れた（写真1、2）。詳しい内容については、国際協力ＮＧＯセンター（ＪＡＮＩＣ）のホームページ http://www.janic.org/ を参照。

ダイアローグ

子どもの「受難」

小林一岳

神辺靖光「近世日本・庶民の子どもと若者」は、江戸時代の子どもの災難と労働について、豊かな具体例をもとに述べている。ここではそれに導かれつつ、日本中世史からの視角で考えてみたい。

神辺もいうように、「七歳までは神のうち」というのが中世から近世までの子どもに対しての認識であった。この点で、フィリップ・アリエスが『〈子ども〉の誕生』の中で述べた、近代になって子ども期が教育の対象として「発見」された、という見方は日本の場合にもあてはまる。七歳までの子どもは、人間としては認識されていなかったのである。

この認識と、神辺も指摘している、乳幼児期の死亡率の高さは関係しているとみられる。中世民衆の死亡の季節性について考察した田村憲美によれば、乳幼児の死亡率は特に冬~早春に高く、これはインフルエンザ等の流行病に起因する呼吸器系疾患によるところが大きいとされる。さらにその背景には、確実に冬季の体力を奪う、慢性的飢饉状況があったことが指摘されている。田村は、「七つまでは神の子」という認識の背景に、中世の乳幼児期の不安定状況をみている。このように、中世という時代は、子どもにとって生きにくい、生き延びることが難しい、「受難」の時代であったといえよう。

子どもの受難は、飢饉と病気だけではなかった。中世社会は戦争が日常的であり、平和は一時的なものでしかなかった。戦場における掠奪の実態を明らかにした藤木久志によれば、戦国時代の戦場においては、女性とともに子どもが掠奪の対象となっていたという。子どもは、いわば財産として売買の対象になっていたのである。

もちろん権力の側も、このような状況に対して一定度の対応はしている。神辺は、江戸幕府が「捨て子禁制」という形で、「赤子ひろい」「赤子うり」等の子どもの売買を禁止していることを明らかにしているが、鎌倉幕府の法にも人身売買規定がある。一二六一（弘長一）年に出された、人のかどわかしと「人売」を禁止する法令である。そこでは、「人商」と称してこの商売をする者が鎌倉市中や諸国に数多くいるとある。法令による禁止は、逆にこの時期の人買商人の多さを示しているといえよう。ここで、売買の対象となっている「人」の中心が子どもである可能性は高い。中世において相対的に平和な時期とみなされている鎌倉時代においても、子どもの売買は頻繁に行われていると考えてよいであろう。貴族の子どもが人買商人に売られてしまい、さまざまな苦難を与えられるという山椒大夫説話は、日常的な事態であったのである。

しかし、子どもの売買も、中世という時代においては、一面では生命維持のためのシステムという側面を合わせ持っていた。ある農民夫婦が子どもを売ったときの文書に、「餓身を助からんかためにて候うえ、此の童も助かり、わか身ともに助かり候」（草木荘住人藤六・姫夜叉女子息童売券『賀茂社文書』）とある。子どもを売るのは、餓死から親も子も助かるためであった。これがまさに現実であるといえよう。このことは、飢饉などの事態により、家族や村が「サバイバル・ユニット」（ノルベルト・エリアス）としての機能を果たさなくなった場合、社会が受け皿となる可能性を示唆している。このような事態は、中世社会には数多く存在したものといえよう。

中世以来の芸能である狂言には、太郎冠者・次郎冠者という人物が出てくる。彼らは、大名・小名という武家や名主等の主人に仕える下人、いわば家内奴隷である。冠者とは、元服した直後の少年を意味し、そこから若い従者としての意味をも持っていた。彼らは従者・下人として主人に仕えているわけであるが、その中には債務や売買によって、主人の財産化したものもいたものとみられる。例えば狂言「縄綯《なわない》」の太郎冠者は、博打のかたとして、主人にだまされて別の人間に渡されてしまうことになる。彼らの中には、子どもの時期から財産として家内労働に使われている者も数多かったものであろう。その意味では、たいへん悲惨な境遇ということもできる。

しかし、狂言の主人公は実はこの太郎冠者・次郎冠者である。彼らは表面的には主人に従属し抑圧されている。しかし、狂言「棒縛《ぼうしばり》」で、主人に盗み酒をしないよう棒で縛られながらも、何とか工夫して酒を飲もうとするように、彼らは主人の隙を見つけては、小さなものとはいえ自由を謳歌しようとするのである。ここに、したたかに生き延び、成長していった子どもの姿を見ることもできるのではないだろうか。

現代の子どもは生命維持という点では、中世の子どもとは比較にならないほど恵まれている。家族や学校も、子どもを保護するための、「サバイバル・ユニット」として位置づけられているといえよう。そして、それを最終的に保障するものが、日本という国民国家のはずである。しかし、それらが本当にその機能を果たしているといえるのだろうか。逆にそれらが子どもに「受難」を与えているのが現状ではないだろうか。現代の子どもにとっての「サバイバル・ユニット」は、いったいどこにあるのだろうか。

［参考文献］

『狂言集　上』日本古典文学大系42、岩波書店、一九六〇年。

黒田日出男『絵巻　子どもの登場――中世社会のこども像』河出書房新社、一九八九年。

田村憲美『日本中世村落形成史の研究』校倉書房、一九九四年。

藤木久志『雑兵たちの戦場』朝日新聞社、一九九五年。

フィリップ・アリエス『〈子ども〉の誕生――アンシァン・レジーム期の子供と家族生活』杉山光信・杉山恵美子訳、みすず書房、一九八〇年。

ノルベルト・エリアス『諸個人の社会――文明化と関係構造』宇京早苗訳、法政大学出版局、二〇〇〇年。

一〇歳の少年の視点

ウィリアム・スタイロン「シャドラク」の提示するもの

前田浩美

1 はじめに

短編「シャドラク」は、ウィリアム・スタイロン（STYRON, William 1925〜）の三部作を収録した『タイドウォーターの朝』（一九九三）の中の一編で、年老いた黒人シャドラクと彼の面倒を見なければならない羽目に落ち入った貧しく心優しいダブニー家の物語である。この物語は、ダブニー家の人々をこよなく愛し、またその家で可愛がられていた当時一〇歳の少年ポールが見たことを、後年になって本人が成熟した大人の語り口で思い出を懐かしむように、しかも時おり現在の心境や大人としての視点を交えながら語るという手法で展開される。黒人に対する偏見がまだ強く残るアメリカ南部のバージニア州タイドウォーター地方に育ったポールは、その社会一般の視点に影響を受けながらも、少年独自の視点で黒人シャドラクとダブニー家の人々を見つめ、それぞれ個性豊かな人々のいきいきとした姿を脳裏に焼きつけていたのである。当然のことながら一〇歳の少年の見識には限られた点があるが、逆に一〇歳の少

図1 「シャドラク」の舞台、バージニア州。

写真 1 Walkerton Bridge

20 世紀初頭の建造物で、貨物船や大型船が通行できるように跳ね橋になっている。物資の輸送を水路に頼っていたタイドウォーター地方らしい造り。タイドウォーターとは、“tidal water”（感潮河川）という意味である。© Bill Pheris

年だから見えるものも多かったと言える。たとえば、ダブニー家を訪れ、小旅行に同行し、寝食までも共にして、シャドラクや一家の人々と交流できたのは、一家の中に同い年の友だちを持つ少年の特権だったと言える。自分の両親とは全く異なる人々との交流から多くを学び吸収できたのは少年のするどい観察力と豊かな感受性のおかげだし、ひとりひとりの人間を近い距離から観察し、その個性や価値を一般の大人とは違った基準で判断したのも一〇代の賜物だろう。

初めてシャドラクに出会った時、当時の一般社会のステレオタイプに当てはめて、年老いて労働力として価値のなくなった黒人としてポールは、彼を見ていた。しかし、共に時を過ごし、シャドラクの表情からその心を探り、彼について想像するうちに、彼に対する見方を大きく変え、彼の価値を高く評価するようになる。観察力と想像力と柔軟なものの見方によって価値観を変えることのできるこの少年は、偏見を乗り越えて人間の価値を見出し、人と人が仲良く共存していく可能性を示唆している。これから、「シャドラク」の中で、少年が当時どのような視点で物事を見つめ、どのような価値判断をしていたかということを示すと共に、その少年の視点と大人のポールの視点とを比較し、さらに少年の視点を描き出した著者スタイロン自身の視点と少年の視点との関連についても考察したい。

2　価値観のイメージとしてのビー玉

この物語のビー玉には、少年ポールの価値観が集約されている。ビー玉は、子どものおもちゃという以外には、特殊な役割を担っているわけではないし、値うちのあるものでもない。しかしながら、少年ポールにとっては、ダブニー家の三男で親友のリトル・モールとの仲を取り持つ大切な遊び道具であるだけではなく、次の独白に見られるとおり、宝石と同等の美的価値を持ち、充足感を与えてくれるものなのである。

当時の僕らの眼前に、何もないようなところから彼の姿が突然湧いて出たようなあの日、僕らはビー玉遊びをしていた。小さい男の子たちがビー玉遊びをすることは今ではほとんどなくなったけれども、ビー玉は一九三五年当時、男の子を虜にした遊びで、後に子どもたちを風靡したヨーヨー熱のようなものだった。権勢を誇る者がルビーやエメラルドを愛でるように、このエレガントで色とりどりの玉にほれぼれする人がいてもよかろう。その球体には確かな質感がありながら、つるりとして摑みどころのなさもある。それは小粒で高価な翡翠玉の心地よい触感を、すなわち、お馴染みの美的満足感に加えて贅沢感をも彷彿とさせてくれた。

この物語に登場する人々は、社会的地位が低く経済的な富みもない。人種もシャドラクは黒人、ダブニー家の主人はアメリカインディアンの血を引くハーフと、さまざまで、当時のタイドウォーター地方では人間的価値までも低いとされた人々であった。少年ポールはそうした外面的社会的価値とは違った面に視線を向け、人間としての価値を見抜く目を持っていた。それを象徴的に語るのが、このビー玉に対する価値観である。色とりどりのビー玉ひとつひとつがポールにとって貴重であるように、社会的レッテルとは関係なく、個性豊かなダブニー家のひとりひとりが尊い存在なのである。そして、ダブニー家の人々といっしょになってシャドラクの世話をするうちに、死に直面し、周りに面倒をかける以外には何もできないシャドラクもかけがえのない存在であると彼の価値を認めるようになるのである。

3 第一人称"I"を使って語りかけるナレーター

「シャドラク」では、大人になったポールが"I"という第一人称を用いて一〇歳の頃の思い出話をするという手法で語られる。ナレーターにとってシャドラクの存在が自分の人生にいかに重要な意味を与えたかということを語るところから物語は始まる。

僕がこの世に生まれてから一〇回目に迎えた一九三五年の夏は、決して心から消え去ることがないだろう。それはシャドラクという人物のおかげであり、彼がそれ以降の僕の人生に明るい光と暗い影を投げかけてくれたためでもある。彼はどこからともなく姿を現わし、昼のさなかに僕が育ったバージニア州のタイドウォーターの村にたどり着いた。彼は信じられないほど遠い昔から抜け出してきた黒人亡霊そのもので、中風にかかっていて弱々しく、血色の悪い歯茎をむき出しにしてニヤニヤしていた。それは、ガタがきて使い道のなくなった老体の黒人を、ステピン・フェチットとリーマス爺やを足して二で割ったようなものとして（南部の幼い白人少年の目だけでなく、社会全体が）見ていた時代の典型的戯画といった風貌だった。

ナレーターであるポールのシャドラクに関わる記憶は実に鮮明で、彼の語りは、子ども時代に見たこと、聞いたこと、感じたこと、考えたことを細部に至るまで再現している。すなわち、ナレーターは子どものとき見たこと感じたことを忠実に再現することによって、自分の子ども時代の視点を示しているのである。また、ナレーターの語りの中には子どもの視覚や嗅覚を通して感じたことの描写と、当時の会話を直接話法で引用した部分がしばしば含まれる。これらの部分は、ナレーターの語る思い出が、あたかも現在、あるいは、つい最近起こったこととして再現されているように感じさせる。したがって、大人のポールの語りに、次第に少年のポールの語りが重なって、少年ポールが語っているかのごとく感じさせる。以下の引用は、ポールとリトル・モールの前にシャドラクが現われた後、ポールがシャドラクの膝の上に乗るよう声をかけられる場面で、視覚と嗅覚を通しての描写と会話が臨場感を醸し出している部分である。

「いいから、お掛け」と彼が指図する。僕は言う通りにした。すなおに従って、親愛の情を示すと、アブラハムの懐に這い上がっていく気分だ。年老いて衰弱した膝に、僕は満ち足りた気分ですわり、油光りしているチョッキについている真鍮の鎖をいじる。その鎖の先端にぶらさがっているのは、文字盤の上でミッキーマウスの黒い手袋が正午を指したニッケルめっきの時計だ。僕は、愉快に笑い声をたてると聖者の懐に抱かれたまま、洗濯していない服の匂いやホコリ臭さに入り混じった長寿のにおいを深く吸い込んだのだった。それは何とも言えない、不快とまではいかないが、カビくさく、長く開けてなかった食器棚のようなにおいだった。僕からわずか二、三センチ離れたところで、鐘の内側の暗いところで桃色の鳴り子が打っているように舌が振れる。「かぁわいいぃ坊やだぁ」と小声でささやく声がする。「坊やぁ、ダブニーさんちの子かぁ?」僕は悔しさを感じながら「ううん」と答えて、リトル・モールを指差す。「ダブニーは、あの子だよ」

このように、語りが少年の声と重なっている部分や、ナレーターが少年の視点を忠実に思い出しながら語る部分がナレーションの多くを占めるが、中には明らかに大人のナレーターが現在の境地を語っている部分もある。大人になって見方が変わり、少年時代の視点と違う角度からものごとを見つめている部分や、少年時代の見方や考え方を補足訂正している部分が見られるのである。次の引用は、シャドラクが水車池に行きたいと言ったので、ダブニー家の人々とポールがとうもろこし運搬用の手押し車にシャドラクを乗せて、水車池にやってきたときの話である。少年ポールは、シャドラクの表情を観察しながら、苦しい長旅をしてまでこの地に戻ってきたのはなぜなのかを思いめぐらしている場面である。

もしも、アメリカ最南部からの長く孤独な旅が、この水車池を探し当て、楽しかった幼年時代のひとこまを心に蘇らせるためのものだったとしたら、それはとりもなおさず、苦難の人生に背く、彼の最後の抵抗だったのかもしれないが、僕にはそんなところまで考えもつかなかった。現在の僕にさえ、確信を持っては、そう言えない。とはいうものの、はるか昔、アラバマで自由の身になった当時、まだ若者だったシャドラクは大多数の同胞と同じく、おそらく周知の奴隷制度の境遇よりつらい、新しい形態の奴隷制の中に解き放たれただろうという想定を抜きに考えたことはない。解放された結果、想像を絶する未曾有の悪夢に襲われた人々の歴史が、すでに幾度となく語られてきた――貧困と飢えと屈辱に満ちた状況、それに、夜間十字架が燃えさかり、無差別に殺りくがくり返され、なかんずく絶えず不安に脅かされていたというような、そういった悪夢のような状況が。そんな狂気の沙汰や暴力はこの物語には関係ないが、こうしたことに少しでも思いを馳せてもらわなかったら、シャドラクに対する僕の誠実さが失われることになるだろう。「たぁくさん、みぃんな、奪われっちまったのさ」と話してくれたときの明るさとは裏腹に、口では言い表わせぬほどの逆境を彼は耐え抜いてきたに違いなかった。それでもなお彼がバージニアに戻ってきたのは、昔の奴隷の身分を懐かしむためではなく、幼い頃の汚れない童心にかえるためだったのだと、現在の僕には思える。水車池の水辺で遊ぶ幼い少年だった僕の目にも、やはりシャドラクは、暗黒の世界からの逃避者としてではなく、閃光のごとく輝く幼少の記憶に再現される光を求める巡礼者として映っていた。シャドラクが老いて霞んだ目で、子どもたちが飛び込んではしゃぎまわる水車池を眺めるうちに、その顔は果てしなく平静で柔和な表情に包まれてゆき、そのとき僕は、彼の人生でおそらく苦しみのない純粋無垢なひとときが蘇ったのだと察知したのだった。「シャドもここに泳ぎにきたの？」と尋ねてみる。しかし、返事はなかった。そして間もなく、彼はまたウトウトし始め、頭が肩の方にダラリと傾《かし》いできたので、僕たちは彼を乗せた手押し車を押して家路についた。

この段落冒頭の「そんなところまで考えもつかなかった」のは少年ポールであるが、「現在の僕にさえ……」というところから、大人のナレーターの視点でナレーションが進み、終わり近くの「水車池の水辺で遊ぶ幼い少年だった僕の目にも……」というところから、また少年の視点に戻っているのが分かる。このように同じ段落の中に、ポールの子ども時代の視点と大人になってからの視点が混在しているがナレーターの大人としての意見が示される部分は、括弧内に現在の意見を挿入したり、現在の僕はこう思うといったような表現ではっきりと示されている。そうした方法で大人の視点で意見が述べられていることがはっきり示されるので、子どものポールの視点による描写をナレーターが再現している部分と大人の視点でナレーターが意見を述べる部分の区別ができるようになっている。大人の視点は、この物語にそう多くは含ま

写真２　Lancaster Mill Pond

バージニア州の水車池の典型で川をせき止めて造った人造池である。ダブニー家のような、この地方の旧家には、所有する敷地内にこのような水車池があったという。© Bill Pheris

写真３　Lancaster Roller Mill

水車池のほとりにある製粉所。小屋の中に石臼がある。大手製粉所の出現、ハリケーンによる打撃、補修費用の資金不足などによって、このように小さな製粉所の多くは消えていった。© Bill Pheris

れず、全体としてナレーターは、子ども時代の視点で見たことを忠実に再現することに重点を置き、子ども時代に考えていたことに大人の視点からの意見を少々つけ加える形で、この物語を語っている。

4 少年の視点から見たダブニー家の人々

もともとはバージニア名門の旧家だったダブニー家だが、当時の主人のお父さんが、インディアンの血を引く混血女性と結婚したことがきっかけで転落の一途をたどり、当時のダブニー家は、すっかり落ちぶれていた。当時の主人であるヴァーノン・ダブニーは、小学校中退という学歴で、まともな職につけるわけもなく、主にウィスキーを密造することで、大酒飲みの妻、三人の息子、四人の娘を何とか養っていた。経済的には下層階級に属する大家族を、一人っ子の少年ポールは羨望の眼差しで見つめていて、自分もこの家族の一員になりたいと願うほどであった。ダブニー家の人々が持つ自由奔放さから生活全般のだらしなさ、下品な言葉遣いに至るまで、自分の家族にはない点のすべてが、少年ポールの目には新鮮に映った。なかでも一家の母であるトリクシーのあたたかさとおおらかさ、娘たちの美しさなどがポールにとって実に魅力的だった。一家揃って彼らの別荘とも言うべき「農場」に出かけて夏を過ごすライフスタイルも素敵に思えたのか、「しかしながら、こうした外見的みすぼらしさの陰に隠れて、ダブニー家はちょっとした資産を所有していた」という表現で、所有する農場のことを説明し、そこでのダブニー家の生活をロックフェラー家の夏のキャンプに例えている。もちろん大人のナレーターは、その土地がやせて見捨てられた農地であったと、タイドウォーター地方の農業の歴史にそって説明をつけ加えているが、少年時代のポールはそのような事実を知らず、そうしたライフスタイルを羨むのみであった。一家の主人であるヴァーノン・ダブニーには特に興味をひかれたのか、ポールは彼の外見にとどまらず、表情や態度や好みまでもこと細かに観察し、癇癪持ちで周りに当り散らすこと、下品な言葉で他人を罵ったり威嚇したりすること、そういった態度とはうらはらに本当は人情味あふれる優しい心の持ち主であること、なぜかフランクリン・ルーズベルト大統領を嫌っていることなどの特徴を述べている。周りに当り散らしたり、貧しい人々に人気の大統領を嫌ったり、ダブニー氏は子ども心に不可解な点の多い人物だったが、ポールは彼の人情味あふれる優しさを見抜き、彼の言動のひとつひとつに魅力を感じていたようだ。ダブニー家の人々は経済的に貧しく教養にも乏しかったけれど、そのようなダブニー家を、たびたび訪れ、かなりの時間を一緒に過ごし、ダブニー家の人々をポールは細かく観察して、その人たちの心の優しさを体感するのである。

ダブニー家の人々の優しさが顕著に表れるのが、遠くアラバマから六〇〇マイルの道のりを歩いてやってきた黒人シャドラクに対する態度である。まだダブニー家がアメリカ南部の旧家として栄えていた昔、奴隷の子としてダブニー家で生まれたシャドラクは、農場の衰退に伴いアラバマに売られていったのだが、人生の終焉を迎えていると感じ、自分が生まれた土地に埋葬してもらおうとバージニアのダブニー家に戻ってきたのだった。念願のダブニー家にたどり着くことができて安堵したのか、シャドラクは到着してまもなく、ほぼ寝たきり老人の様相を呈することになる。現在の零落したダブニー家の人々には無縁の存在だったシャドラクだが、一家の人々は彼に食べ物を与え、時には下の世話までしてあげるのだった。ダブニー家の土地で眠りにつきたいというシャドラクの願いを叶えてあげるために、ダブニー夫妻はさらに労をとる。夫妻は自分たちの息子と娘の中から何人か、それにポールとシャドラクをダブニー家の別荘ともいうべき「農場」に連れていき、その近くのダブニー家先祖代々の墓地にシャドラクを埋葬するための穴を掘るのだった。当時まだ黒人に対する偏見の残る南部なのに、ダブニー家の人々にとってシャドラクが黒人であることは何の問題もない様子である。彼らにとっての問題は、この老人の最期の願いを叶えてあげられるかどうかということで、自分たち自身が経済的にひっ迫する中、突然転がり込んできたこの問題に取り組むことに必死なのである。黒人の老人に対するダブニー家の人々のあふれんばかりの優しさを、同行した少年ポールは観察しながら目に焼きつけることになる。

観察力の鋭いポールが見たものはダブニー家の人々の優しさばかりではなかった。黒人シャドラクが一家に転がり込んできた時、主人であるヴァーノン・ダブニーの表情に表れていたのは、哀れな黒人への同情心ばかりではなかった。次の場面は少年ポールが見たダブニー氏の表情を描いたものである。

ダブニーさんは、(相当な癇癪持ちには違いなかったが) 決して邪険な性格ではなかったし、ケチでもなかった。それでも、陰気でみすぼらしさを極めたような一九三五年という時代の荒波に揉まれ、ドル札どころか、一〇セント二五セントといった小銭にも汲々としていた。酔いつぶれた象のような妻の下敷きになり、おおむねやる気のない息子三人と身重の娘二人、それに近々生まれてくるであろう二人の赤ん坊にまで押しつぶされ、その上、生計の手段を断ってやろうと、そしておそらく、アトランタの刑務所に五、六年ぶち込んでやろうと、突然おしかけてくるかもしれない密造酒取締官の脅威に絶えずさらされて生きていた。これ以上、心配や苦労はご勘弁といった状況の彼だった。それなのにキリスの音が冴えわたる暑い夏の夜、なんと僕が目にしたのは、深い同情、とまどい、こらえた怒り、絶望とが交錯した面持ちで、年老いて皮膚の強ばった臨終間近の黒人の顔をじっと見下ろす彼の姿だった。そして、ひとりごとを囁くのだ。「こいつ、ダブニー家で最期を迎えたいだと。おお、なんてこった。なんてこった」大勢いるバージニアのこの一族から、どうやってシャドラクが自分を見つけ出したのか、彼がいぶかっているのは明らかだった。それというのも、彼がしゃがみ込んでこうつぶやいたからだ。「シャド！　シャド！　いったいどうして、お前は自分の当てにすべき人間が分かったんだ？」しかし熱にうなされて、シャドラクは眠りの中をさまよっていた。僕の把握するところ、その問いに返事が返ってくるどころではなかった。

ダブニー氏の中に同情だけでなく複雑な気持ちが微妙にまざりあっていたことをポールは見のがさなかった。ダブニー氏に他人への善意を施すような余裕などないことは誰の目にも明らかだった。おそらく、シャドラクに同情するダブニー氏は、最後の願いを叶えてやって自分の祖先と同じ墓地に葬ってやりたいと思ったのだろうが、現実の貧しさがそれを阻もうとすることも彼には分かっていたのだろう。シャドラクへの同情心と現実の窮乏の間で葛藤するダブニー氏の心に時として、怒りがこみ上げてくるのをポールは何度か目撃している。シャドラクが転がり込んできたはじめの頃は怒るに怒りきれず感情を抑えているダブニー氏、そのうち事態がさらに悪くなると怒りを抑制できなくなるダブニー氏、そんな彼の表情や仕種のひとつひとつをポールはつぶさに観察している。シャドラクの最後の願いを叶えてやろうと、彼が亡くなった時の準備として、ダブニー氏は汗だくになって先祖の墓を掘ってみたが、その直後、亡くなった人を個人で埋葬することは法により禁じられていること、さらに法にのっとって埋葬してもらうには約三五ドルの費用が必要であることを保安官に聞かされる。その時も激しい憤りが爆発寸前にまで達するのをポールは目撃している。シャドラクの死亡を知らされたときのダブニー氏にも、絶望感に胸を締めつけられ放心状態に陥ったような表情と激怒をこらえる表情が見られたとポールは述べる。そして一旦は、シャドラクと黒人に対するダブニー氏の怒りがぶちまけられるのだった。

「一番おそろしいのは、生きていくことさ！」と彼は、怒りの栓を抜き、ぶちまけるかのように叫んだ。「俺ゃ、自殺する奴の気持ちが分るよ！　一体全体、どうやって、あいつを埋めてやるための金を作ったらいいんだ。黒人野郎ってのは、いつもとんだやっかい掛けやがる。くそ、俺、『黒人野郎』って呼ばずに『有色人種』とかなんとか言ってな、ちっとは、尊重するよう教えられてきたもんだ。だが、ほんとのことを言えば、あいつら、いつもやっかいなんだよ。あいつらは、いっつも、俺たちの足ひっぱるのさ！　俺ゃ、三五ドルも持っちゃいないんだよ。二五ドルも、五ドルだって、ありゃしないさ！」

「バーノン！」とトリクシーが声高に叫んで、クリームのように白いがっしりした腕を広げ、お願いだからというような身ぶりをした。「脳卒中でも起こしたら、どうすんの！」

「まだあるぞ」と言ったが、彼の言葉は続かなかった。

それから急に彼の怒りは――と言うより、怒りの鋒先の凶暴な部分は――蒸発して、夏のコオロギが優しく鳴き、暖まった土のにおいやスイカズラのかおりが漂う月明かりの夜に吸い込まれていったようだった。一瞬にして、彼は縮んで、いっそうチビになったように見えて、軽く弱く、木の葉のように風に吹き飛ばされそうに見えた。それから、彼は神経質に震える手をもつれた黒い髪に通した。「わかったよ。わかったよ」と彼は、悲しみに酔ったような、頼りないかすかな声で言った。「かわいそうなじいさんだよ、自分じゃどうすることもできなかったんだから。あいつは、かわいそうな年寄りだったが、いい奴だったよな。たぶん、だれにも、何の害も与えちゃいないよ。俺ゃ、シャドラクに何の恨みもないさ。かわいそうなじいさんだったよな」

このような怒りの観察は、貧しいダブニー氏が心優しいがゆえに陥るジレンマを見事にとらえ、彼の純粋な性格を如実に伝えてくれるものである。ポールの目に映るダブニー氏は怒りっぽいけれども、その怒りの鉾先は善行を阻む法律に向けられていたり、最終的には自分の困窮状態に向けられているのである。その貧しさが解決されたわけではなく法が改正されたわけでもないのに、シャドラクの死後しばらくして、彼の怒りが突然消失したかのように収まったのは諦め以外の何ものでもないと解釈される。彼がどんなに努力し、どんなに激しく憤慨したところで、法の規制と貧しさのゆえにシャドラクの最期の願いを叶えてやれないことに変わりなく、ダブニー氏にはシャドラクに最期の願いを叶えてやることを諦めるという選択しかなかったのである。おそらくそれを悟った瞬間、ダブニー氏の激しい怒りは消えてゆき、シャドラクに対する同情のみが残ったのであろう。「不意に切なくなって胸を締めつけられるのを覚えた」とナレーターは、ダブニー氏の怒りの爆発と消失を目撃した直後の気持ちを語っている。ポールにとってダブニー家は人生の悲しみを学ぶ場所でもあったと言える。

ポールが一家の主人ヴァーノン・ダブニーを心優しく純粋な人と見ていることはこれまで述べた通りであるが、家族に対しても同様の見方をしている。娘のエドモニアについては、その外見の美しさをくり返しのべているが、彼女のシャドラクに接する態度にも言及している。ベッドに横たわるシャドラクに付いて看病する態度、分かりづらいシャドラクの言葉を理解しようとする態度には、エドモニアの優しさと心の美しさが表れている。また、妻であり母であるトリクシーの飲んだくれでだらしないところも常々見てきたが、他人に対する寛容さと気遣いの細やかさがあることもポールは見のがしてはいない。農場に行く車の中で粗そうしたシャドラクをばかにしないように家族の者たちを戒め、後始末してあげたのもこのトリクシーだった。トリクシーのおかげで車の旅は快適さを取り戻し、家族全員の機嫌が回復する。夫の怒りをなだめる役も、怒った後落ち込んだ夫に豊かな食卓を準備して慰めたのもこの人だった。これは母親が病弱なポールの家庭ではほとんどありえない光景だったに違いない。ナレーターのポールは、その食卓に並んでいた料理の品々を大人になった今でも鮮明に思い出し、貧しい人々に豊かな食材を提供していた土地の肥沃さに驚きの念を表している。その土地の豊かさと食卓を準備したトリクシーの心の豊かさが重なる場面である。豊かさに感動する少年ポールがうかがわれる。少年ポールが一貫して目で追っていたのは、こうしたダブニー家の人々の優しさであり、豊かさである。

このように、少年ポールがダブニー家の人々から学んだことは実に多く、しかも重要なことだった。はじめは物珍しさと好奇心からダブニー家に心引かれていたポールは、シャドラクがこの家に転がり込んできてから息を引き取るまでの一連の事件を通して、一家の人々の優しさと暖かさを再認識するとともに、貧しさゆえの限界、苦しみ、悲しみも知ったのだ。当時の一般的社会通念からすると、貧しさはさげすまれるべきことだった。事実、ダブニー家の息子でポールの遊び相手、通称リトル・モールは不潔で臭いという理由で同級生の間では仲間はずれの存在だった。しかし貧しさは同情すべき点であると――おそらく、少しも卑しむべきことではないと――一連の事件を通してポールは悟るのだ。シャドラクの死後、無力さを悟って怒りを捨て、シャドラクを自分の土地に埋葬することを静かに諦めるダブニー氏に、少年ポールは同情している。少年ポールの目にダブニー家が純粋で心優しい人々と映っていたことに間違いないが、同時に貧しさゆえに同情すべき人々であると、この事件を通して分かったのだろう。

5 少年の視点から見た黒人シャドラク

好奇心旺盛なポールはシャドラクに初めて会った時、見たこともないほど真っ黒な皮膚の黒さや得体の知れぬほどの高齢に驚き、旧約聖書の中に出てくる長寿の人物を想像させるような、その人物に興味をそそられて近づいていったのだった。それでもガタがきて使い物にならなくなった黒人といった当時の一般的見方に感化されていたことをポールは認めている。少年ポールは、シャドラクに興味を持っていたけれども、最初のうちからこの黒人に同情心を持っていたわけではなかった。美しいエドモニアがシャドラクに優しくしてあげると羨ましく少々嫉妬心のようなものを感じたし、老人が粗そうするとクスクスと笑わずにはいられなかった。ダブニー家の人々がシャドラクの面倒を見てあげるようなことがなければ、ポールもこの黒人とそんなに深く関わりあうこともなかったかもしれないが、ダブニー家のおかげで出会ってから黒人が息をひきとるまでのドラマの一部始終をのがさず見ることになったのだった。

ポールのシャドラクに対する見方が明らかに変化したと思われる時点がある。それはシャドラクが水車池に行きたがっているらしいことにエドモニアが気づき、それを母親のトリクシーに伝え、トリクシーと子どもたちがシャドラクを手押し車に乗せて連れて行った時である。そのときのシャドラクは「半ば視力を失いかけているが、長い人生の機が熟し、待ちに待った定めの報酬の地に入場が許され、そこに送りとどけられるときの落ちつきはらって穏やかなアフリカ人君主」のように見えたとポールは表現する。この表現は、シャドラクが少年ポールの目に高貴な人物として映っていることを示している。この水車池でシャドラクの満ち足りた表情を見ながら、ポールはこの老人がこの水車池を訪れたいと言った理由などを思いめぐらし、ポールはシャドラクに対する理解を深める。ここでポールがシャドラクを理解するのに、言葉と知識をそう多く必要としなかったことに注目すべきであろう。シャドラクがダブニー家に姿を現わした当初は会話を交わす機会があったが、その後ほぼ寝たきりの状態になり、時おりしゃべる言葉も分かりにくく、また話し掛けてもまともな答えが返ってくることが少なくなっていたことが、そうなった一因である。それでもポールはダブニー家の人々といっしょになってシャドラクに接し、観察力と想像力を働かせることによって、老いぼれた黒人を「アフリカ人君主」に例えるほどに彼の存在価値を評価するようになったのである。

6 少年の視点からは見えなかったこと
――世界大恐慌と黒人の歴史

自分の目で見たり、直接体験したりするうちに物事の本質を見極め理解していくのが少年ポールのやりかたである。ただこの観察力と感受性の鋭い少年にも歴史的観点は欠けていた。すでに述べたように、この物語は、当時一〇歳の少年ポールが見たり感じたりしたことを、後年の本人が時おり現在の心境や大人としての視点を交えながら語るものである。大人のポールは当時の出来事やシャドラクの思い出を歴史の軸と照らし合わせながら語っている。

子どもの頃のポールは、ダブニー氏がまともな職に就けず困窮していたことは知っていたけれども、その困窮の一因に世界大恐慌による災難があげられるとは知らなかったという。ポールがシャドラクに出会った一九三五年という年は一九二九年にニューヨークの株式市場大暴落に始まった大恐慌が起こってから六年目に当たる。失業者が四人に一人という一九三三年の最悪の事態よりは経済が幾分持ち直していたものの、まだまだ企業倒産も多く失業者のあふれる時代だった。大恐慌というと株の大暴落で借金を背負い自殺に追い込まれた投機家が思い出される。[1]大恐慌のもうひとつのイメージとして思い浮かぶのは、不況下の銀行倒産と銀行上層部の不正の暴露である。投機家の自殺にしても銀行上層部の不正にしても都会で金融業界に関わっていた人々の話であるが、大恐慌はそのような人々だけを襲ったわけではなかった。F・L・アレンは『オンリー・イエスタデイ』の中で大恐慌を七つに分けて分析し、その六番目に「不況がみずから招いた結果」を挙げて次のように述べている。

　破産、支払い停止、操業計画の減少がある毎に、他の会社が影響をうけた。そしてついには、実業界全体が、いまにも将棋倒しになりそうに見えた。一人が失業すれば、それだけ、この国の購買力を減少させた。[2]

　この将棋倒し的不況はアメリカの国じゅうに広がって、田舎の方でつつましく仕事をしている人々をも倒し、その生活を悲惨な状態に落とし入れたのである。*Talk about Trouble* と題するバージニア州の人々が語った苦労話をまとめた本には、大恐慌の影響で失業した人々の例がいくつか載っている。それらはジャガイモの値が暴落したために、栽培にかかった必要経費さえも回収できなくなった農家が農業を離れる話であったり、黒人に保険勧誘をしていた外交員が保険加入者を見つけることが不可能になり、その仕事に見切りをつけた話であったり、受注のなくなった橋の建設会社から一時解雇された作業員の話であったりする。[3]いずれも一獲千金を夢見た博打のような投資にも不正にも関係なく、地道に働き、つつましい生活を送ってきた人々だったが、大不況の影響を免れることはなかった。定職を失ったあとは一時的な仕事を低賃金で引き受けて転々としながらわずかな生活費を稼ぐか、生活保護に頼るか、あるいは雇用促進局（WPA）の公共事業に携わることでようやく生きながらえたのである。

1▼ ガルブレイズは一九二九年には意外にも自殺の急増は見られなかったと指摘し、自殺の発生率が高まったのは株の大暴落に続く大不況の間だとしている。ジョン・K・ガルブレイズ『大恐慌―一九二九年は再びくるか!?』牧野昇監訳、徳間書店一九八八年。二〇六ページ参照。

2▼ F・L・アレン『オンリー・イエスタデイ―一九二〇年代・アメリカ』藤久ミネ訳、研究社一九七五年。三九一ページ。

3▼ Nancy J. Martin-Perdue & Charles L. Perdue Jr. Eds. *Talk About Trouble: A New Deal Portrait of Virginians in the Great Depression.* The University of North Carolina Press, 1996. 一三一、一四六、三二二ページを参照。

雇用促進局は、一九三五年の四月に制定された緊急救済支出法によって新設されたのであるが、このおかげで多くの失業者が様々な事業に雇われたという。紀平英作編『アメリカ史』ではこの緊急救済支出法を第二次ニューディール政策への転換点として見なし、ルーズベルト政権はこの頃から「長期的な権力ないし富の再分配に着手した」としている。[4] 第一次ニューディール政策は、アメリカを金融危機から救い、経済の最悪期を乗り越えさせたことで、功を奏したとしてそれなりに評価された。それでも失業者が急激に減少したわけではなかったし、その後も経済が順調に上昇基調を示し続けたわけではなかった。ルーズベルト政権は第二次ニューディール政策を掲げ推進していくことで、多くのアメリカ国民を悩ます貧困とさらに闘っていかねばならなかった。

スタイロンは『タイドウォーターの朝』の前書きにあたる著者のことばの中に「皮肉なことではあるが、この地方への重工業と軍の進出が大恐慌の最悪時を生き抜いていけるよう、白人であれ黒人であれ、多くの人々を助けてくれたことは確かである」と書いているが、完全な景気回復が第二次世界大戦によってしかなされなかったという事実は、『タイドウォーターの朝』の中のそれぞれの短編のつながりを理解するうえで重要である。『タイドウォーターの朝』の作品からは、大恐慌の貧困に喘ぐタイドウォーター地方の人々が知らず知らずと戦争への道を整えるのに加担していく姿がうかがえる。「シャドラク」では、戦争へ向けての気運の高まりには触れられず、当時のその地方の人々のみすぼらしさと困窮状態が描かれているだけである。しかし、この困窮状態こそが、戦争への気運が高まった根底にあるということを示す役割を「シャドラク」は担い、『タイドウォーターの朝』の中の一編として組み込まれていると考えられる。参戦した時の自分の過った認識と愚かな心理状態を振り返りながら、スタイロンは、それらに対する反省をしたうえで未来を見据えようとしている。[5] そのスタイロンが一九三

4 紀平英作編『アメリカ史』山川出版、一九九九年。三〇五ページ。

5 William Styron. "The Enduring Metaphors of Auschwitz and Hiroshima." *Newsweek* (January 11, 1993) 参照のこと。

〇年代のタイドウォーター地方を扱う作品として三つの短編をまとめて出版したのが『タイドウォーターの朝』である。当然のことながら、自分と共に読者にもその時代を振り返ってもらい、そこから未来を見つめてほしいという著者の意図が感じられることをつけ加えておきたい。

この物語のダブニー氏は、ニューディール政策を失敗と言っていることからみて、その失業対策の恩恵にあずかった様子はない。十分な収入を得られるだけの職に就けないため、当時のバージニア州では違法とされる密造酒製造に携わることで何とか収入を得ていた。子どもの頃のポールが知っていたのは、ダブニー氏に定職がなく、密造酒を造ることでようやく家族を養っていたということだけで、仕事に就けない理由も、密造酒をどこでどのように造っていたのかも分からなかった。しかし、後になって、密造酒については、夏の別荘として使っていたあの「農場」が作業場であり、しかも家族全員がその作業の一部を担っていたことを知る。また、仕事がなかったのは大恐慌後のさなかだったからだと後になって認識する。ナレーターである大人のポールがダブニー氏のことを話すとき、彼に同情的な口調なのは、その苦労を子どもの頃見て知っているからであり、愛するダブニー氏をひいき目に見ているからでもあるが、同情する理由はそれだけではない。子どものころに見えなかった苦労も今は理解できるからであり、当時の歴史的状況を把握したうえで判断すると、大恐慌の犠牲者に同情せざるを得ない面があるからである。

黒人に対する見方に関して言えば、当時の社会一般の見方とポール少年の見方にはほとんど差がなかった。たとえば、物語の中でシャドラクが黒人用の公衆トイレに連れて行かれるところを少年は見ているが、そのことに疑問を感じる余地はない。当時はそれが当然のことで、学校、鉄道、レストランなどのあらゆる公共施設において、黒人と白人は制度的に分離されていたからだ。これはジム・クロウと呼ばれるアメリカの黒人差別体制で、一九六四年の公民権法成立まで法体系として存在していたものである。黒人差別と聞くとアメリカ南部とすぐに結びつけてしまいがちだが、ウッドワードは、ジム・クロウ制度が「北部生まれの制度で、大規模に南部に普及する以前に北部で一人前に成長していた」[6]と指摘する。奴隷制が早くから廃止され、しかしなお偏見と差別が厳然と存在していた北部では、自由の身となった黒人と白人を何らかの形で差をつけておく必要があったので、この制度が生まれたものと思われている。南北戦争以前の南部では都市部で黒人が分離されていたが、奴隷制度の確立した農業地帯では奴隷と主人は同じ家屋に住み、同じ教会に通っていた。南北戦争後、奴隷制度の崩壊にともなって南部でも解放された黒人と白人を分離するようになり、その分離形態は次第に法制化されていった。[7]少年ポールはジム・クロウ制度のすでに確立された社会に生まれ育ったので、彼にとって分離されているのは当たり前の状態だったし、それゆえ、シャドラクに出会うまでは身近なところで黒人に接したことはなかったのである。

　そのような少年ポールが昔の奴隷制のことなど知るよしもなく、シャドラクの話の中に出てくる「鎖で繋がれた奴隷の列」[8]という言葉も何のことだかさっぱり理解できなかった。シャドラクの言葉の中から理解できる部分を繋ぎ合わせて再現したものに、自分の想像を付け足して、ポールはシャドラクの人生を理解しようとしたのである。そのような理解のしかたでも、ポールがシャドラクに人間としての尊厳を見出すのには十分だったと言える。ダブニー家の人たちといっしょにシャドラクを水車池に連れていったポールは、自分たちと同様に池で遊ぶ少年時代のシャドラクを想像し、自分と同じ感情を持った尊い人間としてシャドラクを認識している。そこには、皮膚の色によって人間の優劣を決定する価値観も、労働価値によって人間の能力を算定するような価値観も入り込む余地はなく、少年が生まれ育った社会で常識とされて

▼6
C・V・ウッドワード『アメリカ人種差別の歴史』清水博・長田豊臣・有賀貞訳、福村出版一九九八年。三〇ページ。

▼7
「南部の州の法令集に、最初のジム・クロウ法があらわれるのは、「再建」後、南部が復建を遂げてのち、一〇年以上もたってからのことであり、また、大西洋岸の旧南部諸州が、そのような差別法を採用するのは、二〇年以上も後の事である。」ウッドワード。四四ページ。

▼8
原文では "coffle" という語が使われている。

きた価値観はいつのまにか消滅しているのだった。奴隷制についての知識がなくても、少年ポールは、直接交流することでシャドラクという人間を理解し、その人生の重みと尊さを知ることができたのだ。

しかしながら、奴隷制を知らなかったということで、シャドラクが通ってきた苦難の人生の全体像を描きることは少年にはできなかった。「鎖で繋がれた奴隷の列」という言葉の意味が分かるようになれば、奴隷として売られていくときの姿を思い浮かべることができ、バージニアからアラバマまでの徒歩六〇〇マイルの辛さを痛感できるはずであるが、少年はその域まで到達していなかったのである。それに対して、奴隷制の歴史を把握した大人のポールは、シャドラクの人生の労苦をさらに具体的に想像している。すなわち、南北戦争後、シャドラクはそれまでの奴隷の身分から解放されたものの、それは新しい形態の奴隷制のもとに置かれたにすぎず、その境遇は南北戦争以前より苦しいものになっただろうとポールは推測している。大人になったポールの言う新しい形態の奴隷制とは、ブラック・コード（黒人法）を指している。奴隷を解放し、システムに混乱をきたした南北戦争直後の南部諸州では、一九六五年から六六年にかけて、このブラック・コードが制定され、黒人を旧主人のもとに縛りつけたり、移動の自由や職業選択の自由を規制したり、様々な形で束縛した。ブラック・コードによって、解放されたはずの黒人たちの社会的地位は、解放前のものとそう変わりないものにされたと言われている。南北戦争後を「失望の時代」と位置付けている『アメリカ黒人の歴史』では、ブラック・コードと奴隷法の違いが次のように説明されている。

黒人法は、財産所有の権利や契約を結ぶ権利、訴訟を起こしたり起こされたりする権利、ほかの黒人が関係する事件に関して裁判で証言する権利、法的に決行する権利を黒人に与えた。しかし、ある意味では、黒人法は奴隷法よりも白人のなすがままに黒人を任せることになった。奴隷法は、貴重な財産の保護に熱心であった奴隷所有者の強い意向を、少なくとも反映していたからである。[9]

この説明からも、南北戦争後は主人の保護がなくなった分だけ黒人の生活が辛いものになったであろうと想像され、ポールの言う新しい形態の奴隷制のもとでの南北戦争以前より苦しい境遇というのもうなずけるのである。大人のポールはさらに、黒人差別を起因とするさまざまな歴史的出来事や事件を思い浮かべて、その時代を生きてきたシャドラクの苦難を想像し、深い同情の意を示している。それらの苦難の数々は少年の視点からは見えなかったものである。奴隷制と黒人差別の歴史を知ったからこそ、その時代を生きてきたシャドラクの人生の苦難が、大人のポールには具体的に想像できたのである。シャドラクはそう多くを語らなかったので、少年時代のポールも大人になってからのポールも、彼を理解しようとすると想像力に頼るところが大きかったわけであるが、歴史的視点を持った大人のポールのほうが、シャドラクの苦難を具体的に想像し、したがってシャドラクに対する同情も子どもの頃より深くなっているのである。

7 著者スタイロンの視点と一〇歳の少年の視点

作家スタイロンの今日までの歩みを一冊の本にまとめあげたジェイムズ・ウェスト(WEST III, James L. W.)によれば、短編「シャドラク」は、スタイロンが友人を通して聞いた実話をもとにした物語であるらしい。スタイロンは長編小説『ソフィーの選択』の執筆中

▼9 ベンジャミン・クォールズ『アメリカ黒人の歴史』明石紀雄・岩本裕子・落合明子訳、明石書店 一九九四年。一六三ページ。

に黒人とある一家の交流の話を偶然聞き、その話を小説にしようと思いたち、はじめは『ソフィーの選択』の中に挿話として入れるつもりだったというのである。[10]「シャドラク」と『ソフィーの選択』では、物語を語る手法に共通点がある。「シャドラク」では「僕」という第一人称を使って大人のポールが語るが、登場人物のひとりが第一人称を用いて物語を語る手法は、『ソフィーの選択』でもすでに用いられている。『ソフィーの選択』では、作家として成功したスティンゴが、まだ駆け出しだった時代に感じたこと、ソフィーと出会い、そこから学び取ったことなどを回想し、語る設定になっている。このようにナレーターに第一人称を用いて物語を語らせるのは、著者スタイロンが好んで用いる手法であるが、このときスタイロンは自分自身をナレーターにしばしば重ね合わせるのである。すなわち、ナレーターが過去に体験したこととして話すことは、著者スタイロン自身の若い頃の経験である場合が多い。

『タイドウォーターの朝』の三編すべてにわたって、ポール少年の家庭内での一人っ子としての姿が随所に描かれている。外では近所の子どもたちと人並みに遊ぶポール少年が、いったん家に戻ると内向的になり、大人の読むような雑誌や本をひとりで楽しんだり、病気の母親を子どもなりに心配し、それをひとりで抱え込んで悩んだりする。この少年の姿は、先に挙げたウェストの *William Styron, A Life* に描かれているスタイロンの子ども時代そのものである。[11]また、スタイロンは自分が子どもの頃は、黒人と親しく話を交わした経験も特になく、黒人の人形芝居でも見るような感じで距離をおいたところから眺めることによってしか黒人に関する知識は得られなかったとも述べている。[12]これは「シャドラク」の中で、少年ポールがシャドラクに会う以前の状況と重なりあう。しかしながら、物語の中で少年が黒人シャドラクを間近に見て驚き、話し掛け、気持ちを汲んで人間性を理解していく過程は、スタイロンが子ども時代に経験していない部分であり、後年になって聞いた話をもとに創作した部分である。物語の中

10▼ James L. W. *William Styron, A Life.* New York : Random House, 1998. 四二〇ページ。

11▼ West. *William Styron, A Life.* New York : Random House, 1998. "Youth" "New Port News" "Pauline's Death" を参照のこと。

12▼ William Styron. *This Quiet Dust.* New York : Random House, 1982. 十一ページ。

で、一〇歳の少年が興味を持って黒人を観察したことが「僕」という第一人称を用いて述べてあるので、読者は著者自身の子どものころの体験談が直接語られているような錯角に陥るほどであるが、その部分は著者の創作なのである。しかも、スタイロンはその部分にこそ少年が黒人を理解するということの真髄を示しているかに見える。著者スタイロンは、この物語の中でポールの一〇歳の頃の視点と大人になってからの視点を示しているが、その二つの視点は個々別々に存在しているわけではない。一〇歳の少年の視点を基礎にして、その上に知恵と知識を積み上げたものが大人になってからの視点なのである。言い換えれば、あの一〇歳の少年が持っていたような視点がないところに、いくら知恵を得、知識を積み重ねたところで、自分と異なる人々に理解を示せるような視点を持つことはできないのである。

当然のことながら、老境にさしかかったスタイロンの視点は、ナレーターであるポールの大人になってからの視点と重なっており、スタイロンはナレーターの声を借りて、人種差別や貧困について抑圧された側の立場に立って、読者に語りかける。しかし、その語り口は控えめで、一〇歳の少年が見たことや感じたことに歴史的観点を補う程度である。この短編の大部分は、一〇歳の少年の鋭い観察力と豊かな感受性と想像力を示すこと、そしてその視点から見た登場人物や事の成り行きを示すことに費やされている。それだけ、一〇歳の少年の視点に力点が置かれているのである。それは、スタイロンがここに他人を理解することの真髄を示したかったからではなかろうか。大人のスタイロンが、少年ポールの視点を創作したことを考えると、この視点は一〇歳の少年に限定されるものではないと考えられる。何歳であろうと、この少年のような視点を持つことに意義があるのだ。物語の中の大人のポールは、少年時代に宝にしていた色とりどりのビー玉を大切にする気持ちを忘れることなく、一〇歳の頃に見たことや感じたことを実に鮮明に記憶している。一〇歳の頃のポールのような視点を持ち続け、思い出することのできる人は幸いである。黒人と一家の交流の物語はそれだけで心あたたまる感動的な話であるが、スタイロンは読者に単に感動を与えるために、この話を提供しているわけではない。一〇歳の少年の視点を読者に喚起し、抑圧された人々を理解することを促しているのである。

少年時代のポールと大人になってからのポールの理解のしかたには共通点がある。それは、どちらも黒人シャドラクを理解するのに想像力を働かせている点である。昏睡状態から目が覚めたときに交わした少ない言葉と微妙な表情から、少年ポールはシャドラクの気持ちと少年時代を想像し、人間としてのシャドラクの価値を評価するようになった。また同時にそうすることによって、ポールの心のうちに彼に対する思いやりが生まれてきたのだった。一方、大人のポールはシャドラクに関する少年時代の記憶と歴史的知識から、彼の人生を想像し同情を深めた。想像によって理解を深めるというやり方は、ポールのダブニー氏に対する理解のしかたとは対照的である。ダブニー氏の喜怒哀楽と言動を少年ポールはつぶさに見ていたので、彼の人柄をよく知っていたわけである。大人のポールは当時のできごとを歴史的流れに照らし合わせて理解し、ダブニー氏の置かれていた状況をより的確に踏まえることで、彼に対する同情を深めたのであるが、少年時代に見たダブニー氏の言動が、彼を理解するのに大きな役割を果たしていることに変わりない。著者スタイロンは、他人を理解する場合、想像による理解もあれば実際の見聞による理解もありうるということを、ここに提示しているわけである。

想像による他人の理解は、長篇小説『ナット・ターナーの告白』(一九六七)においてスタイロン自身が試みたことでもある。一八三一年にバージニア州で起こった黒人奴隷の反乱事件を題材に、この長篇に取り組んだスタイロンは、その事件の首謀者であるナット・ターナーの心理をみずからの想像によって描いたのだ。この小説は、賛美両論をまきおこし、特に黒人の批評家たちに非難の的とされ、[13]スタイロンは人種差別主義者とまで呼ばれた。非難の中心をなしていたのは、黒人の殺人鬼の心理を著者の想像によって描くことは、歴史的事実のわい曲につながるとか、スタイロンの黒人に対する差別観念に基づきナット・ターナーの心理が描かれているとか、白人が黒人の心理を想像することは不可能であるといった意見であった。そういった批判に対して、スタイロンは作家が想像力を使って歴史上の人物を再現することの正当性をさまざまな機会に訴えてきたが、[14]この「シャドラク」の中でも、想像によってシャドラクを理解したポールを示すことで、あらためてその正当性を証明しようとしているように思える。

想像によって他人を理解するとは、とても大胆なことのように思える。しかし、この人はどんな気持ちでここにやってきたのだろうとか、どんな少年時代を送ったのだろうかといったような他人に対する関心から、その人の気持ちや人生を想像してみることは、少年ポールに限らず誰にでもあることである。そのような関心を持ち、想像することによって他人を理解しようと試みるのは非難されるようなことではない。むしろ何の興味も示さず、理解しようとしないことこそ非難されるべきではないかと思われる。もしそうだとすれば、いったいどのような心理状態でナットがあの残忍な殺人を犯したのか、スタイロンが彼の心理状態を想像し、それを小説として描きあげることに異論を唱える余地はないような気がするのである。南部生まれの白人として、黒人を理解しようと試みることは避けられないことと随所で述べるスタイロンにとって、ナットは興味を引く歴史上の人物であり、その人物を理解しようと試みることも避けられなかったに違いない。実際に会って対話することの不可能な歴史上の人物を理解しようと試みる際に、方法は限られているので、資料文書等を通して理解しようとすることも、想像力を使って理解しようとすることもあって当然ではないだろうか。また、作家として自分の試みを小説という形で読者に提示したのも、スタイロンにとってはごく自然なことだったと言える。

13 非難する論文を収集した代表作に以下のものがある。John Henrik Clarke Ed. *William Styron's Nat Turner : Ten Black Writers Respond*. Greenwood Press, Westport, 1968.

14 ナット・ターナーという人物を自分の作品中の登場人物として自分の想像を加えて再現したことに関するスタイロンの意見については、*This Quiet Dust* の"South"を参照のこと。

「シャドラク」の中で、少年ポールが、ダブニー氏の人柄も、老衰のため言葉を交わすことさえままならぬシャドラクの生い立ちも、しっかりと見据えていたのは確かである。この少年の視点は、自分が実際に見ているものを見つめるだけでなく、見えない世界までも想像によって見つめることのできるものであった。そして、この視点は、実はスタイロン自身のものであり、他人を理解しようと試みて、スタイロン自身が実践してきた見方に他ならない。様々な理解のしかたがある中で、他人を理解しようと試みるとき、このような見方もできるのではないかと、自分が実践してきたことをスタイロンは少年に託して提示しているのである。

〔参考文献〕

アレン・F・L『オンリー・イエスタデイ――一九二〇年代・アメリカ』藤久ミネ訳、研究社、一九七五年。
ウッドワード・C・V『アメリカ人種差別の歴史』清水博・長田豊臣・有賀貞訳、福村出版、一九九八年。
ガルブレイス・ジョン・K『大恐慌――一九二九年は再びくるか!?』牧野昇監訳、徳間書店、一九八八年。
クォールズ・ベンジャミン『アメリカ黒人の歴史』明石紀雄・岩本裕子・落合明子訳、明石書店、一九九四年。
紀平英作編『アメリカ史』山川出版、一九九九年。
馬場宏二『アメリカ農業問題の発生』東京大学出版会、一九六九年。
Breen, T. H. *Tobacco Culture: The Mentality of the Great Tidewater Planters on the Eve of Revolution.* Princeton: Princeton University Press, 1985.
Cologne-Brookes, Gavin. *The Novels of William Styron: From Harmony to History.* Louisiana State University Press, 1995.
Martin-Perdue, Nancy J. & Perdue Jr., Charles L. Eds. *Talk About Trouble: A New Deal Portrait of Virginians in the Great Depression.* The University of North Carolina Press, 1996.
Sirlin, Rhoda. *William Styron's Sophie's Choice: Crime and Self-Punishment.* Ann Arbor: UMI Research Press, 1990.
Styron, William. *A Tidewater Morning.* New York: Random House, 1993.
——. *This Quiet Dust.* New York: Random House, 1982.

——. "The Enduring Metaphors of Auschwitz and Hiroshima." *Newsweek* (January 11, 1993).
West III, James L. W. *William Styron, A Life.* New York : Random House, 1998.
Clarke, John Henrik. Ed. *William Styron's Nat Turner : Ten Black Writers Respond.* Greenwood Press, Westport, 1968.

※写真はすべて、タイドウォーターの写真家 Bill Pheris 氏が、一九九〇年代に撮影されたものである。ご提供くださったことに感謝したい。

ダイアローグ

「児童文学」という無理

三木卓の『裸足と貝殻』、そして、『元気のさかだち』

◉宮川健郎

前田浩美「一〇歳の視点」を読んで、そういえば、と思った。そういえば、三木卓の小説『裸足と貝殻』(集英社、一九九九年五月)を読みさしたままになっていた。雑誌『すばる』に連載された(一九九六年五月〜九八年一〇月)あと、単行本になったので、すぐに買いもとめたのだけれど、五〇一ページあるこの本を五〇ページちかく読んだところで中断していた。あらためて読み直すことにした。

『裸足と貝殻』は、作者の自伝的な長篇のひとつで、敗戦後、一九四六年の秋に主人公が中国東北部から引き揚げてきてから四年ほどの時間を書いている。これは、主人公、加納豊三の小学五年生から中学三年までにあたる。

『裸足と貝殻』刊行後間もなく出た書評のいくつかを読んだが、宮原昭夫執筆のものには、こんなふうに書かれていた。

〈自伝的なこの作品でも、すべての内容が事実とは限らないだろうが、しかしここに鏤められた恐ろしいほどビビッドな細部の大方は、事実の中から掠め取られて来たものだろう。

特に冒頭数章の、初めて踏む日本の国土と人々への主人公の日々の印象には、まるで今まで半世紀以上、そっくり冷凍保存されていた感動が初めて解凍されたような、新鮮さとリアリティが溢れている。主人公が生れて初めて見聞きするものを読者も、同じように生れて初めて味わっているような気がするほどだ。〉（宮原「「普通さ」への讃歌――三木卓『裸足と貝殻』」、『すばる』一九九九年六月）

宮原の書評のこの一節は、前田がスタロインの短篇「シャドラク」について語ったことと重なってくる。

〈ナレーターであるポールのシャドラクに関わる記憶は実に鮮明で、彼の語りは、子ども時代に見たこと、聞いたこと、感じたこと、考えたことを細部に至るまで再現している。すなわち、ナレーターは子どものとき見たこと感じたことを忠実に再現することによって、自分の子ども時代の視点を示しているのである。〉

「シャドラク」は、〈当時一〇歳の少年ポールが見たことを、後年になって本人が成熟した大人の語り口で思い出を懐かしむように、しかも時おり現在の心境や大人としての視点を交えながら語るという手法で展開される。〉また、〈大人になったポールが〃I〃という第一人称を用いて一〇歳の頃の思い出話をするという手法で語られる。〉三木卓『裸足と貝殻』のナレーターは、主人公を「豊三」と呼び、三人称的に語っていく。しかし、まれに、つぎのような記述がはさまれる。

主人公たちの家族は、引揚船で博多に着き、さらに鉄道で静岡にむかう。

ダイアローグ

〈下関を発車してから、すでに七、八時間は経過していた。山陽本線を東京方面にむかったのだから、この十月十九日から二十日にかけての夜のあいだに、広島を通過したはずである。だが、関門トンネルのことはあれだけ意識しながら、広島の記憶は完全に抜け落ちている。投下されたときは原子破壊の新型爆弾をあれほど恐れたくせに、それが小学生というものだろうか。まわりの大人たちにもなんらかの反応があって当然だったはずなのに、なんの記憶もない。〉

右のくだりで、〈なんの記憶もない。〉というナレーターが現在の豊三であることが明らかになる。それは、うすうすわかっていたことだけれど……。このナレーターは、その後も、現在からながめた感想を述べることがある。たとえば、こんなふうに。

〈売られた喧嘩は買う。力で負けても絶対に泣かない。そういう原則がそういう体験のなかで培われていった。足が悪いのは運が悪かっただけで、自分に落ち度はない。それを嘲るやつとは、たとえ相手が酒顛童子《しゅてんどうじ》だろうとも戦う。

これはそうとう危険な原則だった。振りかえってみるとそう思う。しかし幸運なことに、重傷を負うようなことは一度もなかった。〉

ナレーターは、〈振りかってみるとそう思う。〉と述べている。

三木卓には、『元気のさかだち』という作品がある。一九八六年四月に筑摩書房から児童文学書として刊行された連作集で、八つの短篇がおさめられている。〈これは、一九四七年に東

三木　卓『裸足と貝殻』（絵・塚本やすし、集英社、1999 年 5 月）

三木　卓『元気のさかだち』（絵・渡辺洋二、筑摩書房、1986 年 4 月）

海地方のある城下町で小学校六年生になった少年、茂のものがたりだ。〉と「はじめに」にあり、「あとがき」には、〈この作品は、わたしの終戦直後の自分を原型として書いたものです。〉としるされている。『元気のさかだち』は、『裸足と貝殻』があつかった時代にふくまれる時期を書いているのである。ところが、その語り方は、『裸足と貝殻』とは異なっている。ナレーターは、「わたし」といって語るので、スタロインの「シャドラク」にちかい語り方だといえるかもしれない。しかし、『元気のさかだち』の語りには、ある独自性があるのだ。

『元気のさかだち』におさめられた八つの短篇を語るのは、「わたし」だ。「わたし」は、たとえば、巻頭の「土曜日」という一篇を〈その塀のふしあなのところまでくると、わたしはどうしてもたちどまってしまう。〉と語りはじめ、〈兄は、洋ばさみをじっと見てなにもいわない。わたしは、こらえる。こらえながらぎこちない手つきで洋ばさみをつかっている。〉と語りおわる。土曜日には、病院につとめている母親がかえってくるはずだったのに、急にかえってこられなくなった。「わたし」は、一九四七年の〈元気な少年〉茂だ。小学生の男の子が「わたし」と自称するのは、少しへんな気がする。「わたし」は、茂を〈元気のさかだち〉と見る作者でもあるのだ。作者が過去の自分になって、かつての自分をとりまいていた空気をもう一度呼吸してみているといってもよい。

児童文学は、作品に子どもの感受性をくりこもうとして、子どもの一人称で書かれることがしばしばある。そのときは、作者は、あくまで子どもの語りを仮装し、作者の地声は聞こえないのがふつうだ。ところが、『元気のさかだち』の「わたし」には、茂と作者、過去と現在の「わたし」が共棲している。その結果、短篇集は、ふしぎな奥行きをもつことになった。この本を読んだ子どもは、茂のものの見方、感じ方に共感するだけでなく、それらを相対化する視点をもいっしょに手にいれてしまうのではないか。

『元気のさかだち』の地の文の主語は、かならず、「わたし」だが、茂の会話が直接話法で引用される際には（こういうところも「シャドラク」に似ている）、茂は、自分を「わたし」とはいわない。会話で、茂の自称が示される例はほとんどないのだが、いうとすれば、「ぼく」か「おれ」である。「はじめに」には、〈きみたちが、この時代をへこたれないでいきているように、茂もくったくなくがんばっている。きみたちとかわりのない、元気な少年なのだ。／ただ作者のわたしから見ると、その元気はさかだちでもしているかのように見えるものなのだけれど……。〉というくだりがあった。〈作者のわたし〉といっているのだから、地の文の「わたし」は、やはり、過去の自分をふりかえる現在の作者だということになるのだろうか。それなら、「わたし」を主語とする文は、「過去形」で書かれるはずだ。ところが、作品は、そうはなっていない。いくつかの短篇の書き出しを引いてみる。

〈その塀のふしあなのところまでくると、わたしはどうしてもたちどまってしまう。〉（「土曜日」）
〈さっきからわたしは、じっと浮きをみつめている。〉（「かんじい」）
〈裏の空地でやっていた野球が終わってもどってくると、君代とトミがひそひそばなしをしている。わたしも、そのけはいが気になって立ちどまる。〉（「やくざ」）

主語の「わたし」に対応する述語は、「たちどまってしまった」や「みつめていた」、「立ちどまった」ではなく、「たちどまってしまう」であり、「みつめている」、「立ちどまる」なのだ。文頭の「わたし」が現在の作者だとしても、文をしめくくるのは、過去の助動詞「た」ではない。動詞の終止形である。だから、文末にあらわれるのは、一九四七年の茂の行動やようすだ。『元気のさかだち』では、「わたし」を主語とする文の多くは、「現在形」で書かれている。〈わたしはどうしてもたちどまってしまう。〉〈わたしは、じっと浮きをみつめている。〉〈わたしも、そのけはいが気になって立ちどまる。〉――文頭に「わたし」としてあらわれた現在の作者は、それぞれのセンテンスのなかで、一九四七年の茂へと一気に同化していく。また、こうした書き出しを読む読者も、一九四七年へと降り立つことになる。ここが「過去形」で語られる「シャドラク」と大きくちがうところだ。

〈「私」という語は（中略）発話という出来事の主体と、そこで語られている出来事の主体とを、異なった仕方ではあるが一挙に標示（bezeichnen）している。〉とは、エルマー・ホーレンシュタイン「「私」という語の特異な文法」（高田珠樹訳、『思想』一九八五年一〇月）の一節である（カッコ内原文）。『元気のさかだち』の「わたし」には、茂と作者、過去と現在の「わたし」が共棲しているといったが、これは、〈発話という出来事の主体〉としての現在の作者と、〈そこで語られている出来事の主体〉としての茂の共棲とした方がよいかもしれない。ただ、述語が一九四七年の茂の行動やようすを表すことが、主語の「わたし」にも影響をあたえて、「わたし」が茂の自称のようにも思えてくる。茂が〈発話という出来事の主体〉にも見えてくるのだ。

「わたし」といっているのは、現在の作者か、一九四七年の茂かという詮索をしてきたけれども、どの短篇でも、物語が佳境に入ると、「わたし」という主語が標示されなくなる傾向がある。「物語」とは、もちろん、一九四七年の茂をめぐるそれである。「わたし」が標示されなくなるにしたがって、読者である私たちも、「わたし」とはだれかという問題をわすれてしまう。[1▼]

『元気のさかだち』は、どうして、こんなふしぎな、いささか無理ともいえるような語りの

1▼ 『元気のさかだち』について、くわしくは、宮川健郎「三木卓『元気のさかだち』の話法――「わたし」というメディア」（日本文学協会『日本文学』一九九四年二月）を参照のこと。

構造をもつことになったのだろうか。が、この無理ともいえる語りは、ずいぶん成功していて、『裸足と貝殻』よりもむしろ結晶度の高い一冊になっている。『元気のさかだち』の「無理」は、それが児童文学として書かれたというところから来ているように思う。……それなら、児童文学とは何か。

児童文学とは、大人である作家が書き、子どもたちが読むものである。ところが、大人と子どものことばは大きくちがっていて、へだたりがある。子どものことばは、大人のそれとくらべて、文法も簡単だし、語彙も少ない。人がことばをつみあげながら考え、ことばによって感じているなら、ことばのちがいは、人間存在そのものの問題だ。そして、ことばの上でへだたりのある大人と子どもが、そのことばによってコミュニケーションしようとする。[2] それが児童文学なのである。このコミュニケーションは、非対称的なものと見ることができる。

児童文学は作家の自己表現か、子どものための表現か、という問いも、ここから、引き出されてくる。コミュニケーションの発信者が大事か、受信者が大事かという議論である。三木卓『元気のさかだち』の「わたし」は、大人になった現在の作者と、作者の子ども時代が託された主人公、茂をいっしょにあらわしていて、児童文学は作者の自己表現か、子どものための表現かという二者択一的な問いを無化し、児童文学の世界の風通しをよくしたように思える。児童文学でありながら、それまでの児童文学というコミュニケーションのあり方をこえるものになったのである。

2▼
くわしくは、宮川健郎「児童文学のことば、児童文学というコミュニケーション」(日本児童文学学会編『研究=日本の児童文学』三、東京書籍、一九九五年八月所収)を参照のこと。

自瀆の葬列

近代菜食主義とマスターベイション言説

細谷 等

1 新渡戸博士の「貯蓄」講話

農政学者にして国際連盟事務次長を務めた国際人、いまや五千円札の顔でお馴染みの新渡戸稲造に「貯蓄」という随筆がある。これは一九一一年（明治四四年）に出版された『修養』に収められた一編で、青年層を読者対象とし、西洋の合理性をもって日本の悪しき慣例を批判するといった体裁をとっている。まさに「太平洋の橋」として、作者の面目躍如たる内容である。しかし、現在この随筆を読むと、奇妙な論理の展開に遭遇することになる。「貯蓄」という題目からして、当然読者は経済の話を期待してしまうのだが、それは単純に経済的なものにとどまらないのである。

まず話は、字義どおりお金の貯蓄からはじまる。「金銭の貯蓄」と題された章のなかで、新渡戸は、西洋人とくらべ日本人が貯蓄精神にいかに欠けているかを指摘する。

日本人は概して金銭の貯蓄をけなしたがる。金銭を貯蓄して居るといへば、如何にも小心な、意気地なしの如く推量し、乱費する者は、大胆で、偉い人の如く、人も褒めれば自分もその風をする。（新渡戸稲造、『修養』）

このように、日本人は「貯蓄」を無粋とみなし、「濫費」を美徳とする精神構造をもつと批判される。他方、西洋はといえば、新渡戸は自らが学んだジョンズ・ホプキンズ大学の創立者を引き合いに出して、貯蓄精神がいかに社会に貢献しうるかを諄々と説く。

米国のジョン《マ》ス・ホプキン《マ》ス氏は最高学府の大学を創立する為に、六百万円を寄附し、又米国に最も完全な病院を建設する為に、千万円を寄附した人である。氏はこの資金を貯蓄して、この二大目的を達する為に女房も娶らず、五仙《ママ》の電車にも乗らなかった。……最高の学府を設けて、幾千の青年に知識を与え、従来にない完全した病院を設けて、幾万の患者を救いたいといふ偉大な目的を懐抱し、吝嗇といふ悪口を甘んじて受ける者は、周囲に居る寄生虫の様な子分や、茶屋の女中などに、金の使い様が綺麗であると褒められて、得意となる人に比し、誰か其偉大を思はぬものがあらう。（新渡戸、前掲書）

ジョンズ・ホプキンズの例に見るように、「吝《け》嗇《ち》」と罵られようが、揺るぎない計画性があれば、貯蓄は社会に多大なる貢献をもたらす。しかるに、日本の場合のように、いくらそのやり方が「綺麗」に見えても、金を無計画に惜しみなく使えば、まさかの時に備えがなくなり、その結果他人に頼らざるをえない「社会の厄介もの」となってしまう。そして、こうした貯蓄精神に欠ける輩が国家の舵取りでもしようなら、国の存立にも係わる問題が生じてくると新渡戸は諭す。彼にとって「宵越しの銭はもたない」という日本の「美徳」は、本邦の後進性を示す悪弊以外の何ものでもなかった。それにたいし貯蓄は西洋の合理的精神の賜物であり、日本が近代国家として生まれ変わろうとするならば、しかと見習わなければならない習慣であったわけだ。

ここまでは明治期によくありがちなサミュエル・スマイルズ風の啓蒙訓話にすぎない。しかし、次章の「体力の貯蓄」になると、話はがぜん比喩的な色彩を強め、われわれが一般に抱いている物語論理では予測できない方向へと逸れていく。つまり、話題がたんなる経済学から性の経済学へと移行していくのだ。

その章のなかの「恐るべき青年体力の濫費」と題された項目は、次のような一文からはじまる。

体力の貯蓄に関して青年の猛省を促したいことは、一時の元気の為に不自然の方法により、一時の快楽を貪らんとすることである。十人の青年中、八九人までは大抵この経験があるであらう。併しこの事は、青年が自ら口外することも出来ず、両親も之を言い兼ね、医者も之を判然と口にするを憚り、教師は殆ど之を不問にする問題である。(新渡戸、前掲書)

青年ならば一〇人中「八九人」までは貪ってしまう「不自然な方法」による快楽。しかも、誰もが経験しながらも、親も医者も教師も、経験している本人ですら、「口外すること」ができない何か。札幌農学校で教鞭を執っていたとき、新渡戸はこの「何か」について学生からたびたび相談を受けたという。そしてそのたびに彼は、「この事に関する注意を与ふるに力めた」。なぜなら、その害悪は甚大で、青年の体力を消耗させ、「今日神経衰弱其他の病名の下に苦む」

ものの大半はこれに起因しているからだ。それにたいする新渡戸のアドヴァイスはこうであった。

折々青年から受ける手紙の中に「自分はこの悪習に染みたが、如何しても脱することが出来ぬ。之を防ぐ良法はあるまいか」といふ相談がある。実にこの悪習は多く元気旺盛の人が殊に罹り易いから、一層重大の問題である。僕は此等の手紙に対しては、冷水を浴びよ、適度に運動せよ、食物を定時に適度に取り、睡眠の時間を規則的に守り、床に就けば邪念の起らぬ間に眠り、目が覚めたら直に起きよといふ様なことを返事して居る。(新渡戸、前掲書)

もちろん、誰もが知るこの「悪習」とは、自瀆、マスターベイションにほかならない。新渡戸の論理にしたがえば、精液と金銭はその貴重さにおいて等価であり、ちょうど金銭を無計画に浪費するのと同じように、若さに任せて精液を浪費すれば、かならずや甚大な悪影響を及ぼすことになるのである。

しかし、なぜこのような展開になるのであろうか。金銭の貯蓄から精液の貯蓄へと、あまりにも自然に移行していくこの論理の整合性は、いったいどうして可能なのだろうか。第一、わざわざ一章を割いて青少年に忠告しなければならないほど、自瀆とは深刻な行為なのであろうか。冷水を浴びたり、適度に運動したり、規則正しい食事をしてまで予防すべき性質のものなのであろうか。また、それに耽れば、「神経衰弱其他の病名」に苦しまなければならないほどの害悪なのだろうか。

われわれの眼から見れば、それは首肯しえない、むしろ滑稽にすら思える考えでしかないであろう。しかし、新渡戸にとって、いや当時の日本社会にとって、自瀆はたんなる個人の隠れた悪癖ではなかった。つまり、自瀆というすぐれて私的な行為は、当時の歴史認識においては現在とはまったく異なる意味を帯びていたのである。そして、この自瀆にまつわる言説は、新渡戸が取り上げていることからもわかるように、まず西洋で分節化され、その後日本に輸入・吸収されていった。それは一八世紀末にイギリスで起こったある運動からはじまる。近代菜食主義運動がそれだ。このルーツを探るべく、われわれは太平洋ならぬインド洋に橋を架け、海の向こうイギリスへと渡らなければならない。

2 近代菜食主義の誕生

ロマン派の詩人パーシー・ビッシュ・シェリー（Percy Bysshe Shelley）に、「自然食の擁護」（"A Vindication of Natural Diet"）といういささか奇妙なエッセイがある。もともと長詩『マブ女王』（*Queen Mab*）の脚注であったが、一八一三年に独立した小冊子として出版されたものである。それは菜食主義の効用についてのマニュアル本であり、ふつう英文学史で習うようなシェリー像からは考えもつかないような内容となっている。

このエッセイのなかで、シェリーは、菜食主義についていささか誇大広告とも思える長広舌をふるう。

身体の病であれ精神的の病であれ、規則正しく菜食を行い、水を飲むことによって、治癒できないものはない。衰弱は徐々に快復し、病は健康へと転じる。拘束具を付けられた狂人の叫びから、家庭生活を地獄に変える病んだ精神の理不尽な振る舞いにいたるまで、あらゆる類のおぞましい狂気も、落ち着いて均衡のとれた正気へと戻り、将来の社会の精神的向上を約束してくれる。(パーシー・ビッシュ・シェリー、「自然食の擁護」)

風邪から精神疾患に至るまで、何でも治すまさに万能の霊薬。さらに巻末において、彼はオールド・パーなどを引き合いに出し、菜食主義が健康と長寿をもたらすことを強調する(もっとも、シェリー自身は、その主張とはうらはらに三〇歳の若さで夭折したが)。

シェリーのこの菜食主義論はひじょうな影響力をもち、のちにバーナード・ショウ(George Bernard Shaw)やマハトマ・ガンジー(Mahatma Gandhi)が菜食主義に転向したのも、この小冊子がきっかけであった。また、彼の妻であるメアリー・シェリー(Mary Shelley)も影響された一人であった。キャロル・J・アダムズがいみじくも指摘したように、彼女の代表作『フランケンシュタイン』*Frankenstein*(一八一八年)はヴェジタリアン小説として読むこともできるのだ。事実、フランケンシュタインの怪物は、自らが菜食主義者であることを堂々と告白する。

おれの食べ物は人間のそれとは違う。おれは食欲を満たすため、子羊や子山羊など殺さない。木の実や果実だけで充分栄養はとれる。(メアリー・シェリー、『フランケンシュタイン』)

のちにユニヴァーサル映画に登場する凶悪な怪物とは、何と趣を異とすることであろう。怪物は、フェミニズムからすれば当時市民権もなく一人前の人間として扱われなかった女性であり、マルクス主義からすれば人間以下の生活を強いられた労働者であり、そして菜食主義からすれば肉食社会にあって異端視された心優しきヴェジタリアンであったのだ。

しかし、パーシー・シェリーのそれはあくまでも影響力であって、彼が菜食主義自体を発案したわけではない。そもそも菜食主義の起源は古代ギリシャ時代まで遡り、その代表的な人物は数学の定理で有名なピタゴラスであった。ピタゴラスはオリュンポスの神殿に動物が生贄として捧げられることに異を唱え、その肉を食らうことを拒否したという。そこで彼が食物として選んだのが穀類や果物であり、ここに人類史上初の菜食主義が誕生する。その後もピタゴラスは「西洋菜食主義の父」と神格化され、一八四〇年代に「菜食主義」(vegetarianism) という言葉が発明されるまで、それは「ピタゴラスの食事」(Pythagorean diet) と呼ばれていた。そして、ピタゴラスの時代から遙か下った一八世紀末のイギリスで、菜食主義運動は再燃し、近代菜食主義の誕生へとつながる。

では、「一八世紀末イギリス」という特定の日付と特定の場所で、なぜ菜食主義が復興したのか。それについては諸説があるが、その大きな要因としてまずあげられるのは、啓蒙時代以降の人権主義と産業革命であろう。ピタゴラスに見られるように、西洋菜食主義はそもそものはじめから動物保護の観点に立ったものであった。近代イギリスのそれも基本的には同じであり、人権意識をさらに拡張した形での動物保護の立場から実践された。例えば、ジョン・オズワルド (John Oswald) という菜食主義者が一七九一年に出版した本の題名『自然の叫び、あるいは迫害された動物のための慈悲と正義への訴え』(*The Cry of Nature or An Appeal to Mercy and Justice on Behalf of the Persecuted Animals*) にもそのことはよく示されている。さらに、当時の菜食主義の機関誌は、動物虐待を告発する記事を満載し、またそこには肉食がいかに残虐で、かつ心身に悪影響を及ぼす食習慣であるかを訴えるホラー小説顔負けの教訓話がよく載った。『ヴェジタリアン・メッセンジャー』(*Vegetarian Messenger*) に掲載された次のような話など、その典型であろう。

マサチューセッツ州ボストンの監獄に収容されている十八歳のある少年の告白である。彼の罪状は十歳の少女を殺したこと。その告白にはある驚くべき証言が含まれていた。彼は以前にも少年を一人殺したことがあり、取調官に語るところによれば、そうしてしまった理由は、「そうせざるをえなかった」というものであった。……事件について母親に尋ねたところ、彼女は妊娠中に屠殺所で働いており、そこでさまざまな業務に携わったという。彼女の話では、少年は生まれるとすぐに、肉にナイフやフォークを突き刺すのが好きになり、ときには友だちを縛り上げてピンを突き刺すなど、屠殺人が動物にやるような振る舞いをしたという。(『ヴェジタリアン・メッセンジャー』一八七四年七月二一日)

親の因果が子に報い。人は肉食によって凶暴になるだけでなく、たんに屠殺の現場にいただけで冷酷無比な極悪人を産み出してしまう。もちろん多分に眉唾な話ではあるが、当時の菜食主義者たちの肉食にたいする嫌悪と恐怖はよく伝わってくる。このことからもわかるように、メアリー・シェリーが人間以上に人間らしい怪物を造型するにあたって、それを菜食主義者にしたのは理の当然であった。彼(女)らにとって、肉食は流血・殺戮・残虐を連想させる、人道主義の精神にもとるものにほかならなかったのである。

また、産業革命も重要な要因である。産業革命による都市化と自然破壊は、自然に基礎を置いた従来の農本社会とはまったく異質の経験を人々にもたらした。その結果、自然はこれまでになかった価値をもつことになり、近代のエコロジー感覚がまさにここから生まれることになる。動物保護の立場をとる菜食主義も、こうした自然保護の感性が誕生した文脈のなかで理解することができよう。また、都市化による不衛生なスラムの形成、劣悪な労働条件がもたらす弊害、競争社会のストレス、さらには有害食品の大量生産・大量流通などにより、産業革命はさまざまな病を蔓延させた。一九世紀における衛生思想および医学の驚異的な発達は、少なからぬ部分このことに起因するといえよう。菜食主義も、こうした社会・病理学上の変化に対応した、またひとつの現象であった。シェリーが健康維持の最良の方法として菜食主義を唱えたのも、こうした事象を背景としてなのである。

かくして菜食主義はイギリスで一大復興を遂げる。菜食主義を訴える書物も多数出版され、まず一八〇二年にジョーゼフ・リッツン（Joseph Ritson）が『肉食を断つことについての試論』（*Essay on the Abstinence from Animal Food*）を、続いて一八一〇年にジョン・ニュートン（John Newton）が『自然への回帰、あるいは菜食主義の擁護』（*A Return to Nature or A Defense of the Vegetable Regimen*）を出版する。シェリーの小冊子は、当時出版された数ある菜食主義本のひとつにすぎなかった。ちなみに、シェリーはニュートン主宰の菜食主義グループに参加するなど、ニュートンから多大な影響を受けて菜食主義者となった。そして、この流れは一八四七年の「菜食主義協会」（Vegetarian Society）設立へと結実していくことになる。

こうしてイギリスにおいてリヴァイヴァルした菜食主義運動は、まもなくアメリカへと飛び火する。しかし、アメリカの菜食主義運動は、イギリス本国とはまったく違った様相を呈することになる。後述するように、そこではたんに動物保護や健康維持以上のものが賭けられるのだ。そのきわめて特異な展開の立て役者となるのが、いまもシリアル食品にその名を残す二人の人物、シルヴェスター・グレアム（Sylvester Graham）とジョン・ハーヴィー・ケロッグ（John Harvey Kellogg）なのである。われわれは今度は大西洋に橋を架けて、アメリカに渡ることになろう。

3 シリアル、ダイエット、そしてマスターベイション

一八一七年、マンチェスターの牧師であるウィリアム・メトカーフ（William Metcalf）は、二〇人の信者と一九人の子どもたちを引き連れてフィラデルフィアへと渡った。その目的は、彼の所属する教会「バイブル・クリスチャン」（Bible Christian）の教えを新大陸に布教するためであった。バイブル・クリスチャンとは、一八〇〇年にウィリアム・カワード（William Cowherd）によって設立されたスウェーデンボルグ主義[1]にもとづく異端宗派で、その教義の中心には菜食主義があった（ちなみに、スウェーデンボルグ自身が大の肉食嫌いで、ある意味で菜食主義者であった）。このメトカーフの布教活動は、一八五〇年、ニューヨークのクリントン・ホールにおける「アメリカ菜食主義協会」（American Vegetarian Society）の設立へと結実することになる。アメリカ菜食主義運動のはじまりである。

新大陸におけるメトカーフの活動は大きな反響を呼ぶことになる。まずそれは、一八四〇年代にフーリエ主義[2]にもとづき次々と立ち現れた実験農場、あるいはユートピアン・コミュニティにおいて顕著に現れよう。その代表的なものが、『若草物語』を書いたルイーザ・メイ・オルコット（Louisa May Alcott）の父親であるブロンソン・オルコット（Bronson Alcott）が、超絶主義[3]に共鳴して建設した「フルートランズ」（Fruitlands）である。「果実の土地」という名前からもわかるように、オルコットはメトカーフの教義にしたがい、「肉のない楽園」をそこに実現しようとした。また、作家のナサニエル・ホーソーン（Nathaniel Hawthorne）が無名時代に参加した「ブルック・ファーム」（Brook Farm）でも、緩やかにではあるが菜食主義が実践されていた。ブルック・ファームの参加者の一人、マリアン・ドゥワイト

1▼ スウェーデンボルグ主義——スウェーデンの神学者エマニュエル・スウェーデンボルグ Emanuel Swedenborg（一六八八—一七三八）の教義にもとづいた神秘思想。一九世紀、とりわけアメリカで広く受容され、宗教のみならず、エマソンの超絶主義や一九世紀中葉の心霊主義ブームにも影響を与えた。

2▼ フーリエ主義——フランスのユートピア思想家シャルル・フーリエ Charles Fourier（一七七二—一八三七）の思想にもとづくユートピア主義・運動。一九世紀アメリカで広く受容され、彼が描いたユートピア社会の青写真は、オナイダ・コミュニティ（Oneida Community）やブルック・ファームといった「ファランクス」（phalanx）と呼ばれるユートピア共同体のモデルとなった。

3▼ 超絶主義——アメリカの思想家ラルフ・ウォルドー・エマソン Ralph Waldo Emerson（一八〇三—八二）が唱えた学説。歴史や伝統と決別し、悟性ではな

(Marianne Dwight) がアンナ・パーソンズ (Anna Parsons) に宛てた一八四四年一二月一四日付の手紙に、そのことが触れられている。

別のテーブルには、肉もお茶も出ず、バターや砂糖すらもおいていません。でも、こうした「節制」は、かえって少なからぬ楽しみを私たちに与えています。美味しいジャガイモ、カブ、カボチャ、それにプディングと、食べるものに迷うこともないですし。……きっと他の人たちもいつか肉やお茶に飽きて、それよりももっと良い食べ物があることに気づいてくれることでしょう。(マリアン・ドゥワイトからアンナ・パーソンズへの書簡、一八四四年一二月一四日)

組織としてではないが、個人的に実験的生活を試みたヘンリー・デイヴィッド・ソロー (Henry David Thoreau) も、そのウォーデン湖畔の生活において菜食主義を行っていた。主著『ウォーデン』(*Walden*、一八五四年) のなかで彼が披瀝した食材表には、米やライ麦、リンゴやカボチャといった穀類・果実がずらりと並ぶ。もっとも、わずかばかりではあるが「豚肉」と「ラード」が使われているところを見ると、ソローは厳格なヴェジタリアンではなかったようだが。しかし、ソローが次のように述べるとき、彼が間違いなく菜食を意識していたことがわかる。

ある農夫が私に言ったことがある。「野菜だけじゃ生きていけねえ。骨や肉の足しにもならねいからな」。だから彼は、時間を割いて、骨と肉の原料をせっせと身体に供給している。もっとも、そう話しながらも、農夫の前を歩いているのは、まさに菜食で造られた骨と肉で

く直感によって真理を把握するという彼の思想は、当時歴史も伝統もほとんどなかったアメリカで自国の哲学として大きな共鳴を得た。ホーソーン、ソロー、メルヴィル、ホイットマンといった一九世紀中葉を飾る文学者たちに深い影響を与えたことでも有名。また、本文でも述べられる実験農場・ユートピア共同体についても、スウェーデンボルグ主義やフーリエ主義とならんで、この思想が理論的・精神的バックボーンとなった。

もって、あらゆる障害をものともせずに、彼と重い農具を力強く引っ張っている雄牛なのだが。もっとも救いようのない病んだ人にとって必需品であるものが、別の人にとっては余計なものであり、さらに別の人はその存在すら知らないということがあるのだ。（ヘンリー・デイヴィッド・ソロー、『ウォーデン』）

もちろん、ソローはここで比喩的に語っているわけだが、この教訓を字義どおりに読めば、「必需品」とは肉であり、「もっとも救いようのない病んだ人」とは肉食家であることは誰でもわかろう。ある意味で、ソローはシェリーと同じ機能を果たした。つまり、菜食主義の発案者としてではなく効果的な宣伝媒体として、彼は一九六〇年代のヒッピー文化に、そして現在のエコロジー運動に大きな影響を残したのである。

しかし、メトカーフの果たした役割でもっとも大きなものは、シルヴェスター・グレアムに影響を与えたことであろう。そして、前述したように、まさにこのグレアムによって、アメリカの菜食主義運動は異様きわまりない変容を被ることになるのだ。

一七九四年、牧師ジョン・グレアム（John Graham）の第一七番目の末っ子として、シルヴェスター・グレアムはマサチューセッツ州ウエスト・サフィールドに生まれた。一八二三年、父と同様に牧師になるべくアマースト・アカデミーに入学するものの、まもなく憂鬱症に見舞われ、おまけに暴力事件にも巻き込まれて退学してしまう。しかし、一八二六年に独学で牧師資格を取得し、ニュー・ジャージー州で聖職活動を行う。彼はそこで禁酒の説教に情熱を傾けるのだが、その激烈な性格と舌鋒が災いして、まもなくその地にいられなくなる。その結果、活動の拠点を禁酒運動により理解のあるクウェーカー教徒の州、ペンシルヴェニアへと移し、そこの禁酒協会に参加する。そして、フィラデルフィアにおいて、彼が出会い感化を受けたのが、メトカーフであった。その後、グレアムの関心は禁酒だけでなく菜食主義や衛生思想へと広がっていき、その主義主張を押し進めるべく、彼は精力的に講演や出版に携わることになる。とりわけ彼の菜食主義にたいする熱意は凄まじく、営業妨害として肉屋とパン屋（グレアムは市販のパンには混ぜものがしてあると喧伝した）に二度も襲撃されている。しかしながら、その最後は悲惨であり、健康回復のために用いたある療法が災いし、結局死にいたったという。その療法とは、あらぬことか肉と酒を暴飲暴食することであった。

以上がグレアムの簡単な紹介であるが、彼が後生まで名を残すことになったのは、何といってもその菜食主義が産み出したある商品による。すなわち、「グラハム・クラッカー」、「グラハム・ビスケット」という名称で、現在でも紀伊国屋や明治屋といった輸入食料品店で販売されているシリアル食品のことである。だが、彼がこうしたダイエット商品の開発を提案したのは、たんなる健康維持や動物保護のためではなかった。それは彼が一八三四年に出版した小冊子『若者への訓話』（*A Lecture to Young Men*）を読めば、自ずとわかってくることである。

この本のなかでグレアムは、肉食を避け、粗挽きの小麦やライ麦、トウモロコシといったシリアル系の食物だけを摂るように読者に奨める。というのも、「あらゆる種類の刺激的な食物、すなわち香辛料をかけすぎた食物やこってりした料理、そして肉をふんだんに使った料理」は身体に有害であるからだ。これだけを取り上げれば、どこにでもある菜食主義の談話にすぎないのだが、しかしその理由をあげる段になると、とたんに論理は奇妙なねじれを示しはじめる。

> こうした食物はみな、多かれ少なかれ——あるものに至っては、由々しき程度に——生殖器官を刺激し感じやすくしてしまう。そして、それは身体機能や知的・精神的機能に大きな

影響を及ぼすことになる。(シルヴェスター・グレアム、『若者への訓話』)

このように、グレアムにとっての肉食の危険性は、われわれが通常思うようなものとは質を異としていた。彼にとって肉食はごく一般的な意味で健康によくないのではなく、ある特定の器官、「生殖器官」を過剰に刺激するからこそ有害であったのだ。つまり、肉食は生殖器を刺激して、マスターベイションを誘発する諸悪の根元とみなされたのである。グレアムは一喝する。「性的な耽溺のなかで最悪のものは自瀆である」、と。

では、なぜマスターベイションなのか。それは「身体機能や知的・精神的機能」にそれほど由々しき害をもたらすものなのか。この点にかんしても、グレアムの認識は現在のそれとはまったく違っていた。実際、彼が列挙する自瀆の弊害を読めば、その度肝を抜くような記述にわれわれは思わず眼を疑ってしまう。彼によれば、自慰常習者はその罪悪感から極端に陰鬱で臆病な挙動を示すだけでなく、つねに過剰な刺激に晒されるため神経系統が乱れ、その結果として五臓六腑が変調を来し、五官もすべて損われてしまう。そして末期にまで至れば、哀れ常習者は生ける屍同然の廃人となってしまうのだ。

慢性的に悪癖に耽れば、ときとしてこの全体的な知的衰弱が進行し、ついには哀れ背徳者は悲惨な痴呆状態へとおちいり、忌むべき白痴と永遠に化してしまう。その深く落ちくぼんだ虚ろな眼、青白く精気のない顔、ただれた歯のない口、臭い息、弱々しくとぎれがちな声、やつれ縮まり曲がった身体、髪がほとんど抜け落ちてしまった頭、しかもそれは膿にまみれ、ジクジクした腫れ物だらけだ。ここにあるのは、若くして老いさらばえた姿であり、腐敗した身体と破滅した精神にほかならない。それでも彼は、恐ろしくも忌まわしい淫蕩《いんとう》に

身を捧げ、おぞましい余生をズルズルとおくるのだ。(グレアム、前掲書)

ほとんどフィクションと見まがうばかりの症例報告。自瀆に耽るものはみな、特殊メークでも施さないかぎり不可能と思われるほど、その相貌が変容してしまう。こうしてマスターベイションは近代の業病として立ち現れるのである。

しかし、われわれの眼には常軌を逸しているとしか思えないこうしたマスターベイション糾弾を、グレアムの個人的奇矯さに帰すことはできない。なぜなら、彼が活躍した一八三〇年代のアメリカは、まさにこのような記述であふれかえった時代、いうなれば一九世紀のマスターベイション言説とでも呼べるものが確立された時期であったからだ。ことの発端は、一八三二年に出版されたある翻訳本による。題名は『オナニーによる諸疾病についての論文』(*Treatise on the Diseases Produced by Onanism*)、著者はS・A・ティッソ(S. A. Tissot)というスイスの医者である。訳者は「ある医者」と記されているだけ。同書は一七六〇年にフランス語で出版されたものであった。この一冊の翻訳がきっかけとなって、マスターベイション言説は燎原の火のごとくアメリカに広まっていくことになる。

この論文において、ティッソは自瀆の弊害を六項目に分類している。それは「知的機能および感覚の衰弱」からはじまり、「体力の低下」「身体の各所における激痛」「吹き出物・腫れ物の兆候」「生殖器官への影響」、最後に「消化器官への影響」と続く。そして、自瀆の害がいかに大きいかを例証するため、時計職人L・Dのケースが取り上げられる。ティッソによれば、彼は一七歳まで品行方正な生活をおくっていたが、それ以降自慰にひたるようになり、毎日欠かさず、多いときには日に三回もそれをやる常習者となった。その結果、ティッソが診察に訪れたとき、L・Dはすでに生ける屍と化してしまっていた。

彼の姿を見ると、まるで生きた人間というより死体といった趣であった。ベットに横たわる彼の身体は乾ききってやつれ、青ざめ汚れて異臭を放ち、ピクリともしなかった。鼻を見るとうっすらと鼻血の跡があった。口からは泡を吹き、下痢でもしているのか汚物をそのまま垂れ流していた。精液が絶えず漏れ出ている。眼はすわり、涙ぐみ虚ろである。脈拍は極端に弱く、動悸が激しい。呼吸困難なようで、水膨れとなりはじめた脚を除いて身体全体がひどくやせ細っていた。精神にも影響が見られ、記憶力などすでになくなっていた。（S・A・ティッソ、『オナニーによる諸疾病についての論文』）

またもや近代のラザロの登場である。自慰に耽れば、あらゆる体調の変化に見舞われ、最後にはよだれを垂らした「白痴」になって死んでしまう。このシナリオはひとつの決定的な公式となり、以降それはいやというほど繰り返されることになる。例えば、一八五五年に出版されたS・B・ウッドウォード（S. B. Woodward）なる医師の小冊子、『若者へのアドヴァイス』（*Hints for the Young*）。

もしマスターベイションを思春期にはじめれば、それは確実に重要な成長機能を妨げることになる。そして習慣的になると、間違いなく痴呆状態におちいり、心身ともどもその発達が妨げられることになる。（S・B・ウッドウォード、『若者へのアドヴァイス』）

さらに、一八五八年のジョージ・R・カルホーン（George R. Calhoun）という医師による「精液漏」の症例報告。

衰弱がひどくなると、［自慰常習者の］肌は黄色っぽくなり、眼は落ちくぼみ虚ろになる。筋力はなくなり、患者はちょっとした運動にも耐えられない。ときには、麻痺にも近い下脚部の衰弱が起こる場合すらある。おうおうにして、ふくらはぎの筋肉はゲッソリ落ち、そのため足取りは重く、ズルズルと引きずるようになる。（ジョージ・R・カルホーン、『精液漏にかんする担当医の報告』）

そして、お約束の結末。

記憶力はしばしば損なわれ、高い知的能力をもつ患者であっても、思考能力がかなり乱れる。想像力は精彩を欠き、理性のもつ洞察力・分別も弱体化してしまう。（カルホーン、同書）

ここにおいてわれわれは、性の抑圧と生産のよじれた戯れを目撃することになる。トマス・ラカーがいうように、マスターベイション言説とは、「まさしくエロスを管理するためにエロスを産出する言説」（『セックスの発明』高井宏子・細谷等　訳）にほかならなかったからだ。以上のような文脈におけば、グレアムの書いたことは荒唐無稽でも何でもなく、あまたある言説のひとつにすぎなかったことがわかるであろう。しかし、グレアムはこの言説を菜食主義と接続させた。そして、まさにこの点においてこそ、アメリカにおける菜食主義は特異な展開を辿ることになっていくのである。それを確認するために、われわれは時代を世紀転換期にまで下って行かなければならない。当時の衛生思想家や医者たちが、現代の規準ではとても測りかねるこのような言説を産出していった理由も、そこで明かされることになろう。

4
ケロッグ博士のコーンフレーク

『ケロッグ博士』という映画がある。アラン・パーカー監督の一九九四年の作品で、原題は*The Road to Wellville*、『健康村への道』とでも訳せようか。この映画の主人公ジョン・ハーヴィー・ケロッグは、「ケロッグ・コーンフレーク」の発明者だ。そのかなり風変わりな博士に扮するのはアンソニー・ホプキンズ。『羊たちの沈黙』やその続編『ハンニバル』のレクター博士を演じた怪優だけあって、その奇矯ぶりを遺憾なく発揮している。映画のなかでは、世紀転換期のアメリカ、ミシガン州バトルクリークのサナトリアムを舞台に、水治療[4]、電気治療[5]、咀嚼健康法[6]といった、いまでは異様にしか見えない治療や健康法が次々と紹介される。原作はT・コラゲッサン・ボイルの同題の小説である。映画も小説も、ケロッグ博士の以下のような講義からはじまる。

> ステーキは、あらゆる点において、銃と同じように命取りなのです。いや、もっと悪い。少なくとも銃なら、頭に突きつけて引き金を引けば結末は慈悲深くも即座にやってくるのですが、しかしステーキは――ああ、肉食者の熾烈な不断の苦しみ、大腸には腐敗装弾がこびりつき、血液は消化管に沈殿し、肉食動物特有の激怒が脆い心臓の中でぐんぐん募り――ステーキは一日刻みに、一分刻みに、生涯の殉死という手段で殺しにおよぶ。（T・コラゲッサン・ボイル、『ケロッグ博士』柳瀬尚紀　訳）

そう、ケロッグもまた肉食の敵、菜食主義者であり、彼のコーンフレークはまさしく肉食に代

4▼水治療――シレジア（現在のポーランド南西部の地域）の農夫ヴィンセント・プリスニッツ Vincent Priessnitz（一七九九―一八五一）によって発見された治療法。入浴、打ち水、灌腸など、水を使ったあらゆる療法を指す。一八四〇年代、アメリカに急速に広まり、各地に水治療療養所が設立される。

5▼電気治療――一八世紀後半、電気の発見にともない電気を使った治療はすでに存在していたが、一九世紀中頃から本格的に治療法として取り入れられた。アメリカの神経医ジョージ・M・ベアード George M. Beard（一八三九―一八八三）の神経衰弱治療に見られるように、その大半はヒトの生命力を電気と同一視するような怪しげな「学説」に依拠していた。それでも当時は、「電気ベルト」、「電気ブラシ」、「電気コルセット」といった健康器具の広告がおびただしく雑誌を飾り、電気治療は最新万能の「科学療法」としてもてはやされた。蛇足ながら、浅草・神谷バーの「電気

わる栄養食品として開発された。しかし、彼の場合もたんなるダイエットでは済まなかった。それはセクシュアリティのダイエット、つまりまたもや自慰防止のヴェジタリアニズムであったのだ。これから見ていくように、ケロッグはまさにグレアムの正統な後継者として、菜食主義とマスターベイション言説を融合させ、徹底して自瀆を糾弾する。そして、彼の言説のなかに、なぜ一九世紀の菜食主義者や衛生思想家が異常とも思えるマスターベイション糾弾を行ったかを知る鍵が見つかることになろう。

ケロッグが菜食主義に奉じたのは、ある意味で当然の流れであった。というのも、彼の父親J・P・ケロッグ（J. P. Kellogg）はセヴンス・デイ・アドヴェンティスト（Seventh-day Adventist）のメンバーであったからだ。モルモン教、クリスチャン・サイエンスと並ぶ一九世紀に誕生した三大新興宗派のひとつであるアドヴェンティストは、一八六〇年、ミシガン州バトルクリークにて女予言者エレン・G・ホワイト（Ellen G. White）の啓示のもと設立された。その重要な教義のひとつが「健康」であり、それはホワイトが一八四八年と五四年の二回にわたって受けたダイエットの啓示によるものであった。もっとも、啓示とはいえ、その内容はシルヴェスター・グレアムの菜食主義をほとんど逐語的に繰り返したものにすぎなかったらしいが。一八六四年、夫ジェイムズ・ホワイト（James White）とともに、彼女はニューヨーク州ダンズヴィルにあるジェイムズ・ケイレブ・ジャクソン（James Caleb Jackson）の水治療サナトリアムに滞在する。翌年、そのときの経験をもとに（彼女によれば「啓示」によって）、ホワイトはバトルクリークに「西部健康改良協会」（Western Health Reform Institute）を開業する。はじめの頃こそふるわなかったが、一八七六年にジョン・ハーヴィー・ケロッグが院長として就任すると、バトルクリークのサナトリアムは全米中にその名を轟かせ、健康リゾートの一大メッカとなるのである。

ブラン」は、「最新の、モダンな」という意味合いを込めて「電気」という言葉を冠している。これなども、電気が魔術的なアウラをもっていた時代があったことを証言するものといえよう。

6▼ 咀嚼健康法――アメリカの衛生思想家ホーレス・フレッチャーHorace Fletcher（一八四九―一九一九）が提唱した健康法で、彼の名をとって「フレッチャーリズム」（Fletcherism）とも呼ばれる。文字どおり、食物は噛めば噛むほど消化吸収が良くなり、健康を促進するという理論。フレッチャーはケロッグと親交があり、咀嚼健康法は彼のサナトリアムのメニューに取り入れられていた。

シルヴェスター・グレアム

J・H・ケロッグ

ところで、宗教と健康というと、いまひとつしっくりこないかもしれないが、一九世紀のアメリカではこの二つの領域は密接な関係にあった。実際、グレアムはもともと福音主義派の牧師であったし、メアリー・ベイカー・エディ（Mary Baker Eddy）のクリスチャン・サイエンスにしても「健康」がその教義の中心を占めていた。このように一九世紀アメリカの宗教現場《シーン》は、近代になって身体と精神を管理するヘゲモニーが宗教から医学へと移行したというフーコーの学説を裏づけるかのごとく、鮮やかにその過渡期を描いていったのである。

閑話休題。ケロッグの話に戻るが、彼が本格的に医学・衛生思想と関わりをもつようになったのは、ラッセル・T・トロール（Russell T. Trall）の水治療学校へ入学してからであった。西部健康改良協会に信徒でかつ医者を置きたい、というホワイトのたっての願いを叶えるための入学であった。ケロッグは水治療だけでは飽きたらず、ミシガン大学医学部、ベルヴュー医学学校で正規の医学をマスターする。そして、協会の院長へと就任すると、水治療、電気治療、咀嚼健康法、ダイエットといったすぐれて一九世紀的な健康法を大胆に取り入れ、バトルクリークは文字どおり「健康の村《ウェルヴィル》」となる。しかし、まもなく彼はサナトリアムの究極的な目的を信仰から健康へとずらしはじめ、その結果、ホワイトの逆鱗に触れて一九〇七年にアドヴェンティストから破門されてしまう。二〇世紀にはいると、繁栄を極めたサナトリアムも一九世紀の遺物として凋落の一途を辿り、一九三三年には管財人管理のもとに置かれてしまう。一九四三年、ケロッグ死去。自らの健康法の正しさを証明するかのごとく、九一歳一〇ヶ月の長寿であった。

しかしながら、ケロッグがその名を歴史に留めているのは、サナトリアムのためではなく、コーンフレークによってであろう。ケロッグは発明家でもあり、数々の特許を取っていて、コーンフレークもそのひとつであった。初登場は一八九五年、アドヴェンティスト総会の席であり、そのときは「グラノーズ」(Granose)という名称であった。それを商品化して市場に出したのは、彼の弟であるウィル・キース・ケロッグ(Will Keith Kellogg)であったが、この発明によりケロッグの名は朝食の必需品として、以降食卓を飾ることになるのである。

前述のように、ケロッグがコーンフレークを発明した理由は、菜食主義に、そしてそれによる自慰防止にもとづくものであった。事実、彼はその主著『老若男女のための明白なる事実』*Plain Facts for Old and Young*(一八八八年)において、エレン・ホワイトの啓示もそのままに以下のような肉食批判をする。

刺激的な食物は刺激的な血を造る。刺激的な飲食物は確実に同質の血を造り出すのだ。今度は刺激的な血が神経系統を刺激し、前述のように、とりわけそれは生殖器官の繊細な神経を刺激する。(ジョン・ハーヴィー・ケロッグ、『老若男女のための明白なる事実』)

まさに刺激的な解説。「刺激的な」(stimulating)というキーワード、そして「生殖器官」という特定の患部を指定することからもわかるように、これはグレアムら一九世紀中葉の菜食主義者や衛生思想家による言説を焼き直したものにすぎない。この論理にしたがえば、肉食を代表とする「刺激的な食物」を常食とするものは、生殖器官が刺激されて、あの恐ろしい習慣に走ることになる。自瀆である。そして、お約束どおり、こうした背徳者には聴くもおぞましい天罰が下ることになろう。その兆候は全身に現れ――「やつれ、衰弱、皮膚の異常な青白さ、色つやのない唇や歯肉、そして全体的な倦怠感」――哀れ最後は「白痴」となってのたれ死ぬ。

少年期から青年期にかけてその習慣を続ければ、痴呆や白痴がその結果となる。今日、病院や療養所、そこらの通りですら、こうした異常者に少なからずお目にかかるが、彼らの恐ろしい精神状態は例の悪徳によるものだ。日常出会う精神薄弱者は、この惨めな慣習によって知力のほとんどをダメにしてしまったものたちばかりである。(ケロッグ、前掲書)

こうした恐ろしい末路にいたらないためには、食事に気をつけなければいけない。

これまで非難してきた食物のかわりに、果実、穀物、ミルク、野菜を食べよ。こうした食物はその種類も多種多様で、健康で刺激もない。グレアム小麦粉、オートミール、熟れた果実は、性的過剰に病むものたちにとって欠くべからざるダイエットである。(ケロッグ、前掲書)

もちろん、「コーンフレーク」も、ということであろう。

ケロッグの性にたいする嫌悪感は潔癖性ともいえるもので、彼は結婚しているにもかかわらずセックスレスな生活をおくり、四二人の子どもはすべて養子であった。しかし、その理由を、過剰なピューリタン倫理だとか、戯画化されたヴィクトリアニズムといったものだけで説明することはできない。なぜなら、ケロッグの性にたいする、とりわけ自瀆にたいする嫌悪は、たんなる不寛容さだけではすまされない動機をそこに孕んでいたからだ。

ケロッグは、自瀆の影響が本人ばかりか、その子孫にまで波及することを警告する。

もし「自慰常習者に」子どもがいるとしたら――もっとも、そんなことはありえないが――

――その子はきっと矮小で虚弱、瘰癧《るいれき》もちの肺病病み、脚気性で神経質といった心身ともども堕落したものであろう……。（ケロッグ、前掲書）

またもや因果応報、親の罪は子孫代々まで呪いとして受け継がれる。そして、この進化論的な遺伝の論理にこそ、ケロッグが自瀆を見過ごすことのできない悪徳とした根拠があったのだ。「青少年によって滅ぼされる民族」（"The Race Ruined by Boys"）という項目のなかで、彼は現代の若者の体力がひどく低下していることを嘆く。その理由はもちろん、「隠微な罪」、マスターベイションにほかならない。そこで彼は青少年に向けて自制を促し、以下のような薫陶を授ける。

青年よ、民族の運命は君たちの手にある。君たちは、世界中の医者や科学者、高名な政治家すべてを合わせてもできないようなことができる。それはすなわち、国家の繁栄と未来の栄光を確保することであり、そのためには質実剛健、清純で気高く、自己および高い道徳原理に忠実たらねばならないのだ。（ケロッグ、前掲書）

ケロッグにとって、自慰常習者は不毛で、よしんば子孫を造ったとしても、「矮小で虚弱な」ものしか残せない不適格者であった。虚弱な子孫は虚弱な民族を意味し、それは国家の弱体化へとつながっていく。したがって、彼にとっては、自瀆とは隠れて行う私的な悪徳ではなく、公に晒して糾弾すべき国家・民族的な悪徳、非国民的な背徳行為であったのだ。

「民族」・「国家」こそが鍵となるイデオロギーであり、過剰なまでのマスターベイション言説を産出していった文化的背景をなしていた。その言説が確立したグレアムの時代、すなわち一八三〇年代のアメリカも、このイデオロギーが前景化された時代であった。西部の野人アンドリュー・ジャクソン（Andrew Jackson）を大統領として擁立し、ヨーロッパを仮想敵・反面教師に見立て、真の意味での民主主義国家を建設しようとナショナリズムが異常に高まった時代。この時期まさに、「腐敗し、堕落し、病んだ」旧世界の轍を踏むことなく、健康な国家を造ろうと、水治療が、骨相学[7]や観相学[8]が、ホメオパシー[9]が、そして菜食主義がアメリカで隆盛を迎えたのである。肉体の健康は精神の健康と同一視され、頑健な国民の身体はそのまま健全な国民精神を意味した。グレアムやアドヴェンティストが宗教のなかに健康法をすんなりと取り入れていったのも、こうした認識のもとにであった。詩人ウォルト・ホイットマン（Walt Whitman）は唱う。

そしてもし身体が魂と同じくらい充分なものでないとしたら、
そしてもし身体が魂でないとしたら、それでは魂とは何であろう。
（ウォルト・ホイットマン、「僕は電気の身体を唱う」）

彼が身体と精神を同一視して肉体賛美の詩を高らかに唱ったのも、この時代の気分を受けてのことにほかならない。

ケロッグの時代、世紀転換期のアメリカになると、民族強化の要請はさらに強まる。一八九八年の米西戦争によるキューバ、フィリピンへの侵攻、そして同年のハワイ併合と、アメリカは帝国としての地位を確立しはじめる。しかし、こうしたマッチョな対外姿勢とは裏腹に、国内では東欧やアジア諸国からの移民が大量に押し寄せ、宗教・言語・文化のまったく異なるこうした他者に遭遇して、「強きアメリカ」の危機が叫ばれていた。セオドア・ロウズベルト

7▼
骨相学——オーストリアの医師フランツ・ヨーゼフ・ガル Franz Joseph Gall（一七五八—一八二八）による学説で、その弟子ヨハン・カスパー・シュプルツハイム Johann Casper Spurzheim、（一七七六—一八三二）が「骨相学」と命名し普及させた。ガルによれば、脳の各部位には、「知性」、「愛情」、「獣性」といった感情・能力・性質がそれぞれ宿り、その発達具合が頭蓋骨に現れるとした。したがって、頭の形を診断することで、その持ち主がどのような性格・性質であるかを知ることができる、というのがその主張するところであった。骨相学は、ファウラー兄弟 Orson S. Fowler（一八〇四—一八七）、Lorenzo N. Fowler（?—?）の仕事を中心に一九世紀アメリカで爆発的な流行となり、詩人のウォルト・ホイットマンら当時の文学者に大きな影響を与えた。

8▼
観相学——スイスの神学者ヨハン・カスパー・ラファーターJohann Kasper Lavater（一七

(Theodore Roosevelt)の「民族自滅」という言葉が、その事情を典型的に語っていよう。「優良民族」の繁殖と「劣等民族」の根絶を唱える優生学がイギリスから輸入され、アメリカで広く受容されていったのもこの時期であった。

グレアムの、そしてケロッグの現在では異常とも思える自慰糾弾は、個人的奇矯さや当時の医学水準の低さによるのではなく、民族・国家をめぐる認識の枠組みのなかでこのように分節化されていった。事実、ケロッグは当時の優生思想を吸収し、「民族向上財団」(Race Betterment Foundation)を造っている。また、彼が四二人の養子を迎えたのも、環境と教育によっていかに民族が向上するかを証明しようとした実験であった。

しかし、マスターベイション言説は、二〇世紀にはいるとその勢いを失ってしまう。『性対象倒錯』(*Studies in the Psychology of Sex*、一九二八年)において、性科学の泰斗ハヴロック・エリス(Havelock Ellis)がマスターベイション無害説を唱えたことなど、その衰退を示すひとつのメルクマールといえよう。

これまでモローやクラフト-エビングは、マスターベーションを性的倒錯の原因の一つとみなしており、多くの研究者もそうした見解を支持していたが、今日では、モル、ネッケ、ヒルシュフェルトなどが、マスターベーションには何ら病理学的な意味はないと主張している。私もヒルシュフェルトと同意見であって、マスターベーションがきわめて早くから行なわれている場合にはしばしば性的機能を阻害し、性的倒錯の徴候を助長することがあると思われるが、私が観察した限りのケースにおいては、マスターベーションが倒錯の直接の原因であったとみなされるケースはなかった。(ハヴロック・エリス、『性対象倒錯』佐藤晴夫訳)

四一―一八〇一)が体系化した学説。人間の観相、すなわち目や口、鼻の形にはそれぞれ固有の法則があり、それにしたがって診断することで性格・性質がわかるとした。一九世紀、欧米で一世を風靡し、絵画の人物描写や小説の人物造型(一九世紀の小説の詳細な顔の記述を想起されたい)、就職や結婚に至るまで広くそのマニュアルは活用された。なお、位置的に頭に近いため、観相学は骨相学と混合(混同)して用いられた。

9▼ホメオパシー――ドイツの医師ザミュエル・ハーネマン Samuel Hahnemann(一七五五―一八四三)が提唱した治療法。別名「同毒療法」ともいう。当時医学で主流であった対毒療法(アロパシー)に対抗し、患者に罹った病気と同じ症状を引き起こす作用がある薬物を何十万分の一に薄め、それを与えて治療した。

もっとも、エリスはマスターベイションには「何ら病理学的な意味はない」という説に与しながらも、早期にそれに耽れば「性的機能を阻害し、性的倒錯の徴候を助長する」と留保を付けている。その意味において、彼の言説はいまだ一九世紀の影を引きずった過渡期のものとして考えることができよう。

エリスの例に見られるように、マスターベイション言説は、医学、生物学、遺伝学の急速な発達にもかかわらず、二〇世紀に入ってからも、かつての勢いこそないものの、かなりの間しぶとく生き残った。事実、アメリカ医学協会でマスターベイション有害説が公式に否定されたのは、何と一九七二年になってからであった。さらに、筆者自身が聴いた話だが、およそ五年前に日本アメリカ文学会東北支部においてマスターベイション言説についての口頭発表をしたところ、二、三の年輩の先生方が、自瀆をすると頭が悪くなると父兄や教師からさんざん脅された経験が自分たちにもあったと感想を述べられた。先生方の年齢から察して、それは一九四〇年代頃の話であったと思われる。しかしいまや、かくもダイハードであった言説も、現在の若者の眼からすれば常軌を逸し滑稽ですらある珍説としか映らなくなった。ケロッグのサナトリアムと同様に、それはついに一九世紀の珍奇な残滓として歴史のなかへと埋もれていったのである。

さあ、われわれの長旅は終わった。今度こそ太平洋の架け橋を渡り、祖国へと帰ろう。新渡戸先生の待つわが日本へと。

5 新渡戸博士の「貯蓄」講話(リプリーズ)

「貯蓄」における新渡戸稲造の意図もこれではっきりしてきたと思う。新渡戸はたんに節約の精神を西洋諸国から学んだのではなかった。「恐るべき青年体力の濫費」と題して彼が日本の青少年に向けて蘊蓄を傾けたのは、精液の節約の重要性を説くマスターベイション言説の愚直なまでの繰り返しにほかならなかった。彼が「悪習」という言葉を選択するとき（英語に直せば、それはグレアムやケロッグが愛してやまなかったあの言葉"abuse"にほかならない）、彼が常習者は「神経衰弱其他の病名の下に苦む」というとき、また彼が常習者にたいして「冷水を浴びよ、適度に運動せよ、食物を定時に適度に取」れと忠告するとき、いまや新渡戸の姿はあのバトルクリークの院長とだぶって見えてこよう。そして、ケロッグと同様に、新渡戸にとっても、自瀆の問題は個人の問題ではなかった。

　僕は常にかう思う。青年の元気がこの悪習の為に消耗されなかつたならば、国民の精力は如何に発展するであらうと。（新渡戸、前掲書）

日清・日露と二つの戦争に勝利し、これからアジア制覇に乗り出そうとする日本。そうした当時の情勢にあって、日本が近代国家として列強と肩を並べるには、まず国民の身体、とりわけ国の将来を担う青少年の身体が注視されるのは当然であったろう。

　新渡戸自身が、グレアムやケロッグの著作を直接読んだかどうかはわからない。もっとも、彼が医学の総本山ジョンズ・ホプキンズ大学に籍を置き、グレアムが活躍したフィラデルフィアにいたことを思えば、彼らの仕事にまったく無知であったとは思えないが。また、「恐るべき青年体力の濫費」という題目は、ケロッグの「青少年によって滅ぼされる民族」と響き合うものがある。しかし、新渡戸が二人の著作をまったく読んでいなかったというほうがむしろ重要であろう。なぜなら、直接読まなくても知っているということは、それだけその言説がもつ強度の証明となるからだ。

　脱亜入欧の旗印のもと、強い身体・強い国家という身体の政治学の一環として、マスターベイション言説は新渡戸ら近代化論者を介して日本へと伝搬し、その強力な網の目を広げていった。それは通俗医学書、文学、教育現場といったさまざまな文化装置を通じて、国民ひとりひとりに自らが従うべき規律として刷り込まれていくことになる。赤川学が論じるように、その言説を軸として「主体性をナショナリズムに自発的に服従させようとする戦略」が展開され、主体は自発的に服従するというパラドクスをきたし、文字どおりその言葉の二重の意味（主体《シュジェ》／臣下）を生きることになるのだ。

　新渡戸が札幌農学校の二期生として入学したとき、かのクラーク博士はすでに日本にはいなかった。しかし、博士の「青年よ、大志を抱け」（"Boys, be ambitious."）という言葉が、新渡戸たち農学生に深い薫陶を与えたことは否定できないであろう。「青年よ、大志を抱け」。このセリフを聴いて、いま思い出されてならないのが、ケロッグの「青年よ、民族の運命は君たちの手にある」（"Boys, the destiny of the race is in your hands."）という言葉である。おそらく、新渡戸のなかでクラーク博士の言葉はケロッグの警告と重なり、かの訓話へと結実していったのではなかろうか。それとも、それはたんに論者の不謹慎な想像の産物にすぎないのだろうか。

［参考文献］

赤川　学『セクシュアリティの歴史社会学』、勁草書房、一九九九年。
石川弘義『マスタベーションの歴史』、作品社、二〇〇一年。

蝦名賢造『新渡戸稲造――日本の近代化と太平洋問題』、新評論、一九八六年。

新渡戸稲造『修養』、『新渡戸稲造全集』第七巻所収、教文館、一九七〇年。

キャロル・J・アダムス『肉食という性の政治学――フェミニズム-ベジタリアニズム批評』鶴田静訳、新宿書房、一九九四年。

ハヴロック・エリス『性対象倒錯』、『性の心理』第4巻 佐藤晴夫訳、未知谷、一九九五年。

トマス・ラカー『セックスの発明――性差の観念史と解剖学のアポリア』高井宏子、細谷等訳、工作舎、一九九八年。
T. Coraghessan Boyle. *The Road to Wellville*. Penguin, 1993. 邦訳 T・コラゲッサン・ボイル『ケロッグ博士』柳瀬尚紀訳、新潮文庫、一九九六年。
George R. Calhoun. *Report of the Consulting Surgeon on Spermatorrhoea, or Seminal Weakness, Impotence, the Vice of Onanism, Masturbation, or Self-Abuse, and Other Diseases of the Sexual Organs*. [1858] *The Secret Vice Exposed!: Some Arguments against Masturbation*. New York: Arno Press, 1974.
Gerald Carson. *Cornflake Crusade*. [1957] New York: Arno Press, 1976.
Sylvester Graham. *A Lecture to Young Men*. [1834] New York: Arno Press, 1974.
Jon Gregerson. *Vegetarianism: A History*. Fremont, California: Jain Publishing Co., 1994.
John Harvey Kellogg. *Plain Facts for Old and Young*. [1888] New York: Arno Press 1974.
John Money. *The Destroying Angel: Sex, Fitness and Food in the Legacy of Degeneracy Theory, Graham Crackers, Kellogg's Corn Flakes and American Health History*. Buffalo: Prometheus Books 1985.
Stephen Nissenbaum. *Sex, Diet, and Debility in Jacksonian America: Sylvester Graham and Health Reform* Westport, Connecticut: Greenwood Press, 1980.
Ronald L. Numbers. *Prophetess of Health: Ellen G. White and the Origins of Seventh-day Adventist Health Reform*. Knoxville: University of Tennessee Press, 1992.
Henry W. Sams, Ed. *Autobiography of Brook Farm*. Englewood Cliffs, New Jersey: Prentice-Hall, 1958.
Mary Shelley, *Frankenstein. Three Gothic Novels*. Ed. Peter Fairclough. Penguin, 1968. 邦訳 メアリ・シェリー『フランケンシュタイン』森下弓子訳、創元推理文庫、一九八四年。
Percy Bysshe Shelly. "A Vindication of Natural Diet." *The Prose Works of Percy Bysshe Shelly*, Vol 1. Ed. E B. Murray. Oxford: Clarendon Press, 1993.
Colin Spencer. *The Heretic's Feast: A History of Vegetarianism*. Hanover: University Press of New England 1995.

Henry David Thoreau. *Walden*. Penguin, 1983.　邦訳　ヘンリー・D・ソロー『森の生活——ウォールデン』佐渡谷重信訳、講談社学術文庫、一九九一年。

S. A. Tissot. *A Treatise on the Diseases Produced by Onanism*. Trans. A Physician. [1832] *The Secret Vice Exposed ! : Some Arguments against Masturbation*. New York : Arno Press, 1974.

Walt Whitman. *Leaves of Grass*. Bantam, 1983.　邦訳　ウォルト・ホイットマン『草の葉——ホイットマン詩集』杉木喬、鍋島能弘、酒本雅之訳、岩波文庫、一九六九年。

James C. Whorton. *Crusaders for Fitness : The History of American Health Reformers*. Princeton : Princeton University Press, 1982.

Samuel Bayard Woodward. *Hints for the Young : In Relation to the Health of Body and Mind*. [1856] *The Secret Vice Exposed ! : Some Arguments against Masturbation*. New York : Arno Press, 1974.

※参考文献で現在入手可能な邦訳があるものは明記してあるが、とくに断りのない場合、本文中の訳はすべて論者によるものである。

ダイアローグ

誰がためのダイエット？誰がための愛国？

前田浩美

　ずいぶん昔、私が初めてアメリカでホームステイしたときのことである。最初の日に、ホームステイ先のおかあさんに言われた。「私たちの家族は、宗教上の理由から喫煙や飲酒はしないし、カフェインもいっさい取らないようにしているの」と。事前に交わした手紙にはクリスチャンと書いてあったはずだ。「それって何教なの？」と尋ねると「モルモン教」という答え。禁酒禁煙は少しも構わなかったが、私は大のカフェイン好きだった。アメリカにいて、コーヒーもコークも口にできない生活を送らなければならないと思うと腹立たしく、つい反論が口から飛び出した。「カフェインのどこが悪いの？」。彼女はそれに、こう応じた。「私たちはそう信じているだけで、信じているとおりに生活しているだけのこと。もし、あなたが信じられず、そしてコーヒーを飲みたいのなら、自分で買ってきて飲むのはＯＫよ。」それだけ言うと、週末に行うガレージセールのことで近所の人たちと打ち合わせがあるからと出かけて行ったのだった。

　宗教的信条と日常生活が、つながっている人たちがいることを知った瞬間だった。正直に言って当時は、科学的根拠なしにそういうことを信じるなんて、おかしな人たちだと思った。細谷等「自瀆の葬列」を通して知った、グレアムやケロッグに対して、初めはあの当時と同じような気持ちを抱いてしまった。もちろん、個々の信条と生活は尊重しなければならないということを今は理解しているつもりであるが……。ホームステイからさらに何年か後、私は再びアメリカに渡った。そこで四年半ほど生活するうちに、ベジタリアンだから、とか、宗教上の理由から、ある特定のものを口にしないことを厳格に守っている様々な人々と出会い、そのおかげで、そうした人々のことも分かってきたからだ。アメリカでは信条だけでなく、個人の好みまでも最大限に尊重しようとする。レストランに入っても、一気には覚えきれないほどの選択肢を示され、その中から好みのものを選ばなければならないし、友人を家に招くときは、あらかじめ制限している食べ物はないか、尋ねておかねばならない。

相手の信条や好みを尊重する煩わしさには、ある程度慣れても、信条や好みと同様に考えてよいものか、とまどうのが日本の女子大生のダイエットである。見た目に十分スリムな学生が、痩せるために食事を抜き、食べたいのを我慢してフラフラになっている。健康維持や美しくなるために食事制限して痩せるという手段をとったのではなかったのか？　ところが、痩せることがいつのまにか究極の目的と化していて、痩せるためだったら食べたいという欲求も友人とのつきあいも我慢し、美貌も健康も損ないかけている自分を客観視できないほどになってしまうのだ。もちろん忠告など聞き入れる耳は持たない。本末転倒した意固地な姿は危うささえ感じさせるものである。

細谷は、マスターベイション言説産出の素地として、ナショナリズムの高揚があったことを指摘している。ナショナリズムと女子大生のダイエットは、本末転倒の結果を導きやすいという点で似通った性質を持っているように思える。後発国が先進国を追い上げる過程で、自国を愛することが国を挙げての究極の目的と化したとき、国益のためであれば他国の迷惑や自国の少数者の不利益は顧みられなくなる。さらにナショナリズムが、より後発の社会に対する優越感を満足させるべく帝国主義的色彩を帯びてくると、自国の状況も客観視されなくなり、個人の自由は束縛され、ついには国家のために生命を投げ出すことまで要求される。こうなると、個人の幸福を追求する場としての国の姿はすっかり失われてしまう。近代国家形成の原動力として、それなりの役目を果たしてきたはずのナショナリズムが、いつのまにか変貌を遂げ、全世界をも破壊しかねないほどの猛威を振るうことになるのである。マスターベイション言説そのものは、現代の私たちには過去の俗信として映り、滑稽ささえ感じられるが、細谷は、それが危険性を孕んだナショナリズムの構成要素であったのではないかと示唆している。

一九三〇年代のアメリカで起こった様々な改革運動[1]にも、マスターベイション言説の背景と同様、「強いアメリカ性」の危機におびえながらも、その危機を乗り越えて健全な国家を建設しようと禁欲的生活態度と勤勉さをもって経済的豊かさに向かって邁進していったアメリカ国民の姿が見えるのではないだろうか。シルヴェスター・グレアムが情熱を傾けていたとされる禁酒運動の動きは、様々な改革運動のなかでも特に、その姿を如実に物語るもののひとつだろう。もともと禁酒運動は、教会の聖職者が中心になって社会の道徳を向上させる目的で始めたものであった。グレアムが牧師としておこなった禁酒の説教は、そうした禁酒運動の典型を示していると言えるだろう。ところが、一九三〇年代になると、この運動に資本家、熟練職人、知識人などが多く加わったため、聖職者以外の職業の人たちからも運動の指導者が出るようになった。アルコール度の高い酒ばかりでなく、ビールやワインも飲んではならないとする「絶対禁酒主義」が登場したのも、居酒屋の中、もしくはそれに隣接していた旅行者の宿泊施設を嫌がる声が大きくなり、禁酒ホテルが登場したのも、この時期である。言い換えれば、この時期に禁酒運動は世俗化して広く人々に浸透し、しかも過激になっていったのである。このよう

1▼ ジャクソン大統領の時代に起こった「安息日の遵守、教育改革（公教育制度の整備）、平和運動、禁酒運動、女権運動、ユートピア共同体の建設、奴隷制即時廃止運動、決闘の禁止、刑務所の改善、精神病者の待遇改善、負債者の投獄廃止」などの改革運動を指す。このような運動に人々が乗り出していった背景には、次のような社会変化に対する危機感があったと紀平英作編『アメリカ史』は説明する。「ジャクソン時代は交通革命と産業革命の進展によって、人々の愛だの伝統的な絆が工業化の波に洗われてゆるみ始め、古い時代の美風や秩序がくずれていった時代でもあった。交通革命はそれまで閉鎖的だった農村社会に、多数のよそ者を流入させた。産業革命は旧来の徒弟制度を弛緩させ、職人たちの日常生活にも注がれていた親方の監視の目をゆきとどかなくしてしまった。安息日や法律は守られなくなり、飲酒の風潮がはびこるなか、節度のない職人や労働者が数多くあらわれ始めた。」

な世俗化し大衆化した運動こそが、一九一九年に憲法改正してまで禁酒法を成立させるという、異常な頂点へ登り詰めていくための原動力となるのである。

　マスターベイション言説にしても禁酒運動にしても、個々の事象を見るとどこか滑稽で微笑ましい。そこまで真面目に自国のことを心配し、自ら進んで禁欲的生活を送り、勤勉に励んだのなら、それでいいではないかという意見も出てくるかもしれない。その異常さの影響を被るのは、そうした運動を進めた本人たちなのだから。しかしながら、細谷の指摘に従って、これらの動きを当時のアメリカのナショナリズム高揚の一端ととらえると、笑っては済まされない。このナショナリズムの波にのって、先住民がミシシッピ以西の土地へ追いやられ、彼らを排除した後の土地を綿作地とする政策[2]が当然のごとく推進され、そうした強引なやり方に抵抗した先住民は武力で鎮圧された。[3]当時アメリカで追求された国益とは、ヨーロッパ系白人移民の利益を意味していたのである。歴史と文化を築いてきた自分たちの土地を追われた先住民の無念さは、察するに余りある。

　欧米諸国に追いつけ追いこせと、明治維新以来日本人をけなげに働かせる原動力となったナショナリズムも、やがて帝国主義的色彩を帯び、天皇制ファシズムという怪物に変貌を遂げてしまった。怪物が猛威を振るったその歴史を、現在の私たちは心痛めずして直視できない。そうしたナショナリズムはフランケンシュタインよりもずっとおぞましいものに違いないし、社会の中で疎外された者の痛みなど全く解さない冷酷なものだろう。にもかかわらず、その本性はなかなか見抜かれることなく、むしろ窮乏する人々を救ってくれるヒーローのように皆に迎え入れられた。

　こうした怪物の正体を人が見破れないのは、なぜなのか？　途中までは、妙に真面目な先人たちの滑稽な論議を茶化すような気分で読んでいたが、終章を読む頃には地獄の黙示録を心に

2▼ 一八三〇年、先住民強制移住法が制定された。

3▼ 一八三二年にはブラック・ホーク率いる北西部先住民部族との戦争（ブラック・ホーク戦争）、一八三五～四二年には第二次セミノール戦争が起こった。

描きながら、怪物がその辺にいるような気がして、そんな疑問を問いかけていた。

［参考文献］
紀平英作編『アメリカ史』山川出版、一九九九年。
岡本　勝『アメリカ禁酒運動の軌跡―植民地時代から全国禁酒法まで』ミネルヴァ書房、一九九四年。

鏡の割れたあとに

増補・中国の現代文化と子どもたち

千野拓政

1　中国の子ども文化・大人文化

これまで中国では、子どものための文化と大人の文化がはっきり区別されてきた。例えば日本では、学齢前の幼児から大人のサラリーマンまで、当たり前のようにマンガや劇画を読む。だが中国では、新聞などに掲載される諷刺マンガを除けば、大人がマンガを読むことはほとんどない。フランスの歴史家フィリップ・アリエスが言うように、「子ども期」という概念が近代とともに成立したものだとすれば、「子ども文化」が誕生して以来そうだったといってもよい。

もう少しマンガを例に話を進めよう。中国で日本のマンガや劇画に当たるのは「漫画《マンホア》」1▼や「連環画《リエンホアンホア》」2▼である。いずれも清朝末期に生まれたものだ。「漫画」は、ふつう一コマないし数コマものを指す。日本の一コママンガ、四コママンガと同じく社会諷刺が中心で、基本的に大人向けである（図1）。一方、「連環画」は、絵にセリフや短い文が添えられたいわゆる絵物語

1▼ 何をもって漫画とするかについては、さまざまな議論がある。近代に限れば、一九世紀中頃から出版されはじめた「画報」（絵入り新聞）の絵や、一九〇三年発行の『俄事警聞』に掲載された「時局図」に起源を求める声が有力である。いずれの説をとるにせよ、日本と同様、新聞などのメディアに掲載された時局解説や社会諷刺の絵が、カリカチュアの度を加えてゆき、近代の「漫画」が形成・発展したことは確かである。詳しくは、畢克官、黄遠林『中国漫画史話』（文化芸術出版社、一九八六年）などを参照のこと。

図１　漫画「立体的上海生活」『上海漫画』第１期（1928年４月）表紙
社会批評としての漫画。1920年代後半から、上海を中心にこうした漫画を掲載する雑誌が数多く出版された。

で、もっぱら子ども向けである。「小人書《シャオレンシュー》」とも呼ばれることが、その位置づけを物語っている。

子ども向けの「連環画」にも二種類ある。一つは、吹き出しとデフォルメされた絵で構成されたもので、一九二九年に映画『歌女紅牡丹』が連環画として発売されて以降、盛んに出まわった。表現スタイルは日本の「のらくろ」などに近く、一九三〇年代以来広く愛読された張楽平の「三毛シリーズ」などがこの系譜に属する（図2）。もう一つは、古典や現代の名作を要約して絵物語にしたもので、絵はリアルであればあるほど好まれる（図3）。いずれも、小型版の本であることと、均等なコマ割の表現が特徴である。

子どもたちは成長するにしたがって、こうした「連環画」（＝「小人書」）から大人の本を読むようになる。いわゆる児童文学を経由する子もいるが、一足飛びに大人の本を読むようになる子も多い。文字がすべて漢字でカタカナやひらがなの存在しないことが、そうした傾向に拍車をかけているのかもしれない。

文章がすべて漢字で書かれる中国語の場合、たとえ児童文学であっても、読むためには相当な数の漢字を知らなければならない。逆に言えば、児童文学が読めるぐらい文字を知っていれば、内容の理解度はともかく、大人の本を読むのはそれほど難しいことではない。

中国の子ども文化には、もう一つ特徴がある。教育的・教訓的な色彩が強いことだ。子どものための文学・芸術が、結局のところ、大人が子どもに読ませたい、見せたい、聞かせたいものであることは日本でも中国でも変わらない。思春期の少年少女たちが大人の文化をのぞいて見たいと思うのも同じだ。その意味では、子どもの文化はつねに大人の文化の反映にほかならない。だが、中国では、子どものための文化が意図的に大人の文化を教える道具として形成されてきた感がある。

2▼
一コマだったマンガの絵が、連続して物語を構成するようになったのが連環画だと考えてよい。阿英「従清末到解放的連環図画」（『阿英文集』所収、三聯書店、一九五七年）によれば、最初の連環画は一八九九年、文益書局から出版された朱芝軒著『三国志』である。物語の各章ごと（一回、二回と数えた）に絵がはいったもので、当初は「回回図」と呼ばれていた。その後、こうした図書の出版が盛んになるに連れて、「牙牙書」（漢口）、「図画」（上海）など各地でさまざまな呼称が生まれたが、一九二五年、上海世界書局出版の『西遊記』から「連環画」という呼称が定着したという。

図 2　連環画・三毛シリーズの一つ『三毛従軍記』絵文・張楽平、1946 年
「祖国を守れというなら、まずおれたちにメシを……」

図 3　連環画『絵画本紅楼夢』楊根相・文、任伯宏ほか・絵、1991 年、上海美術出版社
細密画で再現される古典の世界。

例えば、文化大革命（文革）後の比較的新しい連環画『遊べや遊べ』（原題『玩呀玩』）、天津人民出版社、一九七九年）も、勉強しないで遊んでばかりいる子どもがいつの間にかお爺さんになってしまうという、子どもを戒める話である（図4）。実は、中国の子ども文化が持つこうした特徴には、この半世紀の中国における大人文化の姿が影を落としている。

中国では、一九三〇年前後から「文芸大衆化」すなわち文学・芸術をいかにして大衆に普及するかが、左翼を中心に文化界の重要な課題になっていた。識字率が低く、文盲が多かったことが一つの大きな理由だった。（中華人民共和国が成立した一九四九年の時点でも、識字率はわずか二〇パーセントである）特に三〇年代後半、陝西省延安を中心に誕生した解放区（＝共産党統治区）では、労働者、農民、兵士が見て喜び聞いて喜ぶ表現様式を、中国人に適した「民族形式」と呼び、これを用いて、文字を知らない庶民にも「革命とは何か」を分かりやすく伝えることが提唱された。

議論が集約されてゆく過程で、重視されたのは民間に流布していた芸能や美術だった。この時期以降さまざまなジャンルで、伝統的な様式を借りて革命的な理念を盛り込んだ作品が数多く制作される。音楽における新民謡[3]、演劇における秧歌劇[4]やそれから発展した新歌劇[5]、文学における語り物形式の作品[6]、美術における木版画などがそうだ。木版画を例に取れば、その表現は明らかに年画[7]や連環画を踏襲している（図5）。

民衆を啓蒙するという使命からいって、こうした作品は否応なくプロパガンダ色を帯びることになった。ユートピアをもたらす社会主義革命、正義の指導者たる共産党、救いの星としての毛沢東など、中国でおなじみの形象は、これらを通じて形づくられたものだ。

延安時代に形成された、労働者、農民、兵士のために革命を語る文学・芸術という理念は、一九四二年、毛沢東の「延安の文芸座談会における講話（＝文芸講話）」によって集大成され、

3▼ 各地の民謡のメロディーに革命的な歌詞を充てた歌。

4▼ 「秧歌」は中国北方の田植え歌。田植えのときの踊りや歌を基調にした芝居のこと。この時期の代表作に王大化の「兄妹荒れ地を耕す」（原題「兄妹開荒」）などがある。

5▼ 各地の伝説、歌、踊りなどを取り入れた歌劇。代表作に、河北の農村に伝わる伝説をもとに集団創作された「白毛女」などがある。「白毛女」は一九六〇年代、現代バレーに改作され、革命模範劇として広く演じられた。

6▼ 例えば「李有才板話」など、趙樹理の小説は語り物の形式・文体を色濃く残している。文学作品として読まれただけでなく、実際に人々を集めて朗読や口演も行われたという。

7▼ (旧)正月、室内に飾る絵や版画。めでたい群像や情景を多色刷りにしたものが多い。

図4　連環画『遊べや遊べ』（原題『玩呀玩』）彭国良・編絵、1979 年、天津人民出版社
おじいさんになってしまった子ども。「みんなと一緒に勉強できたら……」

図5　連環木版画『鉄仏寺』（全 111 枚）莫璞、呂蒙、亜君、1942 年
抗日戦争を描く木版画のシリーズ。

中華人民共和国の成立後、文学・芸術の規範とされることになる。それにともない、上記のような形象は、共和国成立後の作品の中で大量に生み出され、流布していった。

延安時代から文化大革命期に至るこれらの作品は、表現様式にも顕著な特徴があった。中国で「毛模式（Maoist model）」と呼ばれるスタイルである。[8]その一つに、毛沢東が周りの人物より巨大に描かれる技法と並んで、にこやかに笑う幸せそうな子どもたちという図柄がある。子どもたちが微笑みながら毛沢東を取り囲み祝福している絵が、その典型的な例である（図6）。こうした作品では、子どもの笑顔が、革命の成功や、民衆の党に対する支持、毛沢東への信頼を象徴している。つまり、子どもはみんな、革命を信じ、党を愛し、毛沢東が大好きな「よい子」でなければならなかった。

だから、中国の子どもたちが読むもの、見るもの、聞くものには、大人向けの作品と同様、あるいはそれ以上に、文芸講話以来の一元的価値観が刻印されてきた。例えば、文化大革命中の「連環画」を見ても、台湾から潜入した間抜けなスパイを子どもがやっつける物語や、当時主流だった革命現代京劇などを子ども向けに書き改めたものがほとんどだ（図7）。われわれの目から見れば、驚くほどステレオタイプなお話だが、善玉、悪玉がはっきりしていて分かりやすいだけに、子どもたちにはたいへん喜ばれた。もとになった大人の作品が、文字の読めない人々を視野に入れて作られていたことを考えれば、それも不思議ではない。

しかし、文革の終結から四半世紀、中国の社会は急速に変貌した。当然のことながら、それにともなってプロパガンダ色の強かった中国の文学・芸術も加速度的に変化してきた。激変する環境の中で、中国の子どもたちを取り巻く文化状況や、大人文化との関係はどう変わったのだろう。そして、子どもたちの生活や意識はどう変わったのだろう。ここでは、思春期の少年少女を中心に、大まかな素描を試みてみたい。

8▼ 中国の「毛模式（Maoist model）」については、牧陽一、松浦恒雄、川田進『中国のプロパガンダ芸術』（岩波書店、二〇〇〇年）に詳しい。

図6　中国画「毛主席にご報告」（原題「向毛主席匯報」）孫国成、1973年
毛沢東を取り囲んでにこやかに笑う子どもたち。

図7　連環画『沙家浜』香港文教出版社（刊年未詳）
中国人ならだれでも知っている革命現代劇。

2
文革の残影

まず文学の話から始めよう。文革後の新しい幕開けを飾ったのは、思春期の少年少女を描いた作品だった。四人組逮捕を受けて、文芸誌の復刊・創刊が相次いだ一九七七年、『人民文学』一一期に掲載された、劉心武《リウ・シンウー》[9]の短篇「クラス担任」（原題「班主任」）である。

小説の舞台は、光明《クアンミン》中学三年三組。担任の張俊石《チャン・チュンシー》先生が不良少年宋宝琦《ソン・バオチー》の転入を受け入れたことで、クラスに起こる風波が描かれる。

不良少年の転入を聞いて騒ぐ生徒たちを鎮めるため、張先生は宋宝琦も含めてクラス討論会を開くことにし、前日から生徒と準備に取りかかる。その最中、共産主義青年団の書記をしている生徒謝恵敏《シエ・ホイミン》が、宋宝琦の盗品から、男女のラブシーンの挿し絵が入った本を見つけて叫んだ。「まあ、いやらしい。この本のことは明日きつく批判しなくっちゃ」。

その本は、イギリスの女性作家ヴォイニッチの長篇小説『あぶ』だった。一九世紀のイタリアを舞台に、神学生から革命家へと成長していく少年と、彼が恋した幼なじみの女性の、数奇な人生を描いた作品で、旧ソ連では数十版を重ね、中国でも五〇年代に多くの若者の共感を呼んだものである。自分も愛読者の一人だった張先生は、クラスのリーダーの生徒が、内容も知らぬままこの本をポルノまがいの毒草と決めつけたことに愕然とする。

ところが、宋宝琦も、家を訪れた張先生に同じことを言った。「禁書なので高く売れると思って盗んだ。でも、こんなポルノは読んじゃいけないんです」。

張先生は思う。「人にレッテルを貼って喜ぶ連中はきっと『宋宝琦はブルジョア思想にどっ

[9]劉心武（一九四二〜）教職、編集者をへて小説家。邦訳に『現代中国文学選集一〇劉心武』（広野行雄ほか訳、徳間書店）などがある。

ぷり漬かっている』と批判するだろう。……だが、そう言ったところで何の役にも立ちはしない」それよりもっと問題なのは、育った環境も置かれた立場も違う生徒が同じ反応をしたことだ。文革の悪しき影響は、こんなに深く子どもたちに染みこんでいる。

クラスの生徒たちが集まって、不良少年だってみんなで変えていくことができるはずだと話し合っている姿を見た張先生は、勇気を得て、謝恵敏の家に向かいながら考える。

「わたしは謝恵敏に『あぶ』を読むよう説得して、好きなように読後感を言わせよう。そして、この本の分析から始めて、毛沢東思想の立場から、自分はどのような人間になるべきなのか、答えを出すように持っていこう」。

作品に登場する謝恵敏は、けっして悪い子ではない。むしろ、新聞の報道や党の学習文献を忠実に読み、それを信じてきたまじめな生徒だ。宋宝琦も、先生に認めてもらおうと、警察に言い聞かされたことを必死で繰り返したに過ぎない。つまり大人の言うことを素直に聞いた子どもたちが、硬直した考え方をしているのだ。問題はそこにある。たとえ社会の体制が変化しようと、大人たちの文化と意識が変わらなければ、子どもたちの意識も変わってはゆかない。

この作品の議論は生硬で、提示された問題解決への道も類型的である。「毛沢東思想の立場から」生徒を指導するという先生の決意も、今日の目から見れば、教条的なイデオロギー以外のなにものでもない。それでもこの作品からは――イデオロギーが最優先し、党と国家に忠誠を誓うことを求められた時代が、子どもたちに何を残したか。文革後、子どもたちをめぐる問題がどこから出発せざるを得なかったか――が十分に窺える。

この後、七〇年代の中国の文学には、文革が人々に残したさまざまな傷痕を描く「傷痕文学」と呼ばれる作品群が登場する。文革の悲惨さをあばくところから、文革後の文学はスタートしたのである。だが、文革の十年間に被害者だけが存在したわけではない。むしろ、紅衛兵をはじめとして、文革に共鳴し、加担した数多くの人々がいたからこそ、あれだけの運動が可能だったはずだ。だが、作品からそうした人々の声はほとんど聞こえてこない。その意味では、文革に加わった人々の内面の検討、すなわち子どもに一元的な価値観を発信しつづけた大人たちの内省、そして大人と子どもをともに呪縛してきた一元的な価値観そのものに対する内省は、十分に果たされないまま今日に至ったというほかない。

3 八〇年代の光と影

文革のくびきからの開放という課題を抱えて再出発した中国の子ども文化に決定的な影響を与えたのは、中国社会の大きな変化と、それにともなう文化状況の深層からの変化だった。

中国の社会が大きく変わり始めるのは、七八年一一月、共産党一一期三中全会で「四つの現代化」「改革・開放」が打ち出されてからである。文学でも、その直後から社会の腐敗を告発する作品が注目を浴びるようになった。黒竜江省でコネの網を張り巡らして巨額の不正蓄財をした共産党書記の摘発事件を描き、中国社会に腐敗を生む構造が温存されていることを警告して評判を呼んだ、劉賓雁《リウ・ビンイエン》[10]▼のルポルタージュ「人妖の間」（原題「人妖之間」『人民文学』七九年九期）などがその一例である。革命をなし遂げた夢の社会主義中国、決して過ちを犯さない正義の共産党というテーゼは、もはや批判の許されない神話ではなくなった。

社会の矛盾をつくそうした動きは、「北京の春」と言われる七九年の民主化運動に発展する。西単《シータン》の壁に毎日のように大字報（壁新聞）が貼られ、民主主義と政治の現代化を求めた魏京生《ウェイ・チンション》[11]▼の論説誌『探索《タンスオ》』など、ガリ版刷りの民間雑誌が次々に創刊された。北島《ベイタオ》[12]▼、芒克《マンクー》[13]▼ら

10▼ 劉賓雁（一九二五～）新聞記者、ルポルタージュ作家。ブルジョア自由化を鼓吹したとして共産党籍を剝奪され、八八年渡米。現在もアメリカ在住。

11▼ 魏京生（一九五〇～）民主活動家。七九年国家機密を漏らしたかどで逮捕される。その後、釈放と逮捕・軟禁を繰り返す。九七年、病気療養を理由に渡米。現在もアメリカ在住。

12▼ 北島（一九四九～）詩人。代表作は「回答」など。邦訳に『ブラックボックス』（是永駿訳、書肆山田、一九九一）などがある。八九年出国。ノルウェーで『今天』を復刊。九四年よりアメリカ在住。

13▼ 芒克（一九五〇～）詩人。代表作に「無時間的時間」（邦訳『時間のない時間』是永駿訳、書肆山田、一九九一年）などがある。

の文芸誌『今天《チンティエン》』もその一つである。そして、この雑誌から、「朦朧詩」と呼ばれる抽象性の高い新たな現代詩が生まれることになった。前衛美術を標榜するグループ「星星画会《シンシン》」の若き芸術家たちが野外展を行い、公安局から禁止されて抗議のデモを行ったのも、この年の九月のことだ。

こうした運動が必ずしも順調に発展したわけではない。西単の壁新聞はまもなく撤去され、雑誌もすべて発行停止に追い込まれた。魏京生は逮捕、劉賓雁、北島らは出国を余儀なくされ、これ以後文化人の海外流出が続くことになる。

だが、「改革・開放」の潮流は止めようがなかった。資本主義的精神汚染一掃のキャンペーン（八三年）など政治的な紆余曲折を経ながらも、八〇年代を通じて多様な現代文化が中国に花開いた。それらは、世界の現代文化が一斉に流入してきたことに対する、中国国内でのさまざまな文化的リアクションとして始まり、市場経済が進展する中で商品化されることによって、社会の表面に浮上した。

例えば、美術の分野では、シュルレアリスム、ダダ、シニカルリアリズム、ポリティカル・ポップアート、パフォーマンス・アート、コンセプチュアル・アートなど、あらゆる形のモダンアートが展開された。それらは、実際に実弾を発射して警察に逮捕されるにいたった粛魯、唐宋のパフォーマンス・アート「銃撃事件」を見ても分かるように、日本や欧米の前衛芸術と変わらないインパクトに満ちていた（図8）。

映画では、原色を多用した鮮やかな色彩と斬新なカメラワークで中国の土俗的世界を神話的に表現した、陳凱歌《チェン・カイゴー》の『黄色い大地』[14]（原題「黄土地」）や、張芸謀《チャン・イーモウ》の『紅いコーリャン』[15]（原題「紅高粱」）などが次々に国際的な映画祭のグランプリを獲得し、世界の檜《ひのき》舞台に躍り出た。

14▼
陳凱歌（一九五一〜）映画監督。『黄色い大地』（原題「黄土地」、八四年）は監督第一作。ロカルノ映画祭金賞を受賞した。

15▼
張芸謀（一九五〇〜）映画監督、俳優。『紅いコーリャン』（原題「紅高粱」、八七年）は監督第一作。八八年、ベルリン国際映画祭グランプリを受賞した。映画『黄色い大地』ではカメラマンとして撮影を担当している。

図8　パフォーマンスアート「銃撃事件」粛魯、唐宋、1989年
ほんとうにピストルを発射して逮捕された。

図9　崔健のセカンドアルバム『解決』1991年
香港・台湾で同時発売。中国でも数ヶ月遅れて発売される。

音楽では、鄧麗君《テレサ・テン》など香港・台湾の流行歌が人気を博す一方、各地で若者のバンドが結成されるようになり、八〇年代後半にはロックのスーパースター崔健《ツイ・チエン》が登場する（図9）。演劇でも、高行健《カオ・シンチエン》[16]の不条理劇『バス停』（原題「車站」）などが内外で高い評価を獲得した。

文学も例外ではない。八〇年代を通じて、新しい傾向の作品を書く作家が続々と現れた。「意識の流れ」で話題を呼んだ王蒙《ワン・モン》[17]。文革期の下放などを通じて再発見した祖国の姿を神話的でグロテスクな文体で表現し、「ルーツ探求文学」と呼ばれた莫言《モーイエン》[18]や鄭義《チョン・イー》[19]。「魔術的リアリズム」を駆使するチベット族の作家ザシダワ[20]。手垢の付いた意味を帯びる言語表現を拒否した夢幻的な小説で名を馳せた孤高の作家、残雪《ツァンシュエ》[21]。人の運命をめぐる思索を綴った哲理的な小説を次々に送り出した車椅子の作家史鉄生《シー・ティエション》[22]。挙げていけばきりがない。

これらの文学・芸術は、ジャンルや形式は違っても、プロパガンダ色の染みついた過去の平板なリアリズムからの脱皮を目指し、一元的な価値観に縛られてきた中国社会へのプロテストをはらんでいることは共通していた（図10）。そして、こうした現代文化は若者を中心に広く受け入れられた。前衛美術の展覧会にたくさんの観衆が集まり、グランプリを受賞した映画を上映する映画館には行列ができた。崔健のコンサートには1万人を越える聴衆が集まり、各地の劇団で実験演劇が上演された。

といっても、子どもたちがこうした大人の文化をすぐに享受できたわけではない。例えば、裸体画が展示されている美術展に十八歳以下の少年少女は入れないし、海外で高く評価されながら国内での公開が見送られた映画も少なくない。それでも、暮らしがしだいに豊かになり、テレビ、ビデオ、オーディオなどが普及するにつれ、輸入ソフトなどを通じて誰もが簡単にこれらの作品に接することが可能になっていった。子どもたちにとっても現代文化はすでに日常的なものになりつつあった。

16▼ 高行健（一九四〇〜）劇作家、小説家、画家。八七年フランスへ出国、現在もフランス在住。二〇〇〇年に中国人作家としてはじめてノーベル文学賞を受賞した。

17▼ 王蒙（一九三四〜）小説家、評論家。一時、国務院文化部長（日本の文部科学大臣に当たる）を務めた。「意識の流れ」を用いた作品に、中篇『胡蝶』（相浦杲訳、みすず書房／原題同じ）などがある。

18▼ 莫言（一九五六〜）小説家。ルーツ探求文学の作品として、長篇『赤いコーリャン』（井口晃訳、徳間書店／原題「紅高粱」）などがある。

19▼ 鄭義（一九四七〜）小説家。ルーツ探求文学の作品として、長篇『古井戸』（藤井省三訳、JICC出版局／原題「老井」）などがある。現在アメリカ在住。

20▼ ザシダワ（一九五九〜）小説家。チベット族。魔術的リアリ

図 10-1　彫刻『偶像』王克平
地主のように福々しい顔、でも面影はどこか毛沢東に……（図 10-2 参照）。

図 10-2 「偉大な毛沢東主席に無限の忠誠を尽くす」1968 年
偶像として描かれ続けてきた毛沢東。

こうした状況の中、武侠小説・推理小説・ジュニア小説などの通俗文学が破格の売れ行きを示すようになる。それは、純文学と通俗文学、大人の文学と子どもの文学という格付けや区別が、もはや無効になったことを意味していた。シリアスな作品かエンターテインメントか、あるいは大人向けか子ども向けかに関係なく、どんな文学作品も一つの商品であることが、誰の目にも明らかになったのだ。

言い換えれば、文学という制度が否応なく市場経済の循環の内にあること、すなわち、革命の啓蒙を使命とする神聖な文学・芸術も、作者が作品を生産し、それがメディアを通じて読者に送られ、その反応によって作者の再生産が促される、という流通の構造から逃れられないことが顕在化したのである。それは、文芸講話以来の枠組み――文学・芸術は革命という真理を大衆に普及する装置であり、作家・芸術家は大衆の啓蒙者であるという原則――が空洞化した証でもあった。

そうした現象は、四〇年代、日本占領下の上海に彗星のごとく登場した女性作家で、対日協力政権の副宣伝部長胡蘭成《フー・ランチョン》の妻だった張愛玲《チャン・アイリン》[23▼]の都市小説や、香港在住の武侠小説の大家金庸《チンヨン》[24▼]の作品がブームを呼び、現代文学の重要作家として取り上げられるようになったことに端的に現れている。魯迅《ルーシュン》を頂点とする、革命的作家のピラミッドによって築かれてきた中国の現代文学史は、文学者の問題提起や研究に先だって、いわば読者の人気投票によって実質的に書き換えられてしまったわけである。誰もが小さい頃から知っている「革命歌謡」にしても、もはや宣伝歌というより、懐かしのメロディーとして愛されるようになった。[25▼]

この時期のポスターや年画を見ても、子どもたちはあいかわらず幸せそうに笑っている。一見したところでは、祝福する対象が、革命、共産党、毛沢東から科学技術や経済的豊かさに変化しただけで、子どもがプロパガンダの道具として使われていることは変わらない（図11）。

ズムの作品として、中篇「チベット、皮紐の結び目につながれた魂」（牧田英二訳、『風馬の輝き』所収、JICC出版局／原題「西蔵、繋在皮繩結上的魂」）などがある。

21▼
残雪（一九五三～）小説家（女性）。代表作に、中篇『蒼老たる浮雲』（近藤直子訳、河出書房新社／原題「蒼老的浮雲」）などがある。

22▼
史鉄生（一九五一～）小説家。哲理的な作品に、「わたしと地壇」（千野拓政訳、『季刊中国現代小説』第三七号、蒼蒼社／原題「我与地壇」）などがある。

23▼
張愛玲（一九二〇～一九九五）小説家、翻訳家（女性）。日本占領下の上海で小説家としてデビュー、短編集『伝奇』（四四年）がベストセラーになる。五二年香港にわたり、反共小説『赤地之恋』などを発表。五五年に渡米。晩年は隠居し、孤独な死を迎えた。

24▼
金庸（一九二四～）小説家、実業家、政治家。香港の新派武侠

図11　年画「お友だち、遊びに来てね」（原題「歓迎朋友　来旅遊」）李迎寿、1984年
たくさんのオモチャに囲まれ、スーパーカーに乗って微笑む子どもたち。

だが、先に見たような大人の文化の変化を受けて、子どもたちの文化は着実に変貌した。例えば、少年少女たちが台湾の女性流行作家三毛《サンマオ》[26]の青春小説に読みふけり、金庸について議論する姿は珍しくなくなった。彼／彼女たちは世界から発信される、あるいは香港、台湾も含めて中国文化圏に生まれた、多様な現代文化と多様な価値観を何でも享受する。彼／彼女たちにとっては、プロパガンダをともなった革命賛歌の作品も、反共的だった張愛玲の作品も、同じ歴史上の名作なのだ。

しかし、そうした変化は同時に大きな問題をもたらした。長年中国の人々を呪縛し続けた一元的価値観は確かに意味を失ったが、それに代わる精神的支柱は空白のまま残されたのである。そうした事態は、改革・開放が声高に叫ばれる中で、知識人や学生を中心に、虚無感を醸成していくことになった。そして八九年、北京の街を血で染めた天安門事件が勃発する。政治的にも文化的にも自由化へ向けて突き進んで来た潮流は壁にぶち当たった。

精神的支柱を失い迷走するそうした中国社会の姿を、子どもたちが敏感に感じ取らなかったはずはない。その証拠に、天安門事件後、青少年が集う崔健のコンサートで最も拍手が多かったのは、ロック調に編曲した新民謡『南泥湾《ナンニーワン》』だった。三〇年代末期、中国共産党が、採集した民謡に革命的な内容の歌詞をつけて普及した歌である。「花かごの花が香る……南泥湾は好いところ。昔は荒れ果てて住む人もなかったけれど、今はもう違う……」かつて解放区（＝共産党統治区）の賛歌として多くの人に愛された歌が、今度は、民衆に銃を向けた解放軍と、共産党の治下にある現在の中国社会への批判を込めて若者に歌われたのだ。この曲は、一時コンサートでの演奏を禁止されることになった。

小説の第一人者。代表作に『書剣恩仇録』（五五年）などがある。（邦訳は、岡崎由美訳、徳間書店）

25▼
例えば、七〇年代末から九〇年代後半までの文工団の暮らしを淡々と描いた、賈章柯の映画「プラットフォーム」（原題「站台」、二〇〇〇年）では、中国人なら誰でも知っている各時代の音楽が背景に流れる。そこでは、流行歌とともに革命歌謡も、当時みんなが歌った懐かしい曲として紹介されている。

26▼
三毛（一九四三～一九九一）台湾の女性作家。代表作に『サハラ物語』（原題『撒哈拉的故事』）などがある。

4 天安門事件の後で

八〇年代、中国社会が大きく変化する中で、文芸講話の呪縛から解放された子どもたちは、九〇年代にはいってさらに遠くまで運ばれてゆく。それを可能にしたのは、中国社会の驚異的な高度成長と、それにともなう人々の意識の変化だった。

天安門事件以降、中国社会の政治的な閉塞感は強まったといってよい。だが、それと時を同じくして、経済政策に力が注がれ始める。特に九二年、鄧小平《ドン・シャオピン》が社会主義市場経済を前面に打ち出してからは、市場原理が市民の日常生活の隅々にまで浸透するようになり、人々の目もそちらを向くことになった。証券市場の賑わい、激しいインフレ、農村から都市に流れ込む大量の人口……。八〇年代が民主化と自由化に湧いた政治の季節だったとすれば、九〇年代は驚異的な高度成長に湧く経済の季節といって過言ではない。

例えば、九三年、アメリカで成功した女性の自伝的小説『マンハッタンの中国女性』（原題『曼哈頓的中国女性』）が評判になった。そのブームには、中国の人々が抱く一攫千金の夢と、それが国内では実現されない閉塞感が表れていた。

そうした状況の中で、文学・芸術もプロテスト的な要素が薄れ、いっそう多様化しはじめる。美術は、抽象・具象を問わず、若い作家たちの間で、等身大の日常生活を捉えた作品が増えた（図12）。映画も、さらに若い世代の監督が市井の人々を描く作品を取り始める。本物の警官の出演によって警官の日常を描いた寧瀛《ニンイン》の『スケッチ・オブ・ペキン』[27]などがその一例である。音楽も、香港・台湾や日本の楽曲の流入にともなって、ポップスからロックまで何でも揃うようになった。文学でも、作家だった父の思い出を綴る中で中国の現代史をあぶり出し

27▼ 寧瀛（一九五九年～）映画監督。『スケッチ・オブ・ペキン』（原題「民警故事」、一九九六年）はトリノ国際映画祭のグランプリを受賞した。

図 12-1　油彩「家族写真」（原題「全家福」）張暁剛、1995 年
中国では当たり前の家族写真、でもどこかが……。

図 12-2　油彩「往来」（原題「走来走去」）豊蓉、1993 年
街角から切り取ってきたような一コマ。

た、韓東《ハン・トン》[28]の短篇「小東《シャオトン》の絵本」（原題「小東的画書」）など、個人史に題材を取った作品が急増した。

批評家の陳思和《チェン・スーホー》[29]がそうした文化状況をうまく表現している。「社会全体を映し出していた大きな鏡は粉々に砕け、破片が一面に広がった。だが、その破片の一つひとつが社会の断面を映し出している」（『逼近世紀末小説選　巻三・一九九五』序言、上海文芸出版社、一九九六年）

しかし、改革・開放のかけ声の影で芸術表現が個へと分散するなか、人々の精神的空白は広がりこそすれ、解消されることはなかった。九三年、「人文精神の危機」という形で、そんな状況に警鐘を鳴らしたのが、批評家の王暁明《ワン・シャオミン》[30]である。その主張は次のようなものだ。

> 中国の社会は根本的な事柄に対する問題意識が希薄になりつつある。文学・芸術もそうした問題に対して訴えかける力を失い、知識人はそうした問題を担えなくなりつつある。
> （「曠野上的廃墟」『上海文学』一九九三年六期からの要約）

この時点での問題意識は、市場経済至上の風潮の中で、文学・芸術がしだいに周縁に追いやられつつあること、その担い手である知識人も社会への発信力を失いつつあることが中心だったと言ってよい。だが、それから六年後の「顔半分の神話」（原題「半張臉的神話」）、『上海文学』一九九九年四期）では、ますます広がる市場経済イデオロギーと、その中で変貌する少年少女の意識へと、問題が広がることになった。王暁明は言う。

> 近年、頻繁に中国のメディアに現れるキャラクターがある。庭付き一戸建てに住み、出

28▼ 韓東（一九六一〜）詩人、小説家。「小東の絵本」は飯塚容訳、『季刊中国現代小説』四〇号／原題「小東的画書」。

29▼ 陳思和（一九五四〜）復旦大学教授、現代文学研究者。著書に『中国新文学整体観』（業強出版社、一九九〇年）などがある。

30▼ 王暁明（一九五五〜）上海大学教授、現代文学研究者。著書に『刺叢里的求索』（上海遠東出版社、一九九五年）などがある。

がけには美人の奥さんにキスをし、外資会社との契約書をカバンに入れて自家用車を運転し、休日にはゴルフや音楽会に出かける。そんなイメージの「成功人士」と言われる人々である。こうしたキャラクターは、すでに中国の人々の欲望を代弁するものになっており、今では少年少女の多くが「将来は社長になって、お金を儲けたい」と夢を語る。……だが、それは「成功人士」の顔の半分でしかない。もう半分の顔――その金や権力をどうやって手にしたか、などはけっして語られない。そうした曖昧な、半分だけのイメージに少年少女が夢を託している現在の価値観は、一面的に「闘争」や「革命」を強調した過去のイデオロギーより良くなったのだろうか。

王暁明が見つめているのは、次のような中国の現実だ。

九〇年代に入ってから、中国の大都市部では「新富人」と呼ばれる富裕層が出現し、人口の一％にも満たない彼らが、全人口の総収入の五〇％に相当する富を独占している。政府の高官と結びつくことによってその利益を手にした彼らは、政治と連携しなければ権益を維持することができなくなっている。

中国の友人に聞いた上海在住のW氏を、一例として挙げよう。三〇歳を越えたばかりのW氏は、すでに数億元の個人資産を持っている。彼の父親はある国営銀行の副頭取だ。香港の金融会社が上海に開設された証券市場への参入を申し入れた時、父親の副頭取は、自分の国営銀行が金融会社の上海市場における保証人を引き受ける代わりに、息子をその会社の上海総代理人にすることを要求した。W氏はその国営銀行と関係がないにもかかわらず、銀行の幹部の肩書きが入った名刺を使うことを許されている。彼の資産は、金融会社での儲けを元手に、名刺の肩書きを利用して金融界で稼ぎ出したものだ。

こうした階層の下には「新富人」を夢見て働く、「白領《バイリン》」（＝ホワイトカラー）あるいは「中産《チョンチャン》」と呼ばれる高収入のサラリーマンたちがいる。またその下には、市場原理が徹底される中、合理化でリストラされることにおびえているおおぜいの労働者たちがいる。そして一方では、貧しい農村から大量の人々が都市へ流れ込み、都市の戸籍を持たないため、社会保障も十分に受けられないまま、底辺で「民工」として働いている。その数は、上海だけで市部一千万の人口のうち二百万人を越えるという。

経済的な衰退が顕著な地方都市や、経済発展から取り残された農村部の人々の暮らしが逼迫していることは言うまでもない。彼ら庶民の望みは以前より少しでも高い収入と、それがもたらすそれなりに安定した生活、いわゆる「小康《シャオカン》」の状態にほかならない。そして、そんな人々の期待を呑み込みながら、貧富の差はますます拡大していく。

社会主義市場経済を標榜し、経済発展に重点をおく中国政府の政策は、こうした現状を固定化し、助長している。というより、政府自身が企業家たちと連携を進めるなかで利益を手にしているのだ。貧しい人々にも平等な富の分配を目指した社会主義は、いつの間にか公然と富の分配の不平等を行うようになり、それが拡大することを容認するにいたった。[31▼]そして、過去の一元的価値観の呪縛を批判した知識人・文化人たちも、改革・開放を擁護する言説を流布することで、結果的にそれを支えている。

十二億人がこぞって経済発展に血眼になるなか、中国社会は加速度的に消費文化に傾斜するようになった。王暁明の言う「成功人士」は、そうした社会の風潮の中で少年少女の憧れになっていったのだ。

こうした少年少女たちの夢の意味を考えるために、一つの小説を紹介しよう。女性作家の

31▼例えば、中国共産党は「先進的社会生産力の発展の要求」「先進文化の前進の方向」「最も広範な人民の根本的利益」を代表すべきだ、という江沢民の講話（「論三箇代表」、二〇〇〇年）が、共産党の変質を如実に物語っている。中国共産党はすでに「貧しい」「遅れた」「無産階級」の人々を代表する党ではないのだ。

茹志鵑《ルー・ジーチュアン》[32]が、農村の女の子を描いた一九六一年作の短篇「阿舒《アシュー》」（『人民文学』一九六一年六期）である。

ある農村の生産小隊を尋ねた「わたし」は阿舒という十七歳の少女と出会う。学校に上がるのが遅れてまだ小学六年生だが、働き者で性格が明るく、村の人気者である。

阿舒の楽しみは、頑張って働いた褒美に自転車を買ってもらうこと。「わたし」のところへお話を聞きに来るのも好きだが、建国前の農民の暮らしや闘争などの暗い話は嫌いで、「もっと面白いのがいい」と言う。いなくなったアヒルの群を探すよう言いつけられても、たらいに乗っておやつの菱の実をとりながら探すなど、仕事も遊び感覚だ。いわば「新人類」である。そんな阿舒に、母親はいつも「世間知らずの苦労知らず」と愚痴をこぼしている。

ある日、党員・団員・積極分子大会に参加した阿舒は、頑張って働いたけれど、自分の村の生産が目標に達していないこと、ほかにもっと生産の多い村がたくさんあることを知る。「わしら自身穀物を作る人間なのに、今わしらが食ってる穀物はよそから運んできたものだ……」という老支部書記の言葉、そして「龍のように生きる人間もおれば、虫けらのように生きる人間もおるということだ」という村のお爺さんの言葉が胸にひびいた。

村に戻った阿舒は、ある日「分かった、分かった。お爺さんが言った龍ってどういうことか分かった」とうなずき、次の日から村の子どもたちと自主的に堆肥を作り始める。大人たちもやって来て、子どもたちの作業を手伝い始め、村は活気に満ちあふれた。物語はこう締めくくられる。

「この新たな日に……どれほどの麦が大地に播かれることだろう。生活は続き、競争が続く。誰がより有意義な、より価値のある生活を送るか。競争者の中には、男も女も、老人も青年もいれば、十七歳の若者も大勢いる。若者の中に、その名を阿舒という一人がいる」。

32▼茹志鵑（一九二五～一九九八）小説家（女性）。「阿舒」は松井博光訳、『現代中国文学選集一一 茹志鵑』所収、徳間書店／原題おなじ。

なんと天真爛漫な物語だろう。日々の勤勉な労働が幸福を運び、社会主義には明るい未来が開けている……。夢が語られるという意味では、「阿舒」も、幸せそうに微笑んで毛沢東を祝福する子どもたちの絵と変わりはない。そして、その夢は確かに欺瞞でしかなかった。大人になった阿舒が見た世界は、きっと一七歳の時とまったく違っていたはずだ。今日、その欺瞞性はもはや十分に暴かれている。

だが、阿舒という少女の生き生きとして魅力的な姿はどうだろう。その後の歴史を見れば、確かに阿舒は裏切られる運命にあったかもしれない。だが当時、希望に満ち、溌剌として生きる十七歳の少女を、リアリティを持って描けたこともまた確かなのだ。それと比べるとき、今日の少年少女が憧れる「成功人士」は、希望と呼べるものなのだろうか。「成功人士」という夢は欺瞞ではないのだろうか。そもそも今日の社会に、欺瞞でない希望があるのだろうか。

改革・開放に邁進した結果、中国はかつての教条的なイデオロギーの呪縛から解放され、生活水準も向上した。しかしその代償として、理想や希望を見つけづらい巨大な鵺《ぬえ》のような社会になってしまったのかもしれない。今日の少年少女の心を去来するものに思いを巡らすとき、王暁明の投げかけた問題は重いと言わざるを得ない。

5　グローバル化の中の子どもたち

ここで少しクイズをやってみたい。①「名偵探柯南」②「新世紀福音戦士」③「逮捕令」④「灌籃高手」⑤「心跳回憶」⑥「侍魂」。これらの中国語が何かお分かりになるだろうか。

種明かしをすれば、①「名探偵コナン」②「新世紀エヴァンゲリオン」③「逮捕しちゃうぞ」④「スラムダンク」⑤「ときめきメモリアル」⑥「侍スピリッツ」である。最初の二つはアニメ、次の二つはマンガ、最後の二つはテレビゲーム。いずれも現在日本で流行っている、あるいはつい最近まで流行っていたものだ。中国の中高生の間では、今、これらが絶大な人気を博している。欧米で日本のマンガやアニメに人気が集まっているのは周知のことだが、状況はアジアでも変わらない。面白いことに、少年少女向けの雑誌に掲載されている中国の漫画家の作品も、日本のものとそっくりだ（図13）。今ではこうしたいわゆるストーリーマンガも「新漫画《シンマンホア》」と呼ばれるようになり、少年少女の間にすっかり定着している。ひょっとすると、世界に向けて発信された日本を代表する文化は、カラオケとこれらマンガ・アニメ・テレビゲームなのかもしれない。

だが、海外物のブームが起きているのはアニメやマンガ、テレビゲームだけではない。大都市に限れば、中国の少年少女たちの生活には、世界中のありとあらゆるものが入り込んでいる。上海の目抜き通りには、キャミソールに厚底サンダルで歩く少女が珍しくない。若者の食生活には「麦当労」（マクドナルド）や「肯徳基」（ケンタッキー・フライドチキン）が欠かせないし、彼／彼女らがウォークマンで聞くヒット曲には、台湾や香港のアイドル歌手とともに日本の宇多田ヒカルが入っている。しかも、こうした流行は、映画の「スターウォーズ・エピソード1」が日本と同年の公開だったように、もうほとんど海外と時差がないのが特徴だ。

一九七九年から実施された一人っ子政策が、そうした状況にさらに拍車をかけていることも忘れてはならない。親はたった一人の子に大きな期待をかけ、経済的に生じた余裕を子どもにつぎ込む。早期英才教育が流行し、子どもには何でも買い与えられる。今や大都市の中流家庭なら、思春期に達した子どもたちは、コンピュータ、ビデオ、テレビゲーム、VCD、ウォークマンなど何でも持っている。子どもたちを指して「小皇帝《シャオホアンディー》」と呼ぶことが、彼らの置か

図13 「メルヘンの夜」（原題「童話的夜晚」）『同齢鳥』2000年4月号
中国の少年少女雑誌の漫画。日本の漫画とそっくり!?

れた位置を物語っている。

中国では、上記のような流行現象をグローバリゼーションの一環として捉える風潮が強い。欧米文化の波が不可避的に中国へ押し寄せている、というわけである。だから、世界の「画一化」を促進する、「世界標準」の波が中国の「本土」文化に何をもたらすのか、それは良いことなのか悪いことなのか、という議論が盛んに行われる。

こうした見方の根底にあるのは、ウォーラーステイン[33]の世界システム論である。近代世界の経済システムは、一五、六世紀にヨーロッパで誕生した単一のシステムで、それが拡大して、世界に「中心」「半辺境」「辺境」の各地域を構成していったというとらえ方だ。これに従えば、四〇〇年来拡大を続けアジアに到達した近代世界システムの一環として、欧米の文化がいま辺境の中国に入り込んできつつあるということになる。つまり、「西欧文化（＝近代世界システム）」対「中国文化」という二項対立の構図である。

だが、そうした見方は、現在の中国の子どもたちを取り巻く文化状況を考えるとき、あまり有効ではないような気がする。むしろ、同じ世界システム論でも、アンドレ・グンダー・フランク[34]がもっと魅力的な世界像を提供している。（『リオリエント』山下範久訳、藤原書店、二〇〇〇年）フランクによれば、世界を結ぶグローバルな交流の体系は古くからあって、およそ五〇〇年周期で変動しているという。一八世紀末までの五〇〇年間、その中心的な地域はアジア、特に中国だった。その間、ヨーロッパの人々は、アフリカの人々を奴隷としてアメリカ大陸へ運び、彼らの労働で採掘した銀をアジアに運ぶことで、かろうじて中国やインドの製品を買うことができた。ヨーロッパの文化・文明がアジアへ一方的に流れ始めたのは、たかだかこの二〇〇年のことに過ぎない。

こうしたとらえ方をすれば、現在海外から中国に入り込んでいる文化は、世界標準でもなけ

33 イマニュエル・ウォーラーステイン（一九三〇年〜）歴史学者。社会学者。
34 アンドレ・グンダー・フランク（一九二九年〜）歴史学者。社会学者。アムステルダム大学名誉教授。

れば、世界システムが拡大した結果として西欧から否応なく一方的に押し寄せてくる波でもない。むしろ、そうした文化的接触は、昔から存在するグローバルな交流の一環だということになるだろう。それが、たまたま最近二〇〇〇年の、ベクトルが西欧からアジアへと向いた周期にある世界システムの中で生じているのだ。そう考えたとき、現在の中国で起きている異文化との交流は、はじめて相対化されて見えてくるはずだ。

もちろん、現在中国で起こりつつある文化現象が、冷戦終結後の、人・物・金・情報が大量かつ高速に世界を移動する状況の中で起きているという側面を、無視してはならない。その点で参考になるのは、ジョン・トムリンソン[35]が、グローバリゼーションの特徴として挙げる「複合的結合性[36]」「脱領土化・再領土化[37]」「雑種性[38]」などの概念だろう。(『グローバリゼーション』片岡信訳、青土社、二〇〇〇年)

これらは、先進国への出稼ぎに見られるような、国境を越える大量の人口移動を考えてみるとはっきりする。送り出す側の人々と、受け入れる側の人々の接触は、遠く離れた地域の問題を自分の問題と重ねて考えざるを得ない状況を招来する。アフガニスタンの人が近所に来れば、同時多発テロや、アルカイダや、アメリカの空爆や、NGOのことなどを、否応なく身近な問題として想起させられるだろう。これが「複合的結合性」である。

また、移動する人々は、自分たちの文化を捨てる部分もあれば、持って移動する部分もある。例えば、近所に越してきたアラブ人は、われわれと同じようにスーパーで買い物をし、携帯電話でEメールをやりとりするだろう。だが、その反面、アラブ人が増えれば、隣にモスクが出現するかもしれない。総じていえば、ハイカルチャーは地域的な特色が比較的払拭されやすいが、ローカルチャーは人とともに移動する傾向が強い。日本に来た中国人はやはり中国料理を食べたがるし、タイから来た人はタイ料理を食べたがる。だから、多くの外国人が居住す

35▼
ジョン・トムリンソン(一九四九年〜)批評理論研究者。ノッチンガム・トレント大学国際コミュニケーション文化センター長。

36▼
ジョン・トムリンソン『グローバリゼーション』によれば、「複合的結合性」とは、どんなローカルな出来事も世界と結びついていると考えざるを得ないこと、を言う。

37▼
トムリンソン前掲書によれば、「脱領土化・再領土化」とは、どんな出来事にもローカルなコンテクストからはみ出している部分とローカルなコンテクストに再帰する部分があること、を言う。

38▼
トムリンソン前掲書によれば、「雑種性」とは、どんな物事も文化の混じり合った状態で存在すること、を言う。

る東京では、世界中の食材や調味料が手に入る。これが「脱領土化」と「再領土化」である。

ところで、国境を越えて移動した人々も、彼らを受け入れた人々も、互いに影響しあって、それぞれの文化はしだいに変化していくだろう。だがそれは、それぞれの文化を、画一化する方向へではなく、特徴を残しつつ「混成化」する方向へと導くはずだ。その証拠に、マクドナルドやコカコーラは世界中に進出しているが、それぞれの国・地域でメニューも違えば、飲食の仕方も違う。たとえばD・ハウズは次のように述べている。


コカコーラを含めた輸入品の中で、それぞれの風土に合わせて改変されることを完全に免れたものは一つもない。実際、コークなどは、製造元が想像するのとは違った、それぞれの個別な文化の中だけで通用する意味や用法を、しばしば与えられる。……たとえばカリブ海の国々ではラム酒と混ぜ合わせることで「キューバ・リブレ」が作られ、ボリビアではグワルディエンテと混ぜ合わせることで「ポンチェ・ネグロ」が作られる。(トムリンソン前掲書より引用)

これが「雑種性」である。

中国にいながら、日本のマンガやアニメやゲームを享受し、ハリウッドの映画を楽しむ中国の少年少女が、日本やアメリカに詳しい構図は「複合的結合性」に当たるだろう。そして、キャミソールに身を包み、マクドナルドやケンタッキー・フライドチキンを食べ、宇多田ヒカルを聞く中国の子どもたちが、やはりどこか日本の少年少女と違うのは、「脱領土化」と「再領土化」のなせる技だろう。そう考えれば、今日の少年少女たちが国境を越えて同じ文化を共有するのは、けっして忌避すべきことではない。これもまた「雑種性」が発揮され、混成化した新しい子どもの文化が生まれてゆく過程であることを期待させるからだ。

高校生の娘を持つ王暁明氏の夫人が「わたしが子どもの頃には、反発もしたけれど、親から勧められていろいろなものを読んだりした。でも、今のこの子たちには自分たちの世界があって、勝手にやってるんです」と語った言葉が印象に残っている。どうやら、先に見たような文化現象の中で、大人の文化を教える道具としての子ども文化、というこれまでの観念が、現在の中国の子どもたちには当てはまらなくなりつつあるらしい。上海で会った二九歳の女性作家衛慧[39]も、以前の大人と違って、日本のマンガが好きでよく読むと言っていた。

6 海を越える難題《アポリア》

グローバリゼーションの時代に生じる現象には、希望的側面もある反面、負の側面も少なくない。エイズなどの病気や犯罪が国境を越えることもその一つだろう。また、一小集団であるヘッジファンドが、自分たちの利益のためにタイの貨幣を暴落させ、一国の経済を混乱させた事件もそうだろう。本来、食糧は地球規模の分業体制を取って、より生産性が高く、生産量が多い地域から、不足している地域へ供給することが望ましいが、それを自国の利益のために外交戦略の武器として使うアメリカの国策もそうだろう。こうした行為は、均衡を保っているはずの世界システムを破壊する可能性をはらんでいる。

だが、文化的に見た場合、より重要なのは、社会の病理や子どもの心にのしかかる難題が、国境や地域を越えて共有されるという事態が生じていることだ。

一例を挙げよう。二〇〇〇年以来、中国では小・中・高校生の学業における「減負《チエンフー》」（負担軽減）が大きな話題になっている。ことの発端は二〇〇〇年一月に浙江省で相前後して起きた

39▼
衛慧（一九七二〜）小説家（女性）。二〇〇〇年、一部で発売禁止になった長篇『上海宝貝』（邦訳『上海ベイビー』桑島道夫訳、文春文庫）がベストセラーになった。

二つの少年犯罪だった。高校二年生の少年が、勉強して成績を上げるよう度重なる説教を受けたことを苦にして、母親を木槌で撲殺した事件と、二人の高校生が金を要求して同級生を刺し殺した事件である。これを受けて、同年二月一日、江沢民《チアン・ツァーミン》主席が「教育問題に関する談話」を発表し、生徒に対する法制教育・思想教育の強化と、学業の負担軽減を提案したことで、全国的な議論を呼ぶことになった。

あるいは七〇年代生まれの女性作家周潔茹《チョウ・チエルー》[40]が「飛び降りる」（原題「跳楼」『収穫』一九九九年六期）という短篇小説でこんな事件を紹介している。

主人公は莫小星《モー・シャオシン》という十三歳の少女。何でも親から与えられ、コンピュータまで持っているが、何事にも淡い関心しか持てずにいる子だ。ある日、先生の話にも上の空の莫小星は、授業中に大きな声で独りごとを言って教師から教室を出るよう注意される。そして、些細なことでさらに続けて怒られた時、莫小星は頭が真っ白になって窓から急に飛び降りてしまう。

小説の末尾には注釈が付けられ、事件に関する新聞・雑誌の報道が紹介されて「この物語はすべて虚構で、事実と一致する点があるとしても、それは偶然である」と注記されている。中国の友人の話によれば、どうやら実在の事件を元に描かれているらしい。

こうした事件は、日本で繰り返し起こっている、子どもが金属バットで親を撲殺する事件や、近年声高に叫ばれている学級崩壊を想起させる。社会背景も環境も違う日本と中国で、同じような事件が時を同じくして起こっているのだ。そして、テレビや新聞の報道によれば、アメリカやイギリスでも同様の少年少女の犯罪が起きている。「十七歳の心の闇」が問題になっているのは、日本だけではない。

こうした少年犯罪にせよ、先に見た少年少女の間の流行にせよ、現象は似ていても、その奥には日本と中国でずいぶん違う点があるはずだ。しかし、国境を越えて子どもたちが文化を共

40▼周潔茹（一九七六〜）小説家（女性）。作品に長篇『小妖的網』などがある。

有する状況が生まれつつあることは否めない事実である。だとすれば、いま日本や中国の子どもたちが抱える問題の根っこには、そうした類似の問題を発生させるような共通の文化システムが存在しているのかもしれない。

フランクの世界システム論は、こうした問題にも一つの示唆を与えてくれる。それは、グローバルな世界システムが昔からあり、その中心となる地域が周期的に変動するとすれば、その変動とともに、人の価値観や世界の認識の枠組みを形作る文化システムも大きく変化するのではないか、という推論である。つまり、一九世紀の初めにそれまで世界で最も富裕な地域だったアジアが衰退し、ヨーロッパが勃興したとすれば、その変動の結果もたらされたのが、一九世紀以降のいわゆる近代文化なのではないか、ということだ。そう考えれば、近代文化が欧米的な色彩を強く持っているのは当然なのだ。

こうした推論を押し進めれば、世界システムの中心がヨーロッパからアメリカへ移動した今世紀の初頭にも、文化システムの変化があったことになる。ベンヤミン[41]が「複製技術時代の芸術作品」と呼んだ二〇世紀の多様なモダニズム文化や大衆文化がそれに当たるだろう。そしてさらに言うならば、総力戦体制[42]・冷戦の時代を経て、グローバル化と情報化の時代を迎えた今、世界システムは再び変動期に入り、文化システムも再度大きく転換しようとしているのかもしれない。もしそうだとすれば、価値観の枠組みが揺れ動く時期に自己形成をしなければならない現代の子どもたちは、たいへんな負担を背負っていると言えるだろう。

そう考えれば、国や地域を越えて共通する文化システムが今日の世界にほんとうに存在するのかどうか。もし存在するとすれば、どんな起源を持ち、どんな構造をして、どんな機能を発揮し、われわれや子どもたちにどんな影響をもたらしてきたのか。それらを明らかにすることは、きわめて重要である。また、それは、国境を越えて考えることができる今こそ、取り組む

41▼
ヴァルター・ベンヤミン（一八九二〜一九四〇）ドイツの思想家、批評家。評論「複製技術時代の芸術作品」において、現代芸術の特徴が、コピー可能な点、すなわちそれまでのオリジナルな作品が持っていた「アウラ」（一回性、固有性の輝き）を喪失したことにあると主張した。

42▼
山之内靖は、旧ソ連のような社会主義国家も、ナチスドイツのようなファシズム国家も、自由主義の盟主を標榜するアメリカも、過激な国民的統合を強力に押し進めるために、神話的位置に押し上げられたイデオロギーを必要としたと言い、そうした時代を「総力戦体制」の時代と呼んでいる。

べき問題であるはずだ。

最後に一つ述べておかねばならないことがある。本稿で触れてきたのは、主に中国の都市部それも大都市に住む子どもたちである。だが、農村や辺境にはその何倍もの子どもたちが暮らしている。その中には、多様な現代文化に接することはおろか、義務教育になった小中学校へ通うこともできない子がたくさんいる。

そうした貧しい子どもたちの状況も、ここ数年、徐々に変化しつつある。例えば、八九年に「救助貧困地区失学少年基金」が設立され、「希望工程」と呼ばれる救済プロジェクトが始まっている。主な活動内容は、国内外から募った寄付による、貧困家庭の子どもたちへの援助金・奨学金の支給や、貧困地区での小学校の建設などである。九九年のヴェネチア映画祭金獅子賞を受賞した張芸謀監督の映画『あの子を探して』(原題『一個都不能少』)は、そのような貧しい山間の小学校を描いたものだ。九二年には、中途退学した女子生徒を復学させる「春蕾計画」というプロジェクトも始まっている。九四年の統計によれば、こうしたプロジェクトを通じて百万人を越える子どもたちが復学したと伝えられる。しかし、それはまだ貧しい子どもたちのほんの一部に過ぎない。

残念ながら、農村や辺境の子どもたちについて、わたしはこれ以上語る能力を持たない。ただ、そうした子どもたちを思い、迷走する中国を考えるにつけ、胸が痛む。そして、魯迅が「狂人日記」の最後で叫んだ言葉が、八〇年後の今も意味を失っていないことを痛感せざるを得ない。

「せめて子どもを、子どもを救え!」

［参考文献］

中文

阿英「従清末到解放的連環図画」『阿英文集』所収、三聯書店、一九五七年。

畢克官、黄遠林『中国漫画史話』文化芸術出版社、一九八六年。

『玩呀玩』、天津人民出版社、一九七九年。

劉心武「班主任」『人民文学』一九七七年一一期。

劉賓雁「人妖之間」『人民文学』一九七九年九期。

周励『曼哈頓的中国女性』北京出版社、一九九二年。

陳思和『逼近世紀末小説選　巻三・一九九五』上海文芸出版社、一九九六年。

王暁明「曠野上的廃墟」『上海文学』一九九三年六期。

王暁明「半張臉的神話」、『上海文学』一九九九年四期。

茹志鵑「阿舒」『人民文学』一九六一年六期。

周潔茹「跳楼」『収穫』一九九九年六期。

日文

フィリップ・アリエス『〈子ども〉の誕生』杉山光信ほか訳、みすず書房、一九八〇年。

イマニュエル・ウォーラーステイン『近代世界システムI・II』川北稔訳、岩波書店、一九八一年。

アンドレ・グンダー・フランク『リオリエント』山下範久訳、藤原書店、二〇〇〇年。

ジョン・トムリンソン『グローバリゼーション』片岡信訳、青土社、二〇〇〇年。

武田雅哉『新千年図像晩会』作品社、二〇〇一年。

牧陽一、松浦恒雄、川田進『中国のプロパガンダ芸術』岩波書店、二〇〇〇年。

山之内靖『日本の社会科学とヴェーバー体験』筑摩書房、一九九九年。


（付記）本稿は、すでに発表した「中国の現代文化と子どもたち」（『日中児童文化二〇〇〇』日中児童美術文化交流センター、二〇〇〇年一〇月）を大幅に加筆したものであることをお断りしておきます。

Ⅱ

交差点

Cross Road

パリに病んで夢は故郷を駆けめぐる

リチャード・ライトのHAIKUとミシシッピの原風景

茅野佳子

1 遠い日の記憶が蘇る瞬間《とき》——晩年のリチャード・ライト

A balmy spring wind
Reminding me of something
I cannot recall.
(さわやかな春風に／蘇りそうになる／思い出せない何かが)
(春風が思い起こせと我を呼ぶ)[1]

小説『アメリカの息子』(*Native Son* 一九四〇)や自伝『ブラック・ボーイ』(*Black Boy* 一九四四)の著者で、黒人抗議文学の旗手と呼ばれたアフリカ系アメリカ人作家リチャード・ライト(Richard Wright 一九〇八～一九六〇)は、晩年にパリで四〇〇〇ものHAIKU(英語による俳句形式の詩)を創作していた。[2] それは、亡くなる前年の夏に突然発病したアメーバ

1▼ 以下、本文中のライトのHAIKUは『HAIKU——このもうひとつの世界』からの引用で、筆者(茅野)訳を付した。英語と日本語の音節数の違いにより、五・七・五音節になるように訳すと語を省かざるを得ないので、直訳に近い大意と俳句形式に訳したものを両方載せた。なお、その他の英文書からの引用も、すべて筆者訳による。

2▼ 俳句の形式をまねて英語で書かれた詩の中には、五・七・五の音節や季語を取り入れているものも多いが、日本語の俳句とは異なるため、区別してHAIKU

赤痢に苦しみながら、闘病生活の中で書いたものだった。『海を越えた俳句』の著者佐藤和夫が指摘するように、主に散文を書いてきた反体制の黒人作家とHAIKUの取り合わせには意外性があり、ライトの死後二四編が文芸誌等に掲載されて話題になった。[3▼] 春風、秋の日没、雪などの自然現象や日常目にする動物や昆虫をテーマにしたもの、アパートのみすぼらしいカーテン、病人が枕に残した窪み、黒人の少年をテーマにしたものなど、中にはユーモアにあふれほのぼのとしたものもあるが、全体的に物悲しく暗い雰囲気のものが多い。明らかに幼少年期を過ごしたミシシッピの自然を詠んだとわかるものは、含まれていない。批評家の中には、ライトの詩的感性は子どもの頃の経験に深く根ざしていると思われるが、社会的関心や人間中心の姿勢を、自然に対する反応から切り離せずにHAIKUに詠み込んでしまっていると指摘する者もいた。しかし、出版された二四のHAIKUがライトの書いた四〇〇〇のHAIKUを代表するものだったわけではないようだ。

ライト自身が生前に出版を目指して選んでいたという八一七編のHAIKUが、一九九八年に『HAIKU――このもうひとつの世界』（*HAIKU: This Other World*）というタイトルで出版されるまで、伝記作家やライトの家族を除く一般読者は、未発表のHAIKUを目にする機会はほとんどなかった。この本に集められたHAIKUを読むと、圧倒的に自然を詠んだものが多く、中でも故郷ミシシッピの自然が、小さな生き物や植物、風景などを通して穏やかに描かれているのが印象的で、闘争的な姿勢を貫いたライトという作家のもうひとつの面が浮き彫りになって見えてくるようである。

ミシシッピの小作農の長男として生まれ、幼い時期に厳しい飢えと人種差別を経験したライトは、作家としての名声を手に入れた四〇年代に、田舎の風景は悲惨な過去を思い出すから嫌いであると日記に書き残している。しかし、一七歳で故郷を出て以来、仕事のために一度もど

またはハイクと表記するのが慣例となっている。本書では、引用以外はHAIKUに統一した。

3▼ 一九七〇年に*Studies in Black Literature*という学術誌がライトの死後一〇年を記念し特集号を出し、その中で一四のHAIKUを紹介しており、また七八年に出版された*Richard Wright Reader*は、さらに九編を加えて合計二三のHAIKUを載せている。これに六八年に出版されたコンスタンス・ウェッブの伝記の中で紹介されたHAIKUを合わせると、全部で二四になる。

った以外には訪ねることのなかったミシシッピの自然を、ライトは闘病生活の中で穏やかに思い出し、ときにはユーモアさえ交えて描いているのである。この詩集の序文でライトの長女ジュリアは、当時父が病いに苦しみながら、この小さな詩を作ることが解毒剤であるかのように、パリの病院やアパートの一室でいつもHAIKUの文字の音節を数えていたことを回想している。また、ライト自身が友人への手紙の中で、この膨大な数のHAIKUは病いの中から生まれたものであり、痛みのために神経過敏になっている自分の中のはけ口のないエネルギーを、この小さな詩が鎮めてくれたのだということを書いている。

短い期間に独習し夢中で書いたHAIKUの出来栄えについては、ライト自身も確信できなかったようで、批評家の評価も分かれるが、数カ月間で四〇〇〇ものHAIKUを書いたことは驚異的なことである。詩作に没頭することがライトにある種の癒しや鎮静効果、そして病いと戦う力をもたらしていたことは否めないであろう。また、この時期ライトは様々な困難に直面していた。親しかった叔母や友人の死に続き、長い間会っていなかった老いた母の死を知らされ、経済的な問題も抱えていた。申請していたビザが発行されず、娘の教育のためにイギリスに渡った妻子と離れひとりで暮らしており——後に長女のジュリアはパリの大学に進むことを決めてもどってきたのだが——、なかなか完治しないアメーバ赤痢の症状と薬の副作用で身体は弱り切っていた。このような状況の中でアフリカ出身の友人から日本の俳句のことを聞き、貸してもらったR・H・ブライスの四冊の解説書[4]をむさぼるように読み、創作に没頭していったのである。

HAIKUの創作を通して、それまで悲惨な記憶とともにしか思い起こすことのできなかったミシシッピの原風景が、その後のさまざまな記憶とダブりながら蘇ってきたようである。ジュリア・ライトは序文の中で、「自然の中で繰り返される季節と人間の魂のもつ季節とを結ぶこ

[4] R・H・ブライス（一八九八～一九六四）とその著書『俳句』（一九四九～一九五二）に関しては、後に本文の中で詳しく解説しているので、ここでは省略する。

の詩型が、故郷南部に置き去りにされ夢の中でのみ生き続けていた、少年時代の感性と記憶を呼び起こすのを可能にしたのではないか」と語っている。晩年にライトをHAIKUの創作に駆り立てたのは、単にそのとき置かれていた状況や衝動的な創作意欲といったものだけではなかっただろう。闘争的な姿勢の影でライトが常に気にかけ表現したいと願っていた、極めてヒューマニスティックな心情と自然への強い思いが、この詩型を通して溢れ出てきたのにちがいない。HAIKUによる幼少年期の記憶の再生を出発点としてライトの生涯をあらためて振り返り、HAIKUのもつ力とその中に込められたライトの想いを探ってみたいと思う。

2　ミシシッピの自然に包まれて——ライトの幼少年期

The magnolias
Waft their misty scent skywards,
Obscuring the moon.
（マグノリアの花が／空に向けて香りを漂わせ／月を霞ませている。）
（マグノリア立ちのぼる香に月おぼろ）

ミシシッピ州の州花であるマグノリア（泰山木）は、六月頃になると次々に大輪の白い花を咲かせ、あたり一面を甘い香りで充たす。自伝『ブラック・ボーイ』（図1）の中で、八歳のリチャード少年はそんなマグノリアの花の甘い香りに「身体中をしっとり包まれるような優しさ」を感じていた。もちろんこれは大人のライトが当時を回想して書いているわけだが、生まれてから一七歳までのほとんどをミシシッピで過ごしたライトの脳裏には、長く暑い夏が訪れるたびに肉厚の白い花弁を開き、濃厚な香りを振りまいていたこの花が焼き付いていたことだろう。ライトはマグノリアに関して二〇もの HAIKU を書いており、その大部分が香りをテーマにしている。この章では、まずライトが生まれ育った環境を振り返り、幼少年期のライトがミシシッピの自然の中でどんな体験をしたのか、そしてそれがどのように自伝の中に描かれているのかを見ていきたいと思う。[5]

リチャード・ライトは、一九〇八年、ミシシッピ州南西部ナッチェズの近くの農場で、小作農の父親と元教師だった母親のもとに長男として生まれた。ライトの育った環境とその影響を理解するためには、祖父母の世代まで遡ってみる必要がある。ライトの祖父母は奴隷として生まれ育った世代であるが、父方と母方の家庭の生活環境はかなり異なっていた。ライトの父方の祖父は、広大な綿花栽培地帯であるミシシッピ河沿いのデルタ大農園の奴隷で、南北戦争終結後わずかな土地を与えられて自作農となったが、息子たちの多くは大農園で小作農になる道を選んだという。[6]ライトの父親もそのひとりであったが、収穫の大半を地主に払わなければならない小作農の暮らしは過酷なものだった。

一方、母方の祖父はやはり大農園に奴隷として生まれるが、南北戦争中に北軍のもとで戦うため北部イリノイ州に逃れ、兵役に就いた後名誉ある除隊をし、再建期には国民軍に属し活躍したそうである。その後登録時のミスから退役軍人としての年金をもらえず、仕事を転々として家族を養わなければならなかった。その妻となった母方の祖母マーガレットは、アイルランド系とスコットランド系の血を引き外見はほとんど白人と変わらなかったため、奴隷だった時にも畑での過酷な労働を免除され、家の中の仕事を請け負っていた。南北戦争後は、産婆の仕事をしていたことから白人医師のアシスタントを勤めるようになり、黒人コミュニティーの中でも強い影響力をもつ信仰心の強い女性だったそうである。祖母の肌が白かったために、ライ

5▼ ライトの生涯に関しては、二冊の伝記（ミッシェル・ファブレの『リチャード・ライトの未完の探究』とヘイゼル・ラウリーの『リチャード・ライト――その生涯と時代』）を参考にした。詳細は参考文献の欄に記載。

6▼ ファブレの伝記によると父方の祖父はわずかな土地を所有したということになっているが、ラウリーの伝記では祖父も小作農（sharecropper）であったとあり、記述が異なっている。わずかな土地は所有していたがそれだけでは生計が立てられずさらに土地を借りていたか、あるいは道具や肥料などを借りなければならず小作料を払っていたものと思われる。

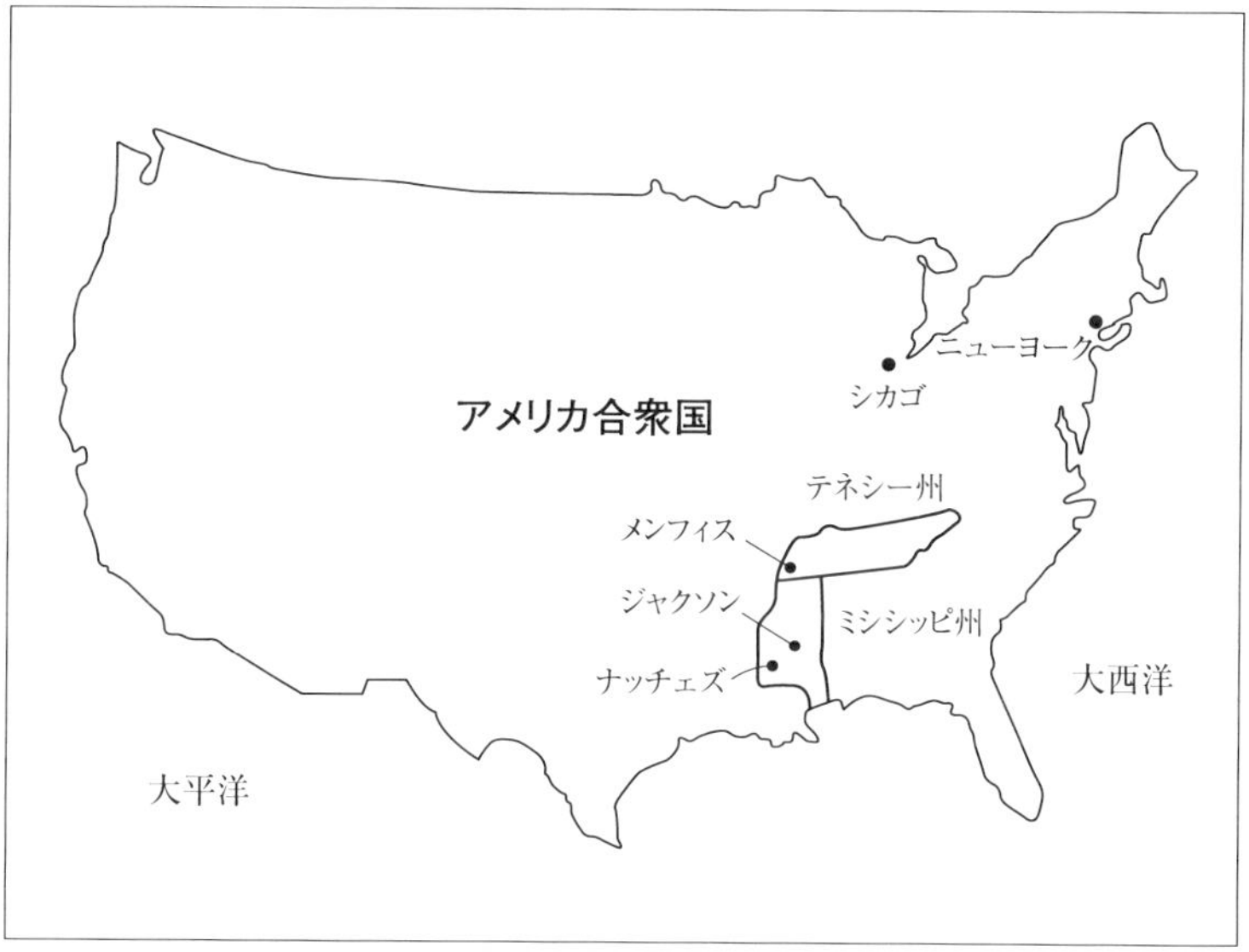

リチャード・ライド略年表

1908年　ミシシッピ州ナッチェズ付近の農場に生まれる。
（以後住まいを転々と移すが、1925年までの大半を同州ジャクソンで過ごす）
1925年　北部で作家になることを目指し、テネシー州メンフィスに移る。
1927年　イリノイ州シカゴに移り、左翼芸術団体の活動に参加。
1937年　ニューヨークに移り、本格的に作家活動を始める。
1941年　ルポルタージュ『1,200万人の黒人の声』を出版。
1944年　自伝『ブラック・ボーイ』を出版。
1947年　パリに移住。
1959年　8月から翌年2月にかけて、4000あまりのHAIKUを創作。
1960年　11月26日パリの病院にて死亡。
1998年　『HAIKU――このもうひとつの世界』が出版される。

トが小さい頃白人と黒人の違いをどうしても理解できず、母を質問攻めにして困らせたことが自伝に書かれている。その娘エラは、ライトの父親ネイサンと出会ったときには教師をしており、知性と勇気をもち、慎重で忍耐強く、秩序を大切にする女性だったという。エラの家族は黒人社会の中でも中流階級に属しており、小作農のネイサンとの結婚には反対であった。

ライトの父母の世代は奴隷制度廃止後に自由民として生まれているが、白人と黒人の生活をあらゆる面で厳しく切り離し差別する、ジム・クロウと呼ばれる分離政策の時代を生きることになり、この政策はリチャードの時代にも続いた。[7]リチャードが生まれ、二年後に弟が生まれるとエラは子どもを連れてナッチェズの両親のもとに里帰りし、そこで暮らすようになった。やがて父親のネイサンも農場の仕事を辞め、材木工場の仕事を見つけ妻子といっしょにナッチェズに住むようになる。ミッシェル・ファブレは伝記の中で、ナッチェズの祖父母の家に暮らし、後に経験することになる厳しい飢えや貧困を味わうこともなく、家のまわりの美しく豊かな自然を身体中に感じながら過ごしたこの幼少年期が、ライトの感受性や想像力を育んだにちがいないと指摘している。

『ブラック・ボーイ』は、この母方の祖父母の家で暮らしていた四歳のときの大事件で始まっている。[8]祖母が病気で寝ているため部屋で静かにしていることを母から命じられたリチャードは、禁じられていたカーテンを開け外を眺めているうちに、鳥が一羽窓の前を通り過ぎて行ったのがうれしくて思わず大きな歓声をあげてしまう。母に厳しく叱られるが、その後暖炉の火に箒の藁を少しずつ投げ入れる遊びを始め、その遊びが高じて家の半分が焼失するほどの大火事を起こしてしまう。母親に木の枝の鞭で気を失うまで折檻されたリチャードは、高熱を出し悪夢にうなされ生死の間を彷徨うことになる。折檻を受けた直接の原因は火遊びであったが、厳しい人種分離政策を実施していた南部では社会の決まりを守らなければ命に関わるた

7▼ 一八九六年に最高裁が「分離すれども平等」という人種分離政策は合憲であるという判決を下し、あらゆる公共の施設が分離され、黒人差別が定着することになった。この分離法が、ミンストレル・ショー（白人が顔を黒く塗って黒人のふりをしてうたうショー）でうたわれた歌の名をとって、ジム・クロウ法と呼ばれるようになった。例えば、黒人専用車は「ジム・クロウ・カー」、黒人差別一般は「ジム・クロウイズム」と呼ばれていた。

8▼ 自伝『ブラック・ボーイ』の中に描かれている子ども時代のライトに言及する時には、作家としてのライトと区別してリチャードというファーストネームを使う。

め、リチャードが言いつけを守らなかったり悪さをしたときに母親が容赦なく折檻するシーンが、自伝の中に何度か登場する。

ようやく折檻のショックから回復した直後に、ミシシッピの自然の中で驚きと喜びに満ちた経験をするリチャードの生き生きとした様子が、二ページにわたり短い文の繰り返しによって鮮やかに描かれている。「初めて黒白まだらの大きなつがいの馬が埃っぽい道を駆けて行くのを見たときには、驚嘆の念で一杯になった」、「畑で陽射しを浴びた赤や緑の野菜の列が地平線のかなたまで続いているのを見たときはうれしくてたまらなかった」、「ナッチェズの緑におおわれた崖の上からミシシッピ河のゆったりとした流れを見ると、無限というのはこういうことなんだろうと感じた」、といった描写が続く。ファブレは、すでに俳句のように簡潔で絵画的な自然描写がここに見られることを指摘している。ミシシッピの自然の中での体験を描いた二ページはその前後のシーンとは対照的で、厳しい人種差別社会に生まれながらまだ黒人と白人の区別さえも知らなかった少年ののびのびとした感性の発露が描かれており、自伝全体の中でも際立っている。

しかし自然の中で過ごす時間は長くは続かなかった。このすぐ後に、リチャードの家族はミシシッピ河をさかのぼって、綿花の集積所として栄えたテネシー州のメンフィスに引っ越すことになる。リチャード自身の言葉によると、緑の少ない石造りの家とコンクリートの舗道のメンフィスの町は死んだように見え、夜警の仕事で疲れ切って帰ってくる父は、家の中では威圧的で恐いだけの存在となり、やがて家族を捨てて家を出てしまう。苦しい生活の中で母が病気になり、リチャードは初めて飢えの恐怖を知ることになる。

苦しい生活を続けリチャードが八歳になったとき、母の妹マギーとアーカンソー州で一緒に暮らすことになり、その前のひと夏を、祖父母の住むミシシッピ州ジャクソン（祖父母はナッチェズの家を売って州の中部にある州都ジャクソンに引っ越していた）で過ごすのだが、このときに再び、リチャードと自然との微笑ましい交流の様子が、前のシーンと同じタッチで二ページにわたり綴られている。「けだるい夏の夜にホタルを追い掛けて捕まえるときに息もつけないくらいわくわくした」、「あたり一面に漂うマグノリアの花の甘い香りには身体中をしっとりと包まれるような優しさがあった」、「綿の実がはじけて白いふわふわした綿毛がこぼれ出て地面に向かって垂れ下がっているのを見た時に、自然の恵みの豊かさを感じた」といった描写が続き、祖父と近くの川で釣りをしたときの興奮や、腕をいばらで傷だらけにし唇を真っ黒に染めながら黒苺を摘んだこと、そしてまだ熟さない桃の実を食べて腹痛に苦しんだことや、蛇を裸足で踏みつけてしまった時の恐怖なども描かれている。

この歓喜と興奮と発見に満ちた自然との関わりを描いたシーンとは対照的に、その直前には、意味を知らずに祖母に向かって言ってしまった卑猥な言葉のために母から厳しい折檻を受けるシーンがあり、その直後にはアーカンソーに向かう電車の中で初めて人種分離車両の存在を知るシーンが続く。四歳のときの自然描写の場面と同様に、少年が避けて通れない現実社会の厳しさを学んでいく過程に、生命力に満ちたミシシッピの自然の中での体験が、束の間の癒しと休息の時間として挿入されているのである。それは厳しいルールの支配する人間社会とは別の世界であり、少年がのびのびと遊び、学び、感性を育むことのできる場でもあった。この二つのシーンに描かれている動植物、自然現象、風景などが、晩年のHAIKUの中に形を変えて現れることになる。

その後母が病気がちになり、リチャードは近所のいろいろな仕事を手伝って家計を助けるが、家賃が払えず転々と住まいを変えなければならなかった。やがて母が脳卒中で倒れ、弟はシカゴの親類に引き取られ、リチャードはジャクソンの祖父母の家で母といっしょに一七歳までを過ごすことになり、田舎道を長時間歩いて学校に通い始める。しかし、前の二つのシーンのような自然の中での少年の経験はほとんど描かれていない。やがてリチャードは勉強の遅れを一気に取り戻し、卒業生総代に選ばれるが、そこに至るまで、家の中では信仰を強要し小説を読むことを罪悪と考える祖母や、威圧的で抑圧的な叔父叔母との間に葛藤が続き、外では転々と仕事を変えながら厳しい人種差別の実態を身をもって学ぶ日々を送った。祖父が亡くなり、祖母の家も生活が苦しくなっていた。

唯一の理解者は、幼い頃に好奇心旺盛なリチャードに読み書きを教えてくれた、病気がちの母だけだった。家庭の中でも学校でも職場でも、個人の自由と尊厳を押さえつけ厳しい枠の中に押し込もうとする力の中で、リチャードは可能な限り反発を続け、一方黒人として南部に生きていくための智恵も少しずつ身につけていく。しかし、そんな屈辱的な生き方を、仕方ないものとしてあきらめ、受け入れることはどうしてもできなかった。一六歳のときに三日で書き上げた物語が黒人の地方新聞に載ったことから、いつかミシシッピを出て北部に行き作家になることを夢見るようになる。北部に移るためにまず一七歳でミシシッピを離れメンフィスへ移ったリチャードは、そこで働いているときに辛らつな批評家として知られるH・L・メンケン[9]の書いたものと出会い、ペンで戦えることに大きな衝撃を受け、本気で作家になることを目指し、シカゴへと旅立って行く。一九歳のときのことである。

シカゴへ向かう汽車の中で、リチャードは自分が南部を出ていくことの意味とその原因について考えていた。絶えず屈従を迫る南部の生活の中で自分が何とか自分の意志を持ち続け、自由を希求し、可能性を信じ続けることができたのは、たまたま読んだ小説や文芸評論のおかげだったとリチャードは考える[10]。しかし、南部にい続ければ、「黒人」としての生き方を押し付けられ、与えられた「場所」から出ることを許されず、自然にふるまうことや本来の自分であ

9▼ H・L・メンケン（一八八〇～一九五六）は、二〇世紀初頭に戦闘的な文学の戦士として得意の毒舌をふるい、因襲や通俗文化を罵倒する一方で、新しい作家たちを擁護した。また、一九一九年には『アメリカの言語』（*The American Language*）という厖大な学問的研究書を発表した。

10▼ 『ブラック・ボーイ』によると、比較的黒人に理解を示してくれそうなカトリック教徒の白人の助けを得て、リチャードは黒人の利用を認めていない図書館の本を借りて読むことができたという。

り続けることは難しい。いつか暴力を加えられるかまたは自分が加えることによって、自らを滅ぼしてしまうことも予測された。リチャードは、自分が南部を去るのは南部を忘れるためではない、いつか南部を理解し、南部が自分たちにしたことの意味がわかるようになるためなのだと、自分自身に言い聞かせる。そしてこの南部脱出の旅は、すでに自分の意識や人格の中に浸透してしまっている南部の「文化」を異郷にもっていって移植することでもあると考え、その「文化」の行方に対する希望を自然の営みに喩えて次のように表現している。それは、南部に黒人として生まれたが故に歪められてしまった自分自身が、どう変われるかということへの希望でもあった。

この木はいったい違った育ち方をするのかどうか、新鮮で冷たい雨水を吸い上げ、今まで とは違う風に吹かれてたわみ、ここと は違う太陽のぬくもりに反応し、そして、花開くようなこともあるのかどうか。……そしてもしも、そんな奇蹟が起こるとしたら、そのときぼくは、あの南部の絶望と暴力の沼地にも希望があることを、そして、南部の夜の真っ暗な闇の中からさえ、光が生じ得ることを知るだろう。(『ブラック・ボーイ』)

しかし、リチャードが自分の一部として異郷に運んで行ったのは南部の「文化」だけではなく、「文化」が浸透する以前に身体中で体験した南部の「自然」でもあった。それはなかなか芽を出すことはなかったが、枯れずにしっかりと根を張っていたのである。故郷ミシシッピの自然は、そこで経験した飢えや恐怖心、屈辱感のために歪められ、故郷を離れた後もライトが素直に振り返るのを妨げていた。やがてその記憶は長い年月を経て蘇り、晩年に書いたHAIKUの中で花開くことになる。

一九四五年に出版された『ブラック・ボーイ』は、リチャードがシカゴへ行く汽車の中のシーンで終わっているが、シカゴでの生活を描いた第二部を含むオリジナル版が一九七七年に出版された。そこには、初めて見るシカゴの黒っぽい町並みに意気消沈しうろたえながらも、職を転々とし、やがて家族を呼び寄せ、左翼芸術家の団体ジョン・リード・クラブの活動に参加することで、作家としての基盤を築いていく様子が描かれている。共産党の活動にも参加するようになったライトは、左翼雑誌に詩や短編小説を発表し、やがてミシシッピを舞台とする短編集『アンクル・トムのこどもたち』（*Uncle Tom's Children* 一九三八）や、シカゴを舞台とする長篇小説『アメリカの息子』で、アメリカ社会が黒人をどんな状況に追い込んでいるかを鋭く告発した。[11▼] その間共産党もまた自分に対し抑圧的な力をふるうことに気づき、作家としての自由を求めて離党することを決めニューヨークに移り、「目的意識にとらわれた戦闘的姿勢」[12▼]を崩さずに、ペンで社会と戦う姿勢を貫いていく。しかしその後、初期に書いた小説や自伝を越えるような作品を書くことはできなかったというのが、多くの文芸批評家たちの評価である。また、自伝『ブラック・ボーイ』以後のライトの作品から、故郷の自然は姿を消してしまう。

3 自由と新しい表現を求めて——故郷喪失とパリの生活

Crying and crying,
Melodious strings of geese
Passing a graveyard.
（鳴きながら／雁の群れが調べにのって／墓地の上を通り過ぎていく）

11▼ 一九四〇年、ライトは『アメリカの息子』で、黒人関係の仕事で最も功績のあった人物に授与されるスピンガーン賞を受賞した。その時の演説の中で、自分の著作は自由を求めて闘っている黒人の姿を写し出そうとするものであり、この賞は今も苦闘を続けている何百万という黒人の名において受けるのであると語っている。

12▼ 『悲劇の遍歴者——リチャード・ライトの生涯』の中で著者高橋正雄は、ライトの初期の創作態度を「目的意識にとらわれた戦闘的姿勢」と呼んでいる。

（列なして雁鳴きわたる墓地の空）

ライトは雁について多くのHAIKUを書いているが、『ブラック・ボーイ』の幼少年期のシーンに挿入された自然描写の中に、「寒々とした秋の空に、いくつも列を作って南へ飛んでいく雁の声を聞くと、郷愁のひびきを感じた」という一節がある。ライトは、『ブラック・ボーイ』が出版される三年前に『一、二〇〇万人の黒人の声――アメリカ黒人の民俗史』（*12 Million Black Voices : A Folk History of the Negro in the United States* 一九四一）という写真集用のルポルタージュを書いているのだが、その中にミシシッピの四季の描写を挿入し、秋のシーンのひとつとして「夕暮れ時になると、南へ向かって飛んでいく雁の群れで空はいっぱいになる。」と記している。長く暑いミシシッピの夏が終わると南に向けて飛び立つ雁の群れは、寂しさと懐かしさ、暖かさと冷たさとを視覚と聴覚の両方に訴えて呼び起こす秋の風物だったようである。

『一、二〇〇万人の黒人の声』（図2）は、一九三七年にシカゴの共産党を離れニューヨークに移ったライトが、その後入念に現地調査を行ない推敲を重ねて書き上げた作品である。大恐慌の中で就任したフランクリン・ローズベルト大統領が実施した「公共事業促進局」（通称WPA）の文化的活動「連邦作家計画」（通称FWP）の企画[13]により、農村と都市に暮らす黒人の生活について書くことを依頼されたものだった。この本が書かれた背景には、大恐慌の始まる以前から、南部の農村を離れて北部の都市へ移動する黒人の数が増え続けており、シカゴを始めとする大都市のゲットーに住んで工業労働者として働くようになった社会現象があった。

ライト自身、この大移動の波に乗って北部に移住したひとりであったので、このテーマには強い関心をもち、取材のためにシカゴを訪れ、さらに一三年ぶりに故郷ミシシッピも訪ね、そ

13▼「連邦作家計画」は、経済不況の中で仕事が激減した作家たちに経済基盤を提供し、切り詰められがちな文化娯楽活動を促進しようとした画期的な政策と言われている。この政策は、文学の他に民族学、人類学、社会学など広範な分野に及び、失業対策としてばかりではなく、埋もれていたアメリカの地方文化を記録・保存し国家の財産として残すことにも貢献した。

こで当時小作農として暮らしていた父親にも再会している。その時、一三年が過ぎてもまったく改善されていない貧しい黒人の暮らしぶりや、相変わらず横行している人種差別を目の当りにし、作家として成功した今の自分とかつて自分もその一部であったミシシッピの人々の暮らしとの間に、埋めることのできないギャップを感じたという。帰りの列車の中でひどい差別を受けたライトは、マグノリアの花の咲き誇る美しい季節であったにもかかわらず、もはや子どもの頃のように自然に心慰められることもなくニューヨークに帰り、その後二度と故郷にもどることはなかった。

この写真集の中でライトは、綿花畑に縛り付けられて日々を送る貧しい黒人小作農の暮らしぶりと、農村を逃れて都会のゲットーに移り、そこでやはり厳しい生活環境を強いられながらも力強く生きていく黒人労働者とその家族の様子を描いているのだが、農村についての前半部分に、短い叙情詩のようなミシシッピの自然描写を挿入している。「アメリカに住む黒人の半数以上が土を耕して生計をたてているが、その四分の三は土地を所有しない小作農や日雇い労働者である。われわれが耕す土地は美しく、赤、黒、茶の色をした土、新鮮で刺激的なその香り、生い茂る松や棕櫚の木、うねる丘とデルタの湿地帯――信じられないくらい豊穣な土地が広がり……」とミシシッピの土地を讃える文章の後に、四季の描写が一ページ余り続く。一斉に花開き緑生い茂る春、マグノリアの芳香に充たされるけだるい夏、木々が燃え上がるように色づき、真っ白な綿の実が畑一面に広がる秋、そして雨が降り続き川の水が力強く流れ、ときには溢れ出して大地を潤す冬。

しかしそのすぐ後には、次のような文章が添えられている。

ときおり、仕事の手を休めて緑にうねる丘陵を眺めると、何故ここでの暮らしがこんなにも厳しいのかわからなくなる。すべての物が、幸せで満足のいく生活ができるよとささやいているように見えるのに、何故か私たちの暮らしには幸せも満足もやってくることはない。私たちの暮らす土地は明るい将来を約束しているというのに、季節の移り変わりとともにそんな約束は跡形もなく消えていくだけである。(『一、二〇〇万人の黒人の声』)

前にも述べたように、四〇年代にライトは田舎が嫌いであることを断言し、都会暮らしを続けるのだが、それは子どもの頃の悲惨な記憶のせいばかりではなく、一三年ぶりに訪ねた故郷での苦い経験も大きく影響していたにちがいない。また、ライトの小説や自伝はミシシッピ州では発禁処分を受けており、叔母のマギーがライトに危険だから南部には来ないよう手紙の中で忠告していたことも伝記に書かれている。ライトの当時の心境は、『一、二〇〇万人の黒人の声』や『ブラック・ボーイ』の中の鮮やかで生き生きとしたミシシッピの自然描写が、いずれも過酷な現実を浮き立たせるような形で短く挿入されていることによく現れていると思う。

しかし、田舎を嫌い都会に住み続ける一方で、ライトが田舎の暮らしに惹かれそこに安らぎを求め続けていたことも事実であった。このことは、その後のいろいろな言動から見てとることができる。例えば、『ブラック・ボーイ』がベストセラーになった当時ニューヨークに住んでいたライトは、ヴァーモント州に農場を買おうと試みるが、人種差別のために売ってもらうことができなかった経緯がある。作家として成功しても人種の壁は厚く、アメリカではいつになっても行動を制限されることに失望し、一九四七年にライトは「亡命者」となることを決めパリに移住する。その途中で立ち寄ったイギリスの田園風景の美しさに感銘を受けたことも書き残されている。やがてパリでの生活も軌道に乗り、一九五三年にはアフリカのゴールド・コースト(当時はイギリスの植民地で、一九五七年にガーナ共和国として独立した)を訪れ『ブラック・パワー』（*Black Power* 一九五四）という紀行文を書き、また一九五五年にはインドネシアのバンドゥン国際会議に出席し『カラー・カーテン』（*The Color Curtain* 一九五六）を執筆するなど、海外のルポルタージュも書くようになった。こうして多忙な生活を送る中で、ライトはついにフランス北部ノルマンディーの東にある小さな農場を購入し、そこで休日を過ごし始めたのである。農場を購入しその手入れをするための経費は大きな負担であったが、ライトはこの農場で静かに過ごす時間を大変気に入っていたようで、午前中を作家としての仕事に費やし、午後は果樹園に囲まれた庭に出て野菜を育て、収穫物をパリの友人に配って驚かせたという。

小さな村で自然に囲まれて過ごす時間がライトにインスピレーションを与えたのであろうか、農場を購入しそこで過ごしていた一九五五年の秋に、ライトはひとつの大きなプロジェクトを思いついている。それは、「セレブレーション」という仮題のもとに、人間や動物のみならずあらゆる生き物の「生命の力」（life force）を伝えることのできるような壮大な作品を、自由詩と詩的な散文を交えて書くというプロジェクトで、長年の友人でもある二人の編集者に宛ててその構想を書き送っているのである。しかしこのような発想は、急に思いついたものというよりは、何年も前からアメリカ黒人の経験をひとつの有機的な流れとして表現したいと考えてきたことの延長線上にあるようだ。

一九三七年に書いたエッセイ[14]の中でライトは、「黒人作家はその意識の中に、アフリカから連れ出される時に切り離されてしまった豊かな文化の全体像を、さらに見知らぬ土地でその失われた文化全体を取り戻すために闘ってきた長い苦闘の全体像を持つべきである」と述べている。また、『ブラック・ボーイ』を出版した直後の一九四五年には、日記の中で、調和のとれた全体的なものを渇望する「飢餓感」（hunger）を訴え、その「飢餓感」を表現し鎮めること

14▼ このエッセイは、"Blueprint for Negro Writing" というタイトルで *New Challenge* という雑誌に発表された。

のできるテーマとして、アフリカ系アメリカ人の精神的な旅を考えていたことがわかる。「飢餓感」という言葉は、一九七七年に出版された完全版『ブラック・ボーイ』の最終章にも、「生きることへの飢餓感」(the hunger for life) として現れ、リチャードが絶えずこの「飢餓感」につきまとわれ、それを癒すべく闘ってきたことが書かれている。そして、共産党を離れ作家としての道をひとり歩き始めたリチャードは、これからも自分と世界との間の溝に言葉の橋を架けるために書き続けること、言葉を投げて抗議し闘っていくことを決意する。それは、自分の投げた言葉によって人々の心に「生きることへの飢餓感」が生まれ、「言葉では言い表せない人間的な感覚」(a sense of the inexplicably human) を心の中に持ち続けてもらえるようにという、強い願いからであった。この力強い決意で自伝は終わっているのである。

また、一九五三年のアフリカへの旅で、ライトは自分のルーツであるアフリカの人々や文化から自分がいかに切り離されているかを思い知ると同時に、日本のアニミズムや自然信仰、先祖礼拝などにも通じるアフリカの伝統に強い感心を抱いたことが、『ブラック・パワー』の中に記されている。アフリカの文化から切り離され奴隷として連れてこられたアメリカで、過酷な生活環境にも負けず失われた文化を取り戻そうと努め、独自の文化を築き上げてきた黒人の生命の力を——これをライトはニューヨーク在住のときにハーレムで感じ取っていたのであるが[15]——黒人という枠を越えた人間の、そして生き物すべてのもつ生命の力として、描き讃えたかったようである。ライトの詩的感性についての研究書を書いたユージン・ミラーによると、ライトは突然の死を迎えるまでの数年間、アメリカの黒人作家としての自分の精神の核にあるもの——まだ言葉が見つからず「何か」(something) と呼んでいるもの——を表現することを希求し、今までの伝統的な小説技法とは違う文学の形式を模索していたのだという。「セレブレーション」はその試みのひとつだった。

15▼ 一九二〇年代を中心に、ニューヨークのハーレムで音楽や小説、詩などの分野で黒人が大活躍し黒人文化が開花した。ライトがニューヨークに住んだのは三〇年代後半であったが、ハーレムでの文化活動に関わることも多かったようである。

「セレブレーション」の構想は、結局商業的に成功の見込みが少ないことから編集者に受け入れてもらうことができず、ライトはひどく失望するが、再びミシシッピを舞台とする小説を書き始める。アメリカの深南部とフランスを舞台とし、アメリカの人種差別主義が黒人の青年の人格をいかに歪めてしまうか、そして人種差別のない環境に移ってからもそれがいかに影響を与え続けるかをテーマに書く予定であった。しかし、『長い夢』というタイトルで一九五八年に出版された小説は、ミシシッピ出身の黒人青年がフランスに旅立つところで終わっている。三部作になる予定だったが、続編は未完のままでライトは亡くなった。『長い夢』(*The Long Dream*)の表紙には、ベストセラー小説『アメリカの息子』にも匹敵するという賛辞が述べられていたが、評判は良くなかった。白人黒人ともに荒廃したアメリカ南部の社会を描く陰うつな小説であり、長年故国を離れているこの国外在住の作家はアメリカに今起りつつあることを完全に見失っている、という酷評もあったようだ。「アメリカに今起りつつあること」とは、公民権運動[16]のことであろう。

『長い夢』では再び子どもの頃の出来事がいろいろ書かれているが、『ブラック・ボーイ』に見られたような生き生きとしたミシシッピの自然の描写はそこには見られない。『長い夢』を書き終えた後の心境をライトは、「心ふさがれた・陰うつな」(gloomy)という言葉で表現することが多かったという。やっと手に入れた農場も経済上の困難から手放すことになり、次々と不幸な出来事がライトを見舞い、苦境の中でブライスの『俳句』(図3)と出会うことになる。

16▼一九五四年に最高裁が公立学校における人種分離教育を違憲とする判決をしたのをきっかけとして、キング牧師を中心に黒人の公民権獲得を目指してアメリカ南部に広まった運動。六〇年代にかけてクライマックスを迎え、六四年に公民権法が成立し、黒人以外のマイノリティーの公民権獲得の運動へと発展していった。

4 HAIKUとの遭遇——R・H・ブライスの『俳句』

Seen from a hilltop,
Shadowy in winter rain,
A man and his mule.
(丘の上から／冬の雨に霞んで／男と騾馬が見える)
(冬の雨ふもとに煙る騾馬と人)

ミシシッピの短い冬については、『一、二〇〇万人の黒人の声』にも『ブラック・ボーイ』にも降り続く雨のことが描かれており、HAIKUにも冬の雨の日の光景を詠んだものがいくつも見つかるが、ミシシッピの光景と断定できるものは少ない。田舎道を騾馬に荷馬車を引かせて行く光景はミシシッピの写真集や絵葉書でよく見かけるものであり、またミシシッピ中部はゆるやかな起伏に富んだ丘の多い地形であることから、このHAIKUは記憶の中の故郷を詠んだものではないかと思われる。

ライトがアフリカ出身の友人にHAIKUについて話を聞き、R・H・ブライスの『俳句』四巻を借りて読んだのは一九五九年の夏のことで、その後秋から冬にかけて集中的にHAIKUを書いたのだが、それ以前にライトが果してどの程度HAIKUについて知っていたのかは、記録が残っていない。当時すでにヨーロッパやアメリカで日本の俳句は広く知られるようになっており、欧米の多くの作家に影響を及ぼしていたが、わかっていることは、ライトが当時心身ともに苦しい状況にあり、新しい表現の形式を模索していたことと、ブライスの本を読んで

図1.　『ブラック・ボーイ』（初版 1944 年）
（写真は 1993 年ハーパー・ペレニアル社版）

図2.　『1,200 万人の黒人の声』（初版 1941 年）
（写真は 1988 年サンダーズ・マウス社版）

図3.　R.H. ブライスの『俳句』（初版 1949 年〜1952 年）
（写真は 1992 年北星堂版）

図4.　『HAIKU――このもうひとつの世界』
（写真は初版 1998 年アーケイド社版）

独習し四〇〇〇ものHAIKUを書いたという事実だけである。ライトに直接影響を与えたブライスの解説書がどのようなものであり、当時どのように受け入れられていたかを知ることは、ライトがこの詩形に強く惹かれた理由や、ライトのHAIKUの特徴及びそこに込められた思いを考える上で手がかりとなるだろう。

欧米におけるHAIKUの受容に関しては、佐藤和夫の『俳句からHAIKUへ——米英における俳句の受容』（一九八七）と『海を越えた俳句』（一九九一）に詳しいので、ここでは簡単にまとめておくにとどめたい。俳句（当時はまだ俳諧と呼ばれていた）を最初に西欧に紹介したのは明治時代の来日外交官や外国人教師たちであったが、韻も踏まず一七音という短さのために、詩としての芸術性はあまり高く評価されなかったという。しかし、一九世紀末から二〇世紀初頭にかけて、印象派の画家をはじめとするジャポニズムの流行のせいもあってフランスで俳諧詩が書かれるようになり、やがて英訳された俳句が革新的な詩人たちに刺激を与え、英米のイマジスト派の詩人[17]によって俳句に似た英詩が作られるようになった。本格的にHAIKUが海外の詩人によって作られるようになったのは第二次世界大戦後のことで、アメリカ占領軍が日本文化と接触する中で、多くの俳句解説書や翻訳書が出版され、中でもブライスの『俳句』四巻とハロルド・G・ヘンダスンの『俳句入門』は英語のHAIKUの普及に大きく貢献することになったという。

一九世紀から二〇世紀にかけて俳句を研究したり創作した欧米の詩人や学者のほとんどが、英訳された俳句を読んで学んだのに対し、ブライスは日本語で俳句を鑑賞し、英語に翻訳し、解説書まで書いたという点が注目に値する。実際、一九五〇年代以降の欧米の多くのHAIKU詩人は、ブライスの英訳した俳句と英文の解説を読んでHAIKUを作るようになったそうである。俳句の英訳には言葉の性質上限界があり、HAIKUと俳句の間には当然ギャップがある

17▼ イマジズム運動は、一九二〇年代にエズラ・パウンドが主唱した新しい表現方法の運動で、それを支持し実践した革新的な詩人や作家のグループをイマジスト派と呼ぶ。感覚的で具体的かつ絵画的表現を目指し、単一の本質的なメタファーによる短い自由詩を作った。

のだが、ブライスはその著書の中で俳句について何をどのように伝えたのであろうか。

まず、ブライスが四巻に及ぶ俳句解説書を出版するに至った経緯を見ておくことにする。一八九八年英国エセックスに生まれ、ロンドン大学で英文学を学んだブライスは、インドや朝鮮で教鞭を取った後来日し、一九三九年に金沢の第四高等学校の英語教師となった。すでに鈴木大拙の禅に関する文献を読み強い影響を受けており、来日後鈴木大拙と親交を厚くし、その影響下で俳句を学び、一九四九年から五二年にかけて『俳句』を書いた[18]。第一巻は、「東洋の文化」というサブタイトルのもとに、俳句の起源、俳句のための心の状態としての禅、俳句を作るための技法等を、俳句の英訳を示し英詩と比較しながら説明している。二巻以降は、季節毎に「気象」、「空」、「野山」、「鳥獣」（昆虫も含む）、「草木」、「人間社会の諸事」といったテーマを挙げ、そのテーマ毎に多数の俳句を日本語（原文）、ローマ字綴り、英訳の三通りで示し、詳しい解説を付している。

佐藤和夫は、ブライスの書いた解説書の特徴として、禅と俳句を結びつけて説明したことを挙げている。すでにブライスの師である鈴木大拙が禅に関する論文集や解説書を英文で発表しており、その中でしばしば俳句を引用し、『禅と日本文化』という著書においては禅の立場から俳句を説明しているのだが、これらの文献が戦後リプリント版で広く読まれるようになり、さらにブライスの俳句解説書によって俳句と禅は切り離せないものとして広まったという。禅と俳句の関係を強調し過ぎたために、ブライスの『俳句』は日本文学研究者からはあまり重視されていないそうだが、「その影響力においては世界的な業績であり、英訳した俳句には誤訳、誤記も見出されるが、その説くところは奔放で魅力がある」と佐藤は評価している[19]。

『俳句』第一巻の前書きでブライスは、俳句は禅的な視点から理解されるべきであることを明記し、禅とは「われわれが他の事物から切り離されて存在するのではなくその一部として存

18▼ ブライスの『俳句』の出版のための資金を全面的に援助したのが当時の首相吉田茂だったそうで、それは終戦後学習院大学教授だったブライスが宮内省顧問になってマッカーサー指令部との折衝で功績があったため、その労をねぎらうものだったと言われている。ブライスはまた天皇の人間宣言執筆にも協力したという。（佐藤和夫『海を越えた俳句』）

19▼ ブライスの俳句論は、五〇年代～六〇年代のアメリカでヒッピー文化が花開く中、ビート派の詩人にも強い影響を与え、例えばジャック・ケルアクのベストセラー『禅の浮浪者』の中には、登場人物が鈴木大拙のすべての本とブライスの4冊の俳句解説書を所有して旅をしている様子が描かれているという。（佐藤和夫『海を越えた俳句』）

在し、しかも個としての特性を失わないような心の状態」であると説明し、それは物の見方であり生き方そのものであると付け加えている。そして、俳句詩人がその一七音の中に描き出す一瞬とは、「何か不思議な理由のために特別な意味を持つ瞬間」であり、詩人の心の中にも対象となる事物の中にも「何か独特なものが存在」しており、この「何か」を「もっともあり得ないような時にもっともあり得ないと思われる場所で」認めることにおいて、俳句詩人は秀でているのだと述べている。

佐藤は『海を越えた俳句』の最終章で、HAIKU には五・七・五音節になっていないものもあれば、季語のないものもあることを指摘し、それでは海外の HAIKU 詩人が「俳句らしさ」として考えるのはどんなことなのかを、次のように説明している。「ハイク・モーメントあるいは俳句的瞬間ともいうべき、ある特殊な時間を詠む」こと、「対象把握の意外性」または「ある種の発見」があること、「教訓的なことを一切言わず、神の栄光もたたえず、善も悪も語らない」こと、そして「いかに生きるべきかも問題に（せず）」、「知的な説明を加えない」ことであり、俳句とはそんな「もの」の詩であって「こと」の詩ではない。これは、ブライスが解説書の中で俳句の創作と観賞に必要な「心の状態」として述べていることと重なり、その影響力の強さを示している。

ブライスは、俳句のための「心の状態」のひとつとして「言葉の少ない状態」（wordless-ness）を挙げ、これは何かを表すために言葉が用いられるというよりは、詩人と対象となる「もの」[20]の間に、できるだけ何も入り込ませないようにするために言葉が用いられるからだと説いている。ブライスは、このような「心の状態」をいくつか挙げて別々に説明しているが、それぞれがお互いに関連をもっていることがわかる。例えば、言葉を極力少なくすることによって、俳句のために必要な他の「心の状態」が生じやすくなる。それは「倫理に基づく判断を

20▼ ブライスの説明は、人も他の生き物も物体もみな同じ宇宙の中に存在する「もの」であるという認識に基づいている。

しない状態」（non-morality）であり、「知性で説明しようとしない状態」（non-intellectuality）であり、「自己にとらわれていない状態」（selflessness）である。そこからまた別の俳句のための「心の状態」である「ユーモア」や「自由」が生まれる。鈴木大拙は『禅と日本文化』の中で「俳句は元来直観を反映する以外に、思想の表現ということをせぬ」のであり、そのために「長くて、手のこんだ、知的なものたることを要しない」と述べ、「最小の言葉を用いる」ことによって直接的かつ感覚的に詠むことが可能になり、暗示と余韻の効果が生まれ、個々のものを詠みながら宇宙全体や心の深淵を表現することができると説いている。こうしたことを、ブライスは「心の状態」として説明しているのである。

こうしたブライスの解説を読んでみると、かつて「セレブレーション」というプロジェクトの中で、人間や動物のみならずあらゆる生き物の生命の力を感覚的に伝えることのできるような壮大な作品を書きたいと願い、それを叶えることのできなかったライトが、苦境の中で出会ったこの短い東洋の詩に強く惹かれ、そこに新しい表現方法を見い出したのは、ごく自然なことだったように思えてくる。過酷な生活環境の中で独特の文化を築き上げたアメリカ黒人の生命の力に気づいたライトは、そのことによって人間の、そして生き物すべてのもつ生命の力を認識するに至り、自然に目を向けることで表現しようとしたのではないだろうか。壮大なプロジェクトは挫折した。しかし、多くの言葉を駆使して描くのではなく、むしろわずかな言葉を選びとることによって、対象物との間の邪魔物を払い除け、直接的に表現し、イメージを喚起し膨らませることが可能になるということを、HAIKUがライトに教えたのである。散文形式に慣れていたライトがその表現方法を実践に移すのを助けたのが、日本の俳句の具体的な形式である五・七・五の音節と季語の存在だったのではないかと思う。

ブライスは日本の俳句を、五・七・五の音節に従って三行に分けて英訳し、そこには西欧の三段論法における前提から結論へといった論理的なつながりは毛頭ないが、それでもどこか三段論法と似たある種の結びつきがそれぞれの行の間に存在すると説明している。つまり、論理的には何のつながりもない事物・事象が、この形式に詠まれることによってひとつながりの流れを生むというのである。ブライスは、相反するものや何のつながりも持たないように見えるものを併置し、それを一瞬の体験の中で結びつけてしまう「心の状態」を「矛盾」(contradiction)と呼んで、俳句のための「心の状態」のひとつに含めている。ミラーによると、ライトはこうした特徴が、黒人民衆の間で歌われるフォーク・ブルースの歌詞に見られるジャクスタポジション(並置)やスーパーインポジション(重置)という特徴と、機能的に似ていることにも気づいていたという。HAIKUと出会う前にブルースにも強い関心を寄せていたライトは、俳句とブルースの間に共有するものがあるのを感じ、俳句に対する関心をさらに強めたのかもしれない。

例えば、ブルースは個人的・直接的な体験を切り取って、単純なリズムと言葉で表現し、感情に訴える。ブルースの詩の中では、論理的には結びつかない要素が情緒的または心理的に結びついて独特の効果を生じることがある。またブルースには社会への抗議や抵抗を直接込めることはまれであり、ブルース歌手は社会の慣習や教会の説教にとらわれることなくうたった。このような点は俳句と似ていると言えるかもしれない。しかし、大きな相違点は、ブルースがあくまで「自分」をうたい、個人的な悲しみや嘆きや孤独感を一人称で表現する「人間」の歌であり、自然そのものを対象にすることはないという点である。[21] HAIKUの中でライトは、「闘う自分」を離れ、悲惨な記憶を切り離し、自然を直感的に描き、自然の一部としての自分を素直に表現しているように見える。

自然のサイクルである季節を表す「季語」も、ライトを惹きつけた要素ではないだろうか。

21▼ブルースの特徴に関しては、三井徹著『黒人ブルースの現代』、サミュエル・チャータース著『ブルースの詩』、及びロバート・パーマー著『ディープ・ブルーズ』を参考にした。

ブライスは、日本の俳句にはほとんど必ず季語があることを説明し、それはその俳句の背景となる雰囲気を与え、その俳句がかもし出す感情、音、香り、色を解き放つ種子のようなものであり、月という語で秋の満月を、花という語で春の桜を表すことによって、俳句のエッセンスである簡潔さにも一役買っていることを付け加えている。また季語は、直観のつかみとる様々な異なる要素をひとつにまとめる働きもあるという。ライトのHAIKUのほとんどは、日本の季語とは異なるが、季節を感じさせる語をたくみに取り入れている。これは、ライトが幼少年期を過ごしたアメリカ南部が、ダイナミックな四季の変化をもつ土地であることとも関係があるだろう。南部に生まれ育った人々が南部を離れたときにまずなつかしく思い出すのは、その豊かで美しい南部独特の四季折々の自然の風景ではないかと私は考える。ミシシッピの季節の移り変わりは、少年の頃にしっかりとライトの身体と脳裏に刻み込まれ、パリまで運ばれてきていたのである。

　パリの病室やアパートの部屋で書かれたライトのHAIKUの中には、貧しい生活や孤独、病気や死をテーマとしたものもあるが、全体的には穏やかに自然を見つめたものが多く、社会に対する怒りや抵抗はほとんど感じられない。HAIKUに詠まれた自然は大部分が目の前のものではなく、思い出の中の風景であり、ライトがさまざまな過去の断片とともにミシシッピの自然を思い浮かべていたことがわかる。それは、リンチや暴力事件の背景として恐怖心や屈辱感とともに記憶される南部の風景ではなく、子どもの頃にわくわくしながら体験した南部の原風景であった。

　また、英訳されるとすぐれた「児童詩」になる俳句の多いことを佐藤が指摘しているが[22]、これはブライスの英訳した俳句にも見られる特徴で、ライトのHAIKUにもその影響が感じられる。ライトは少年時代の感性を呼び戻したかのように、小さな生き物に対して同じ視点から

22▼
佐藤は、例としてブライスの訳を示している。ブライスが「どんな声で／そしてどんな歌を歌うのか、クモよ、／この秋風のなかで?」(With what voice,/ And what song would you sing, spider,/ In this autumn breeze?) と訳した芭蕉の俳句は、実は「蜘蛛何と音をなにと鳴く秋の風」というのが原句であったという。(佐藤和夫『海を越えた俳句』)

語りかける、無邪気で素朴なHAIKUをいくつも残している。

All right, You Sparrows;
The sun has set and you can now
Stop your chattering!
(さあ、雀たち/日が暮れてしまった/もうおしゃべりはそこまでにしよう!)
(雀たちもう日が暮れたお静かに)

この他にも、カタツムリやこおろぎ、猫や案山子などに向かって、同じ視線からユーモラスに呼びかけているものがいくつもあり、ブライスの本の中で数多く紹介されている一茶の俳句とよく似ている。ライトがブライスの解説書を熟読し、英訳された数多くの俳句を鑑賞し、そこから学んだことに忠実に、独自のテーマでHAIKUを作っていったことがわかる。こうしてHAIKUは、模索し続けていた新しい表現の一形式として強くライトを惹きつけ、子ども時代の自然との交流を思い起こさせる引き金となったのであろう。

5 ライトのHAIKUと南部の原風景

Like a spreading fire,
Blossoms leap from tree to tree
In a blazing spring
(燃え広がる炎のように/木から木へと花開いていく/燃え立つ春に)

写真1　ミシシッピの春の訪れを告げる
ドッグウッド（花水木）の花

写真2　ミシシッピの夏を彩るマグノリア（泰山木）の大輪の花

（木から木へ花開きゆく燃える春）

ミシシッピの春は突然やってくる。『一、二〇〇万人の黒人の声』の中に描かれた四季は、ダイナミックに生命が動き出し「林檎の蕾が笑いながら花開いていく」春の描写で始まっていて、その光景は燃え広がる炎のイメージとともにHAIKUの中に蘇っている。まるでミシシッピの春に一斉に咲き出す花のように、ライトは溢れ出てくるイメージを短い言葉で紡いでいった。

『HAIKU——このもうひとつの世界』（図4）に収められた八一七編のHAIKUは、場所も季節もアトランダムに並べられているが、そのために、繰り返される自然のサイクルや心の中に浮かんでくる風景を作意なくそのまま詠んでいったような印象を受ける。この句集の中には、明らかに都市の暮らしを詠んだものや、ライトがミシシッピを出てから転々と移り住んだ場所がテーマになっているもの、背景となる場所や季節が特定できないものも数多くあるが、ここでは『一、二〇〇万人の黒人の声』のミシシッピの四季の描写にライトの「季語」を見つけ、『ブラック・ボーイ』に描かれていた少年の日の自然の中での体験が、約二〇年の月日を経てHAIKUの中でどのように蘇っているかを紹介したいと思う。すでに各章の冒頭で紹介済みのHAIKUは省略する。

『一、二〇〇万人の黒人の声』の春の描写の中に、子どもたちが春風の中で飛ばす色とりどりの凧のことが書かれているが、春風とその中に佇む雀の姿を詠んだHAIKUがある。

On a scarecrow’s head,

A sparrow braces itself
Against the spring wind.
（［大意］かかしの頭上で／雀踏ん張る／春風に向かって）[23]

『ブラック・ボーイ』の中で、「大袈裟に身体を揺らして飛び跳ねている雀の真似をしたくてしょうがなかった」と書いたライトは、雀の俳句を多数詠んでいる。雀はどこにでもいる鳥だが、ライトにとっては、子どもの頃のミシシッピの光景と強く結びついていたことだろう。

A bursting ripe plum
Forms a pool upon a leaf
From which sparrows drink.
（［大意］スモモの実／はじけてしたたる葉の上で／のどを潤す雀たち）

Hopping on the fence,
A sparrow casts its shadow
On a horse's flank
（［大意］塀の上で飛びはねる／雀の影が／馬の脇腹で踊る）

雀以外にも、大小さまざまな動物の姿をとらえたHAIKUが多数書かれており、次の例は『ブラック・ボーイ』の中でリチャード少年を魅了した、「馬」と「あひる」について詠んだものである。

[23] 以下、この章のHAIKUの和訳は、大意のみを示す。

Even the horse looks
At the duck and her ducklings
Following in line.
（[大意] 馬の目も／あひるの親子の行進を／見つめている）

すでに述べたように、ライトは夏を彩るマグノリアについて二〇もの HAIKU を詠んでおり、そのうちの多くが香りをテーマにしているが、その描き方は、花に呼びかけるもの、香りと色、香りと暑さを結びつけたものなど、さまざまである。

Steep with deep sweetness,
O You White Magnolia,
This still torpid night！
（[大意] 濃厚な甘い香りに浸れ／白いマグノリアよ／このけだるい夏の夜に）

The swaying lanterns
Under the magnolias
Glow with sweet scent.
（[大意] 揺れる提灯の火／マグノリアの下で／甘い香りに燃え上がる）

The sharper the scent
Of magnolia blossoms,

The hotter the sun.
（［大意］マグノリアの香り／強ければそれだけ／暑さ増す日ざし）

蛙の鳴き声も、『一、二〇〇万人の黒人の声』の中では夏の光景として描かれているが、マグノリアの香りの中で合唱する蛙を、ユーモラスに描いたHAIKUがある。

In the damp darkness,
Croaking frogs are belching out
The scent of magnolias.
（［大意］湿った闇の中／蛙の合唱団が／マグノリアの香りにむせて甘い息を吐く）

マグノリアの季節も終わりに近づいた頃、ぽとりと落ちる花の様子と飛び立つ雀を描いたのが次のHAIKUである。

A magnolia
Fell amid fighting sparrows,
Putting them to flight.
（［大意］マグノリアが一輪／ぽとりと落ちて／争う雀を飛び立たす）

また、次のHAIKUは、綿花畑とマグノリアの木立という、別々のイメージ（秋と夏、平たんな広がりとそびえたつもの、ふわふわした綿毛と肉厚の花びら等）をもつものを、つばめの群れがつくり出した一瞬の光景の中で結び付けている。

From a cotton field
To magnolia trees,
A bridge of swallows.
(［大意］綿花畑から／マグノリアの木々へ／つばめが架けた橋)

「夏の真昼には、太陽がじりじりと照りつけ土壌を白っぽくしてしまう」、と『一、二〇〇万人の黒人の声』の中に描かれたミシシッピの夏の焼けつく暑さは、その中で生きる小さな動物や昆虫の営みとともにHAIKUの中に蘇っている。

Sparrow's excrement
Becomes quickly powdery
On sizzling pavements.
(［大意］雀の糞《ふん》が／焼けつく舗道で／たちまち粉になる)

A highway of black ants
Diagonally bisecting
A sun-hot white wall.
(［大意］黒蟻の列が／斜に横切る／日に焼けた白壁の上)

ミシシッピの秋を思い出させる雁を詠んだHAIKUも数多くあり、三章の冒頭で紹介したHAIKUのように感情を表す語が消えて暗示するだけになっているものもあれば、「寂しい」という感情を直接的に詠み込んでいるもの、雁について案山子に呼び掛けているもの、さらに雁の羽ばたきや月の姿をユーモラスにとらえているものなどがある。

From the rainy dark
Comes faint white cries of wild geese, ——
How lonely it is.
（［大意］暗い雨の中から／かすかに澄んだ雁の鳴き声がする——／何て寂しい）

Don't they make you sad,
Those wild geese winging southward,
O lonely scarecrow?
（［大意］悲しくならないか？／南へ飛び立つ雁の群れを見て／孤独な案山子よ）

Departing wild geese
Are fanning the moon brighter
With their tireless wings.
（［大意］旅立つ雁の／せわしない羽ばたきで／明るさを増す月）

With the mouth gaping wide,

Swallowing strings of wild geese, ——
Hungry autumn moon.
（［大意］あんぐりと大きな口開けて／雁の群れを飲み込みそう／お腹をすかせた秋の月）

『一、二〇〇万人の黒人の声』では、秋になると「綿の実が摘み取られ綿繰り機にかけられた」という農作業が描かれ、綿花そのものの描写はなかったが、一面に真っ白な雪が降り積もったようになる綿花畑の光景はまちがいなくミシシッピの秋の風物であり、白い綿花畑と川（ミシシッピ河またはその支流だと思われる）と夕陽をライトは一枚の絵のように描いて、壮大なイメージを喚起する。

Through white cotton fields,
Lifting toward the sunset,
A golden river.
（［大意］白い綿花畑の中を／夕陽に向かって流れる／黄金色の河）

『ブラック・ボーイ』の中で少年は、綿の実からこぼれ出たふわふわの綿毛に自然の豊かな恵みを感じ、ミシシッピ河のゆったりした流れに無限というものを漠然と感じとっていたが、やがて豊かさとも無限の可能性とも無縁の、貧しく制限された生活を送るようになってしまう。しかし、ライトはHAIKUの中で、幼い頃の限り無く豊かなイメージを蘇らせているのである。

写真３　ミシシッピの秋、畑一面にはじける綿の実

写真４　外輪船のデッキから見るミシシッピ河　＊写真はすべて著者撮影

秋の綿花畑に関しては、白い綿毛でいっぱいの畑が迷子の子猫を暖かく包んでいるというHAIKUもある。

A lost cat mews
In the sunset fleeciness
Of a cotton field.
（［大意］迷い猫／夕陽さす綿花畑のふわふわとしたぬくもりの中で／ミャーと鳴く）

また、季節と結びついた農作業は、自然の一部としてHAIKUのテーマになっている。『一、二〇〇万人の黒人の声』では、冬に備えて豚が殺され薫製にされる様子が秋の光景として描かれているが、『ブラック・ボーイ』の中にも、初めて豚の屠殺されるところを目の当たりにして口もきけないほどびっくり仰天したことが書かれており、HAIKUにも「豚を殺す季節」(hog-killing time）という言葉とともに、きらりと光る血塗られたナイフとそれを舐めている猫のイメージが詠まれている。他にも、さとうきびの刈り入れや糖蜜作りなどが秋の光景として蘇り、さとうきびをかじる騾馬のHAIKUなどが書かれている。

こうしてミシシッピの自然を詠んだと思われるライトのHAIKUを鑑賞してみると、初期の作品の中の自然描写と重なり合い、子どもの頃の光景を蘇らせていることがよくわかる一方で、大きく異なる点も明らかになる。すでに述べたように、初期の自伝やルポルタージュでは自然を描くこと自体が主たる目的ではなく、むしろ黒人の直面する現実の厳しさを浮き立たせるような形で、短い自然の描写とその中での体験が挿入されていた。そしてそこには、こんな

2001 年にミシシッピ州オックスフォードで開かれたブック・コンファレンスのパンフレットの表紙を飾ったリチャード・ライト（38 歳頃の写真）

に豊かで美しい自然の中で、どうしてこんなに貧しく悲惨な生活を送らなければならないのかという、怒りと抗議が込められていた。これに対し、晩年のHAIKUの中でライトは、なつかしいミシシッピの自然の情景を呼びもどし、想像し、さまざまな心の状態を自由に織り込み、ときにはユーモアを交え、ときには対象物と同じ視点に立ち、ときには自然の一部になってのびのびと表現している。そこには抵抗し闘うために書くという姿勢を忘れたライトがいる。子どもの頃に経験したトラウマをずっと抱え、常にまわりとの間にギャップを感じ、ペンによって闘い続けてきたライトは、HAIKUを書くことによって癒され、遠ざけられていた幼い日の記憶を回復し、生きる物すべてとのつながりを取り戻したように見える。

ライト没後四〇年余りが過ぎた二〇〇一年三月、ライトの故郷ミシシッピ州で第七回オックスフォード・ブック・コンファレンスが開催され、「リチャード・ライトのアメリカ文学への貢献に敬意を表して」というテーマが掲げられた。ライトの写真がパンフレットの表紙を飾り、冒頭でその生涯が紹介されているが、ライトのHAIKUについては最後の方に短く「ライトはパリで残りの生涯を送り、多数のHAIKUを含む作品を書いた」と書かれているだけであった。ライトのHAIKU集はまだあまり多くの人に読まれていないようだが、そこにはライトが闘争的な姿勢の影で絶えず求めていたもの、そしてそれまで表現することのなかったさまざまな思いが込められており、ライトの生涯をかけた闘いの真の意味を知る上で示唆に富んでいる。それは、幼い頃自然と一体化した経験や自然によって癒された記憶、自然の中でわくわくしたり驚いたりしながら学んだことのすべてであり、厳しい抑圧の中でも失うことのなかった人間的なものへの希求、自伝『ブラック・ボーイ』の終わりで言及していた「生きることへの飢餓感」や「言葉では言い表せない人間的な感覚」、そしてプロジェクト「セレブレーション」の中で表現しようとした「生命の力」である。これらすべてがHAIKUの中にちりばめられているのを感じる。
ライトを苦しめたアメーバ赤痢は、五〇年代に訪れたアフリカやアジアで感染した可能性が高かったが、長年発病しなかった保菌者が極度のストレスによって急に発病することもあるそうで、アメリカ南部で過ごした子ども時代にすでに感染していた可能性もあったという。ライトが故郷を離れるときに、この菌も自分の一部として異郷に運んでいった可能性があることを思うと、そしてこの病気に苦しんでいる時に俳句と出会い、闘病生活の中で憑かれたように創作したことを思うと、ライトとHAIKUの出会いが何か運命的なものに思えてくる。ライトの生涯においてHAIKUの果した役割は、喪失した故郷の回復でもあり、また、自ら課してきた創作の姿勢（ペンで闘う姿勢）と編集者の期待とによって奪われていた、創作の自由・表現の自由の回復でもあった。

【後記】

アメリカで公民権運動が急速に広がりつつあった一九六〇年一一月、ライトは公民権法の成立（一九六四）を知ることなくこの世を去った。アメーバ赤痢の症状が悪化し集中治療を受けることもあったが、回復に向かっており、検査のために入院していた病院でのあまりに唐突な死は、周囲の者を驚かせたという。かつて共産党の活動に関わったことがあり、離党後もアメリカ政府を非難する姿勢をとってきたライトは、当時さまざまな嫌がらせを経験しており、CIAが自分の行動に目を光らせていることにも気づき、身の危険さえ感じていたようである。自分が不審な死を遂げた場合には死因を調べてほしいと親しい友人に頼んでいたことが伝記に記されているが、結局死因は心筋梗塞ということになっている。

［参考文献］

佐藤和夫『俳句からHAIKUへ――米英における俳句の受容』、南雲堂、一九八七年。

佐藤和夫『海を越えた俳句』、丸善ライブラリー、一九九一年。

佐藤和夫『HAIKUの鑑賞』、ふらんす堂、一九九七年。

猿谷要『歴史物語アフリカ系アメリカ人』、朝日選書、二〇〇〇年。

鈴木大拙『禅と日本文化』北川桃雄訳、岩波新書、一九八九年。

高橋正雄『悲劇の遍歴者――リチャード・ライトの生涯』、中央大学出版部、一九六八年。

三井徹『黒人ブルースの現代』、音楽の友社、一九九九年。

サミュエル・B・チャーターズ『ブルースの詩』佐藤重美訳、中央アート社、一九九〇年。

ジェームズ・M・バーダマン『アメリカ南部――大国の内なる異郷』森本豊富訳、講談社現代新書、一九九五年。

ロバート・パーマー『ディープ・ブルーズ』五十嵐正訳、シンコー・ミュージック、二〇〇〇年。

リチャード・ライト『ブラック・ボーイ――ある幼少期の記録――』野崎孝訳、岩波文庫、一九六二年。

R. H. Blyth. *HAIKU*. 4 vols. [1949-1952] Tokyo Hokuseido Press, 1992.

Michel Fabre. "The Poetry of Richard Wright," *Studies in Black Literature* Ⅰ, Autumn 1970. 10-22.

——. *The Unfinished Quest of Richard Wright*. Urbana : University of Illinois Press, 1993.

Eugene E. Miller. *Voices of Native Son : The Poetics of Richard Wright*. Jackson : University Press of Mississippi, 1990.

Hazel Rowley. *Richard Wright : The Life and Times*. New York : Henry Holt and Company, 2001.

Robert Tenor. "The Where, the When, the What : A Study of Richard Wright's Haiku," *Critical Essays on Richard Wright*. Ed. Yoshinobu Hakutani. Boston : G. K. Hall & Co., 1982. 273-298.

Richard Wright. "Blue Print for Negro Writing," *Richard Wright Reader*. Ed. Ellen Wright and Michel Fabre. New York : Harper & Row, 1978. 36-49.

——. *Uncle Tom's Children*. [1940] New York : Harper Perennial, 1991.

——. *Native Son*. [1940] New York : Harper Perennial, 1993.

——. *12 Million Black* Voices. : *A Folk History of the Negro in the United States* [1941] New York : Thunder' s Mouth Press, 1988.

——. *Black Boy* (*American Hunger*) *A Record of Childhood and Youth*. [1944] New York : Harper Perennial, 1993.

——. *Black Power*. [1954] Westport : Greenwood Press, 1974.

——. *Haiku : This Other World.* New York : Arcade Publishing, 1998.
——. *The Long Dream.* [1958] Boston : Northern University Press, 1986.

（付記）この論文は、二〇〇一年一〇月に米国ミシシッピ州オックスフォードで開催された環境・文学学会（ASLE＝the Association for the Study of Literature and Environment）のシンポジウムにおいて、英文で発表した "The Last Dream of an Exile : Richard Wright's HAIKU and Southern Landscapes" に大幅な加筆・修正を施し、日本語で書き直したものである。

ダイアローグ

形式《けいしき》が解き放つ

非同一性の伝播

◉

菊地滋夫

1 ニューヨークのアフリカ

二〇〇一年八月、猛暑のニューヨーク。わたしは、近年進行しているというイスラーム化の様子と、その背景を間近に感じてみようと、この街に滞在していた。ここ数年関心を寄せてきた東アフリカ海岸地方後背地におけるイスラーム化と比較することで、新しい視野が開かれるのではないか、というささやかな期待があったのだ。

もちろん、初めて訪れるフィールドでは、人々の暮らしに密着した調査などできるはずもなかった。あくまでも予備的な、三週間ちょっとの短いフィールドワークである。しかし、それでも、ブルックリンのパキスタン人街で行われたパキスタン独立記念日の催し物や、マンハッタンで人気を集めるスーフィズム（イスラーム神秘主義）がおかれた文化的コンテクストは、それぞれに興味深かった。九月一一日に起きた事件を経て、再びこの街を訪ねなくてはという思いはいっそう強くなった。

さて、スパイク・リー監督の映画などで日本でも知られる黒人解放運動家マルコムXゆかりのモスクがある、マンハッタン北部のハーレムを訪ねたとき、わたしはある不思議な印象を受けた。それは、アメリカの黒人文化を象徴するこの街が、わたしの予想をはるかに超えてアフリカの香りに満ちていた、ということだ。はなはだ漠然とした言い方しかできないのが歯がゆいが、とにかくアフリカが感じられてならなかったのだ。

過去に何度かアフリカの街を訪ねてきたわたしのことだ。どうしてもイメージを重ねてしまうということもあるだろう。ハーレムにアフリカを感じてしまう理由の大半はこれかもしれない。また、かつて西アフリカから、奴隷として連れて来られた人々の子孫ではなく、比較的最近になってから西アフリカなどからニューヨークに移住してきた人々の存在も無視することはできないだろう。ハーレムにある一三五丁目で盛大に行われていたストリート・フェアにも、西アフリカ系移民の店が何軒も出ていて、衣服やアクセサリーを売っていた。

けれども、「かつて奴隷として連れてこられたアフリカの人々の子孫はアメリカナイズされてアフリカらしさを失ったが、西アフリカからのニューカマーがアフリカらしさを再びもたらした」と考えれば、それで十分なのだろうか。わたしには、ニューカマーのみならず、ハーレム全体がナイロビに暮らす人々の雰囲気に似ているように思われてならなかった。

あるとき、通りの向こう側にいる若者たちが、冗談半分にからかうような素っ頓狂な声をわたしに投げかけてきた。すると奇妙なことに、一九九〇年七月に初めてナイロビを訪れたときの感覚が一瞬のうちによみがえった。あのときと同じじゃないか！　懐かしさと嬉しさが急にこみあげてきた。あいつら、実は俺が来るのを知っていて、ずっと待っていてくれたんじゃないのか。わたしは、喜びが身体中に沸きあがってくるのを感じずにはいられなかった。

もちろん、冷静に考えれば、そんなはずはない。だいたいわたしが考えることには自分勝手な思いこみの類が多いのだ。だが、ハーレムを訪れたときの感覚を、ただの幻想か妄想として片づけるのにも抵抗がある。
そこで、アフリカとアメリカの黒人文化のつながりについて少し考えてみたい。

2 口汚い歌とブルース

アメリカの黒人たちの文化が、アフリカからそっくりそのまま移植されたものだと考えるのは、あまりに素朴すぎる発想だろう。かつて自ら望んだわけではない環境への適応を強いられ、それを生き抜いてきた歴史のなかでは、新たな文化の創造がつねに行われていたに違いない。

けれども、アフリカとアメリカの黒人文化に断絶のみを見出して強調するのもまた素朴すぎる見方であろう。新たな文化が創造されるにあたっては、支配者によって押しつけられたもののほか、（もともとのコンテクストから切り離されたものではあっても）手持ちの素材もまた必要に応じて柔軟に組み替えられて利用されたはずである。そこにある種の伝統、創造的な伝統の存在を認めないわけにはいかないだろう。

たとえば、アメリカの黒人文化の象徴ともいえるブルースの源流の一つは、南部の綿花プランテーションにおける労働歌であり、その歌唱の形式は、コール・アンド・レスポンス、すなわち、まず一人が最初の一節をうたい出し、他の人々がコーラスで応えるという極めてアフリカ的なものであったことが知られている。

また、ブルースの歌詞には、陰鬱な心情とともに、性的なイメージが折り込まれることが珍しくない。たとえば、一九三八年に二七歳で夭逝したミシシッピ・デルタの伝説のブルースマン、ロバート・ジョンソンの「蓄音機ブルース」は、ほぼ全体が性的なメタファーによって構成されている。「ベアトリスは蓄音機をもっているが／うんともすんともいわないのさ」「俺たちはソファーのうえでレコードをかけてみた／壁のそばでかけてみた／だが俺の針は錆びて全然かかりやしない」などといった歌詞はほんの一例に過ぎない。

このことは、ケニア海岸地方のカウマ社会で埋葬や葬式の際にうたわれる「口汚い歌」（あるいは「チフドゥ」）にも共通する。わたしが本誌所収「特定の誰か、ではない身体の所在」に引用した次の歌の歌詞などは、ブルースとの連続性を想起させずにはおかない。「Yanga yanga howe yanga yanga／わたしは独り残された／わたしは自分の心のために泣いている／女がわたしに告げた／カリンダ（女性用の腰布）はとても小さいと」また、こうした「口汚い歌」のうたい方がコール・アンド・レスポンス形式であるのはいうまでもない。

東アフリカで奴隷とされた人々の多くは、ザンジバルやアラビア半島方面に連れてゆかれたのであるから、「口汚い歌」とブルースの直接的なつながりを想定するのは無謀以外の何物でもない。しかし、こうしてみると、東アフリカと西アフリカ、アフリカとアメリカの黒人文化における間接的で非常に緩やかな連続性までも、すべて否定することもできないのではないだろうか。

3 ブルース、そしてHAIKUへ

本誌所収「パリに病んで夢は故郷を駆けめぐる」において、茅野は、黒人抗議文学の旗手と呼ばれたパリ在住のアメリカ人作家リチャード・ライトが、HAIKUと出会う前にはブルースに強い関心を寄せていたと述べている。二〇代の終わりに「黒人作家はその意識の中に、アフリカから連れ出される時に切り離されてしまった豊かな文化を取り戻すために闘ってきた長い苦闘の全体像を持つべきである」と書き記したライトであれば、アフリカの文化と歴史的関係を色濃くもつブルースに傾倒したのは、当然といえば当然であったともいえるだろう。

だが、後にフランス北部の小さな村で自然に囲まれて暮らすうちに、独自の文化を育んできたアメリカ黒人の生命力のみならず、生き物すべての生命の力を描き讃えようと願ったとき、彼に取り憑いたのはHAIKUであったという。茅野はその転換の理由を、ブルースがあくまで「自分」をうたい、個人的な悲しみや嘆きや孤独感を一人称で表現する「人間」の歌であったという点に求めている。ライトは、アフリカ出身の友人の紹介によってHAIKUと出会い、その形式を借りることで自然を直感的に描き、自然の一部としての自分を表現できるようになったというのである。

では、ブルースとHAIKUは、互いに相容れない性格や特徴をもつのだろうか。必ずしもそうではない。むしろ、ブルースと俳句の類似した特徴が、ライトが俳句に関心を深めるうえで橋渡しのような役割を果たしたのだということを茅野は見逃さなかった。相反するものや何のつながりも持たないように見えるものを併置し、それを一瞬の体験のなかに結びつける「心の状態」は、俳句のみならずブルースにも見出されるというのである。

わたしがニューヨークに滞在中のことである。タイムズ・スクウェアにほど近いブロードウェイを歩いていると、道端で、夫婦とおぼしき四〇代ぐらいの黒人の男女がブルースを演奏していた。足を止めて聴いてみると、歌はロバート・ジョンソンの名曲「スウィート・ホーム・シカゴ」であった。「ベイビー、俺の故郷シカゴへ行きたくはないか」といった内容が繰り返される歌なのだが、その途中でほとんど何の脈絡もなく「一たす一は二、二たす二は四」などという歌詞が唐突に現れる。ここに生まれる独特の効果は、先の「相反するものや何のつながりも持たないように見えるものを併置し、それを一瞬の体験のなかに結びつける」俳句と同じものではないだろうか。

ところで、ブルースをうたう者は、彼／彼女の人格や経験とは関係なく、様々な経験と陰鬱な心情を模倣（ミメーシス）する。シカゴを故郷とする者であろうがなかろうが「スウィート・ホーム・シカゴ」をうたうことができるのである。ただし、ここでいう模倣を、「あいつは『シカゴが故郷だ』ってフリをしているだけなのさ」といった意味でとらえてはならない。そのような醒めた眼差しに曝されたとき、ブルースはその生命を失うだろう。うたわれるブルースがブルースとして生きているときには、疑われることのない重いリアリティが曲ごとに入れ替わり立ち替わりうたっている者に宿るのである。模倣というのは、そのことを認める限りにおいてのことだ。

そうしたいリアリティを持ってうたう者の身体は、「特定の誰か」という同一性へと収斂することのない「カタログ的身体」あるいは「カタロゴス的身体」である。それは、「わたしは常にわたしである」という同一性のロゴス、通常は問われることのない自明のロゴスと対比され、それに回収されることのない身体である。繰り返しになるが、ブルースにうたわれる様々な経験と陰鬱な心情は、それをうたう者の人格やそれまでの経験には拘束されないからだ。

茅野によれば、ブルースの歌詞における技法の一つには、相反するものや何のつながりも持たないように見えるものを併置するような、いわば論理的一貫性の欠如があるという。それは、「特定の誰か」という同一性へと収斂することのない「カタログ的身体」あるいは「カタロゴス的身体」にこそふさわしく、自己の同一性にとらわれそうになる思考を強力に解き放とうとするはずだ。

しかし、ライトが最後にたどり着いたのはHAIKUだった。その形式が課す五・七・五という最小限の音節と季語の使用という厳しい制約によって、「自己と対象」という距離が生まれるのを防ぐことができたのではないだろうか。HAIKUの形式は、ブルースが自己同一的ではなかったにしろ保持していた「自己」からさえも、ライトを解放する手助けをしたのである。

こうして、ライトは差別と抑圧との、そして病魔との長く苦しい闘いの末に、厳しい制約を伴う形式を手にしたと同時に、最大限の解放を経験したのだと思う。それは、豊かな自然から切り離されて孤立する、どうしようもなく寂しい自己の同一性からの解放であったはずだ。ライトには、アフリカから、そして日本から、非同一性を生きる技法がたしかに伝播していたのである。

そのときライトには、想像を絶するような喜びがあったのではないだろうか。そうでなければ、晩年に四〇〇〇ものHAIKUが詠まれたことの意味を理解するのは難しい。

特定の誰か、ではない身体の所在

ケニア海岸地方におけるコーラスとジェンダー

菊地滋夫

1　東アフリカ海岸地方、女性たちの歌声

日曜日の朝一〇時過ぎ、ブッシュのなかの赤茶けた小径を歩いてゆく。あちこちで小鳥たちがさえずっている。すれ違う人たちとあいさつをかわしながら進んでゆくと、次第に、スワヒリ語の賛美歌が聞こえてくる。十字架、十字架でイエスは泣いた、神よ、我が神よ、どうしてわたしをお見捨てになったのですか……。草原とブッシュにかこまれた小学校の教室で、キリスト教の礼拝が行われているのだ。

ドラムと歌声の心地よいリズムに導かれてどんどん歩いていくと、歌声もだんだんはっきりと、力強く、耳と身体に届くようになってくる。ブロックの壁にトタン屋根の校舎が見えてくる頃には、中で女性たちがはつらつと賛美歌をうたっている様子がまざまざと目に浮かんでくる。実際、学校に着いてドアのない入り口から教室のなかを見てみると、礼拝の参加者は、ほとんどが少女や若い女性たちなのだ——。

わたしが東アフリカ海岸地方の後背地に暮らすカウマの人々をはじめて訪れたのは、一九九三年のことだった。以来、通算すると二年あまりここに滞在してきた。

その間、頭の片隅で、ずっと気になっていたことがあった。それは、キリスト教の礼拝や、様々な儀礼の機会に歌をうたっているのが、いつも女性であるということだ。もちろん、男性がまったくうたわないというわけではない。それでもやはり女性の歌声の方がずっと多いことは否定できない。

いったいこれはどういうことなのだろう。けれども、この素朴な疑問は、しばしば「そういう文化なのさ」という思考停止によってさえぎられた。

たしかに、人類学と民族誌の領域で、ジェンダー、つまり、性差に関して個々の社会が規定する地位や役割に注目する視点から、歌をうたうという行為が論じられてきたとは思われない。よくよく探してみれば、そのような研究があるのかもしれない。しかし、少なくとも、まとまった成果にはなっていないようだ。

それはなぜか？　もしかすると、「そういう文化」の詳しい記述にこそ全力を注ぐべきなのであって、ことさらジェンダー的な視点を持ち出したりして分析を試みることなどピントはずれも甚だしいのかもしれない。あるいは、ジェンダー的な視点から論じられるべき対象は、労働力の搾取だとか、教育機会の不均等などの「社会問題」であって、歌をうたうという「芸術的な文化」は、そうした対象にはなりにくかったのだろうか。

いずれにせよ、わたしの心のもやもやがすっかり消えることはなかった。だが、対象化されにくかった事柄の根源を問う意味はあるはずだ。となれば、やはり真っ正面からこの問題に取り組むしかない。大切なのは、まず、仮説の大枠を立ててみることだ。この論文で行おうとするのは、そのような作業である。

ところで、ともに歌をうたうという行為は、発達心理学的な観点や、あるいは細胞の同調現象をメタファーとして見る観点からすれば、「共鳴」し「同調」するコミュニケーションであり（今村　一九九一・一九九六、やまだ　一九九六参照）、また、コミュニケーションの形式という点から言えば、自他を越えた共通経験を志向する「同時発話」形式のコミュニケーションであろう（澤田　一九九六参照）。だが、ここでの課題は、ジェンダーの偏りを念頭に、カウマのコーラスが形作る社会関係の特性を分析することである。

ただし、分析は、女性の社会関係よりも、むしろ、日常的には厳格に構造化されている父―息子関係をめぐって進められるだろう。それはまた、ケニア海岸地方で近年次第に盛んに行われるようになってきたといわれる憑依儀礼を「誰のものでもない身体の祭り」として捉えた拙稿（菊地　二〇〇一a）の延長線上に位置するものとなるだろう。また、最後には、ローカルな実践の分析から一転して、グローバルな視野からも若干の考察が試みられるだろう。

以下に用いる資料は、カウマ社会で一九九三年以来断続的に行ってきたフィールドワークを通して得られたものである。そこで、次節ではカウマ社会の概要を手短に記しておくこととしたい。

2　カウマ――フィールドについて

カウマは、主にケニア海岸地方後背地に居住するミジケンダと総称される民族集団のサブグループの一つである。[1] ほとんどがキリフィ・ディストリクトに居住し、人口は一万人ほどである（一九九九年）。

一番近いキリフィの町までは、徒歩で二、三時間だが、カウマの人々にとって「町」といえ

1▼ミジケンダは、カウマのほか、ギリアマ、チョニ、ジバナ、カンベ、リベ、ラバイ、ドゥルマ、ディゴの各サブグループからなる。人口の面では、カウマはミジケンダのなかで最小の部類に属する。

ば、人口六〇万人を擁する東アフリカ屈指の港町モンバサを意味する。モンバサまでは約五〇キロ、一日一本のバスに乗り、ガタガタ道を揺られて二時間ほどかかる。

基本的な生業は焼畑農耕であり、その主作物はトウモロコシである。家畜としては、牛、山羊、羊、鶏などを飼う。インド洋が内陸に入り込んだキリフィ・クリークに面した地域では、小規模ながらも漁労が営まれている。カシューナッツやサイザルなどの換金作物はあるが、そこからの現金収入はわずかである。

ローカルなビジネスにおいては、椰子が経済的に重要である。というのも、椰子酒は、葬送儀礼や婚礼などの機会に大量に消費されるほか、日常的にも頻繁に飲まれるからだ。また、椰子の実は、調理に欠かせない食材であるし、椰子の葉は、編み込んで家屋の屋根を葺くのに用いられる。

カウマの集落はムジと呼ばれ、通常三世代ほどの世代深度をもつ父系拡大家族からなっている。「村の所有者」と呼ばれる長老男性とその兄弟や父方のイトコたち、他のクランから婚入してきた妻たち(一夫多妻制である)、その息子たちと妻たち、そして彼/彼女たちの未婚の子どもたちがムジの住民である。小さいムジなら人口は一〇人前後、大きくても百数十人程度である。広さでいえば、大きなムジでもサッカー・グランド一面分ほどだろうか。ムジを越える規模の集落は存在しない。ブッシュや、畑として利用されている土地のなかに、このような小さな集落が点在するというのが、カウマの典型的な景観である。

宗教的には、いわゆる伝統宗教とキリスト教が併存しており、イスラーム教徒は少数派である。[2] かつてカウマの人々が暮らしていた「カヤ」と呼ばれる巨大な円形状の村は、今日ではほぼ無人となる一方で、いわば民族の聖なる森となっている。この森と深い関連を持つ「カヤの長老」と呼ばれる長老組織は、植民地時代に起源をもつ行政チーフの世俗的な権威とは別に、

2▼ 対照的に、インド洋に面したスワヒリ都市の住民のほとんどはイスラーム教徒であったが、二〇世紀以降、キリスト教徒が増加する傾向にある(菊地 二〇〇一b参照)。

ある種の政治＝宗教的権威となっている。

3 コーラスのローカル・コンテクスト

さて、カウマでは、日常生活の場や、畑仕事などの際に、声をそろえて歌をうたうことはまずない。しいていえば、たまに同年代の幼い少女たちが何人か集まってスワヒリ語の賛美歌を唱和したり、やはり同年代の少年たちが流行りのポップスやボブ・マーリーの伝説的な曲の一節を遠慮がちに口ずさんだりする程度である。それも、父親や父方のオジ（伯父・叔父）が近くに来ると、歌声はピタッと止んでしまう。[3]

歌が堂々とうたわれる機会は、日曜日に学校の教室を教会として利用して行う礼拝・ミサ、埋葬と葬送儀礼、そして憑依儀礼などである。[4] 一見して明らかなのは、これらの機会に歌をうたう人々の大多数が女性だということである。

ただし、機会によって、コーラスの参加者は微妙に違っている。より細かく見るために、それぞれの機会ごとにコーラスの様子を整理しておこう。

礼拝・ミサ

日曜日になると着飾って教会へ通い、[5] 賛美歌の合唱に加わる人々は、大半が三、四歳から一七、八歳ぐらいまでの未婚の少女たちである。日頃、水汲みや薪採り、食事の準備と後片づけなどの仕事に追われる彼女たちにとって、教会での礼拝・ミサは、少なからずレクリエーション的な性格を持っているように思われる。また、既婚女性が子どもを連れて参加することも珍しくはない。

3▼ カウマでは、父ー息子（父方オジーオイも含む）の会話には、多かれ少なかれ緊張が伴い、息子は父の言いつけに従わなくてはならない。反対に、兄弟同士や父方イトコ同士といった同世代間や、祖父ー孫のような互隔世代間は、通常、軽口をたたきあえる打ち解けた関係である。男性親族の日常的な人間関係においては、前者のような「忌避関係」と、後者のような「冗談関係」のセットが典型的に見出される。

4▼ そのほか、年に何度か行われる資金調達集会や、結婚式も歌がうたわれる機会であり、やはり歌をうたうのは主に女性である。

5▼ 現在カウマで活動している教会は、大半が英国国教会系のCPK（Church Province of Kenya）である。少数ながら、バプティストやペンテコステ、カトリック系の教会も存在する。教会の多くは学校や幼稚園に寄付金を納め、日曜日の教室を教会として利用している。

写真1　日曜日の朝、学校の教室を利用した礼拝で賛美歌を合唱する少女たち。

礼拝・ミサには一〇代前半ぐらいまでの少年たちも若干加わるが、年齢があがるにつれてその数はだんだん少なくなり、既婚男性の参加は非常に希であるといえる。

礼拝・ミサとはいっても、牧師・神父が司式することは滅多にない。熱心な信者の青年や教師がその代役を務めるのが一般的である。

ここでうたわれるのは、おもにスワヒリ語の賛美歌である。

埋葬と葬式

死者の遺体は、家の出入口の外の地面に敷かれたマットのうえに仰向けに安置される。死者の親族・姻族の女性たちは、遺体を囲んで腰を下ろし、右手で蝿を追うような動作をしながら、翌日の午後に行われる埋葬の直前まで「口汚い歌」[6]や、賛美歌をうたう。ただし、死者の最近親者の女性（母・妻・娘など）は泣き続け、歌にも加わらない。

弔問に訪れた人々は死者に必ず対面し、とりわけ女性の近親者は激しく泣く。死者との対面をすませた男性の弔問客は遺体から距離を置き、ムジのすぐ脇にあるブッシュの空き地などに腰を下ろして椰子酒を飲んでいたりするが、ここで「口汚い歌」をうたう者もいる。

埋葬に続く葬式[7]では、夜から深夜、そして早朝にかけて死者が生前愛した歌と踊りが繰り広げられるほか（これらは必須ではないが）、「口汚い歌」が数多くうたわれる。その主な歌い手は既婚女性であるが、一〇代半ば以降の少年たちや既婚男性も加わる。

日常生活においては、息子が父や父方オジの前で性に関する言葉を口にするのは厳格に禁止されている。しかし、埋葬や葬式では、父親や父方オジの前であっても、あからさまに性に言及する「口汚い歌」がうたわれるし、それが問題視されることもない。

ちなみに、そうした歌を埋葬や葬式でうたう理由をたずねると、「さあ、知らないね」とい

6▼ 埋葬や葬式でのみうたうことが許される歌は、カウマ語で「メラ・ガ・クフォラ」あるいは「チフドゥ」と呼ばれる。前者は「口汚く人を罵る歌」といった意味であるが、これでは少し冗長なので、「口汚い歌」と訳しておく。性に露骨に言及するような内容の歌詞が多い。

7▼ 死者の年齢や死因などによって要する日数や回数が異なる。カウマでは、大人が（妖術などによるのではなく）たんに病気で死んだとされる場合には、一般に合計三回の葬送儀礼が執り行われる。個々には一回目から順に、ハンガ・イツィ（「未熟な葬式」）、ニェレ・ンビー（「ひどい頭髪」）、ルシンガ（「最後の葬式」）と呼ばれる。埋葬後、中二日をあけて始まる最初の葬式がハンガ・イツィであり、その二、三ヶ月後に行われるのがニェレ・ンビー、それから概ね二、三年後に行われる最も盛大な葬式がルシンガである。ただし、近年は、ニェレ・ンビーを省略するケースが増えてきている。なお、「葬式」一般を指す

写真２　葬式が執り行われるムジ。盛りあがるのは、もっと暗くなってから。

写真３　憑依儀礼でトランス状態に入りかけている女性。その後ろに座っているのは呪医。右側の女性たちが「精霊の歌」を合唱している。

う答えが返ってくるのが普通だ。少し考え込んでから、「悲しいからかなあ」と付け加える女性もいたが。

「ハンガ」という語は、本来は「苦悶」を意味するという(Parkin 1991 : 112)。

憑依儀礼

東アフリカ海岸地方に広く見られる憑依儀礼は、カウマでは近年に至るまでは、それほど盛んに行われていたわけではなかったらしい。わたしがフィールドワークの拠点として常々お世話になっているムワンダ村の場合、過去五〇年以上にわたって憑依儀礼は一度も行われていないとのことである。しかし、それでも最近は次第に活発になりつつあると老人たちはいう。

精霊に取り憑かれた者は、心身に様々な問題を抱えるとされ、憑依儀礼は主にその治療を目的に執り行われる。そこでは、打楽器を打ち鳴らし(手拍子だけの場合もある)、患者の身体に取り憑いているとされる精霊の種類に応じた「精霊の歌」をうたって精霊を呼び出し、呪医が精霊と対話する。人々は患者に取り憑いた精霊の言葉に耳を傾け、「ローズウォーターが欲しい」とか「赤い布が欲しい」などといった要求に応えるのである。

アフリカの歌唱や舞踊においては、コレクティブ・パーティシペーション、つまり、歌い手・踊り手と聴衆・観衆が明確に分離することなく一体となって参加する形態が広く共通した特徴となっている(塚田 二〇〇〇:一〇―一一、遠藤 二〇〇一:五七)。カウマの憑依儀礼にも、このような特徴は共有されていると考えられる。すなわち、憑依儀礼は、特定の病人を治療するために行われるのではあるが、その病人のみならず、その場に居合わせた人々――ほとんどが女性である――も踊りに加わり、トランス状態に入ることがしばしば見られるのである。

「精霊の歌」を歌うのは、やはり既婚女性が多い。また、精霊たちは取り憑いた者に占いという「仕事」をよこせと要求することがあり、占い師とは、一定のプロセスを経て、その要求に応じた者である。占い師の約九〇パーセントもまた既婚女性である。[8]

4 憑依儀礼における身体

アフリカの他の地域と同様に、歌唱の技法としては、コール・アンド・レスポンス、すなわち、まず一人が最初の一節をうたい出し、他の人々がコーラスで応えるという形式が、いずれの機会においても共通して見られる。また、普通、歌には踊りや打楽器の演奏が伴う(遠藤前掲書:五七参照)。葬送儀礼や憑依儀礼はもとより、教会の礼拝・ミサで賛美歌がうたわれる際にも、太鼓やタンバリンが演奏される。礼拝の参加者たちは、うたいながらリズムにあわせて身体を踊らせる。

そして、前にも述べたように、歌い手(及び踊り手)と聴衆・観衆が明確に分離することなく、その場に居合わせた人の多くが一体となって参加するコレクティブ・パーティシペーションが見られる。憑依儀礼のみならず、教会での礼拝・ミサ、埋葬と葬送儀礼にも共通するコレクティブ・パーティシペーションは、カウマのコーラスが形作る関係性を考えるうえで非常に重要である。

さて、日常的な人間関係においてカウマの人々は、親族関係のなかで各々の社会的位置づけが画定されている。とくに男性の社会的帰属は、親族関係によって構造化されており、父と息子の関係や、父方のオジとオイの関係に見られる厳しい忌避関係はその典型的な表現である。他方、女性親族の場合、隣接世代間の忌避関係はそれほど明瞭ではない。母と娘が、水汲みや薪採り、食事の準備と後片づけなどといった仕事を協力して行いながら、和やかにおしゃべり

8 占うのは占い師本人ではなく、彼女(彼)の身体に憑依した精霊であるとされる。一人の占い師に取り憑いているとされる精霊の数は数十にも及び、当の本人も精霊の正確な数や種類を把握しているわけではない。

している場面はごく日常的に見られる。また、少年たちは、一二、三歳頃になると生まれ育った家屋を離れ、同じムジのなかにある「若者の家」で寝起きを共にするようになる。このことは父―息子間における忌避関係の空間的な表現であるとも考えられるが、少女たちは、婚出するまで両親の家屋に留まるのが普通である。

だが、憑依儀礼においては、そうした男性親族を貫く原則は通用しない。たとえば、人を自殺に駆り立てる危険極まりない精霊とされる「フュラモヨ」に憑依され、今まさにトランス状態にある若い男性に対して、その父親が通常の父―息子関係に則って何事かを命じようとしても無効である。なぜなら今や彼の息子であるはずの身体は「彼の息子」ではなく、「フュラモヨ」なのである。しかも、一人の患者には、たいていいくつもの精霊が取り憑いているとされるので、憑依儀礼の進行に従って、その何分か後には彼の息子の身体は「ルオ」[9]となるかもしれない。さらには、「ムアラブ」[10]が現れたり、その次には「シンバ」[11]が登場するかもしれないのである。

このように、擬人化・人格化された精霊が入れ代わり立ち代わり現れ、ほとんど無限定に、そして継起的に列挙される身体は、構造化された社会的位置づけを持った「特定の誰か」という同一性へと収斂することのない身体である。身体が必ず誰かのものであることを唯一自明とする文化を生きる者には「異常」もしくは「偽装」に映るこうした身体の在り方を、ジャン＝リュック・ナンシーの刺激的な身体論（ナンシー　一九九六参照）に導かれつつ、わたしは「カタログ的身体」、あるいは「わたしは常にわたしである」という同一性の「ロゴス」に代わる「カタロゴス的身体」と呼ぶ（菊地　二〇〇一a参照）。

ところで、前述のように、それぞれの精霊には固有の歌がある。憑依儀礼では、それらの歌をうたって患者に取り憑いている霊を呼び出す。ある「精霊の歌」をうたっても、患者に何の

9▼
「ルオ」は、異民族ルオの姿をした精霊。激しい頭痛や精神異常をもたらすとされる。

10▼
「ムアラブ」は、アラブ人の姿をした精霊。取り憑いた者に、頭痛・寒気・吐き気などの症状を引き起こすとされる。病状を緩和するために、患者はイスラーム的な生活規範に従わなくてはならず、そうしない場合には死に至ると言われる。

11▼
「シンバ」は、ライオンの姿をした精霊。これに取り憑かれた者は、頭のなかにいつもライオンを思い浮べるようになり、気分が悪くなるという。また、彼／彼女は、憑依儀礼でトランス状態に入ると、ライオンのように荒々しく音を立てつつ大きく呼吸し、儀礼を司る呪医に飛びかかることさえあるという。

反応も現れなければ、その歌に対応する精霊は取り憑いていないと見なされる。別の「精霊の歌」をうたってみて、患者の身体が細かく激しく震え出し、ついにはその霊として語り出すならば、その精霊が患者に憑依していることを意味する。

「精霊の歌」とは、どのようなものか。例として、先に挙げた四つの精霊に対応する歌の歌詞を示しておこう。なお、それぞれの歌には題名がないので、最初の一節を仮の題として付すことにする。また、繰り返しは省略する。

わたしは眠らない（「フュラモヨ」の歌）

わたしは眠らない　わたしは眠らない
わたしは眠らない　わたしは眠らない
今日　フュラモヨが肋と心臓を襲った
今日　わたしは困っている
道すがら　フュラモヨがわたしを襲った

ルオが来る（「ルオ」の歌）

ルオが来る
太鼓を叩け

ルオが来る
太鼓を叩け

ムアラブは（「ムアラブ」の歌）

ムアラブは
神に祈るとき
ムハンマドの本を使う

ライオンがいて（「シンバ」の歌）

ライオンがいて
こっちに来るぞ
ライオンが来るぞ
家を閉めて
扉に鍵をかけて
ライオンが来るぞ

ここに挙げた「精霊の歌」の歌詞は、比較的わかり易い部類に入る。カウマの人々にとってもほとんど意味不明の「精霊の歌」は、いくつも存在するのである。けれども、たとえ意味が不明であろうとなかろうと、このような歌がうたわれない限り、取り憑いた霊を呼び出すことはできない。それゆえ、少なくともカウマのローカル・コンテクストにおいては、憑依儀礼は、「歌をうたうこと」と分かちがたく結びついているといえよう。

また、だとすれば、逆に「うたう身体」にも、「憑依儀礼における身体」に共通するもの——構造化された社会的位置づけを持った「特定の誰か」という同一性へと収斂することのない身体——を見出すことができるのではないだろうか。これが次の検討課題だ。

5 コーラスと身体

「うたう身体」について考える材料として、埋葬や葬式で数多くうたわれる「口汚い歌」を取りあげてみたい。

すでに指摘したように、「口汚い歌」には、性に言及する内容の歌詞が目立つ。今から一〇年も前なら、〈死〉と〈性〉をコスモロジカルに結びつけて分析する誘惑に駆られる人類学者もいたに違いない。

まず、三曲ほど例を挙げよう。

セックスは家のなかでする方が良い

セックスは家のなかでする方が良い　howa

外は雨が降るよ
外は雨が降るよ
セックスは家のなかでする方が良い　howa
外は「年の雨」[12]が降るよ　howa

小さな子どもよ

Tate Tate Tate Tate[13]
小さな子どもよ
睾丸の入った箱は
おまえのお父さんといっしょに行ったよ
［おまえのお父さんは］肛門だよ

わたしは独り残された

Yanga yanga howe yanga yanga
わたしは独り残された
わたしは自分の心のために泣いている
女がわたしに告げた

12▼ ケニア海岸地方には一年に二回の雨期がある。カウマの人々は、四〜六月頃にかけての雨期に降る雨を「年の雨」、一〇〜一一月に降る雨を「短い雨」と表現する。

13▼ Tate は男児の名。

カリンダ[14]はとても小さいと

「セックスは家のなかでする方が良い」は、文字通り猥褻な歌であろう。「小さな子どもよ」でも、露骨な形で性に言及されている。また、「わたしは独り残された」の歌詞は、それほど直接的な性表現ではないが、「女がわたしに告げた／カリンダ（女性用の腰布）はとても小さいと」の部分が、やはりさりげなく性的なニュアンスを伝えている。

しかし、このような性的な歌詞にばかり目を奪われてはならない。というのも、次の例のように、必ずしも性に関する内容の歌詞を持たない「口汚い歌」も実は少なくないのである。

今日　牛は糞をしなくちゃ

今日　牛は糞をしなくちゃ
ダマおばあちゃん
牛に糞をさせてね

ダカチャでは人々の泣き声がする

ダカチャ（地名）では人々の泣き声がする
神の意志とともに何が起きているのか？

14▼カリンダは、女性用の腰布のこと。

去年きみはソマリア人の連中に銃弾で撃たれた

朝早く　わたしは泣くだろう

朝早く　わたしは泣くだろう
わたしの子どもを思い出しては
わたしは泣くだろう　hehe
泣くだろう
思い出しては泣くだろう
わたしの子どもを思い出しては
独りぼっちで泣くだろう　hehe
わたしは思い出しては泣くだろう
[思い出すのは] いやだ

牛の糞に言及する「今日　牛は糞をしなくちゃ」の歌は、下品な内容の歌詞であるとみることもできよう。だが、性に言及したものではない。「ダカチャでは人々の泣き声がする」は、どう考えても性的な歌詞ではないし、下品でもない。「朝早く　わたしは泣くだろう」は、我が子を失った親の痛切な悲しみをストレートに表現した歌詞であり、少なくとも歌詞から下品さを見て取ることはできない。わたしが知る限り、カウマの人々の間に、人の死を悲しみ嘆くことを「下品」とする見方があるとは思われない。

わたしがカセットテープに録音した三三曲のうち一四曲が、明示的にも暗示的にも性に言及しているとは考えられないものであった。したがって、いたずらに〈死〉と〈性〉を関連づけて解釈するのではなく、性的でも下品でもない歌までもが、それでもなお「口汚い歌」と呼ばれ、ムジでの日常生活においてうたうことがけっして許されないことの意味こそが問われなくてはならない。

そこで、百人、二百人を優に越える弔問客が訪れている盛大な葬式を想定してみよう。

夕暮れ前には牛や山羊が何頭も屠殺され、古くからのしきたりに従って塩を加えずに調理され、トウモロコシの粉でつくった粥とともに弔問客に供されている。椰子酒に酔っぱらって目を赤く腫らし、普段よりもずっと大きな声で話をしている大勢の男たちがいる。乱暴な言葉も、猥褻な言葉も、このときばかりは遠慮なく飛び交っている。葬式では、日常の構造化された社会関係が解体されている。

この葬式は、三回目の、つまり最後の葬式ルシンガであり、遺族はそのために十分な時間と費用をかけて準備をしてきた。小型発電器を用いた屋外ディスコは、盛大な葬式に欠かすことができない。椰子の木には赤や青や黄色の電灯が点滅し、スピーカーも吊されて、レゲエやラップ・ミュージックをガンガンかけている。その下では、主に未婚の若者たち、少年たちが弾むように踊る。コンゴ（かつてのザイール）を発信源とし、アフリカを代表するポップスであるリンガラが流れると、三〇代、四〇代の男たちも踊りだす。そして、このような喧噪のなか、ムジの何カ所かでは、手拍子やルンゴ[15]でリズムをとりながら「口汚い歌」をうたう人々の輪ができている。

さて、こうした状況において、誰がどんな内容の歌をうたったとしても――性的な歌だろうと、下品な歌だろうと――、それは歌い手の社会的帰属や人格とは何ら関係がない。わが子の

15▼ルンゴは、細かく砕いたガラスの破片などを笊に入れ、これを上下に揺すってリズムを刻む楽器である。

死を嘆き悲しむ歌をうたう者が、実際に我が子を失った経験を有する必要はまったくない。誰であろうと、我が子を失った親の悲嘆をうたうことができるのである。

つまり、「口汚い歌」をうたう者の身体とは、性的な歌も下品な歌も、わが子の死を嘆き悲しむ歌をも、ほとんど無限定に、そして継起的に列挙することができる身体である。これもまた、憑依儀礼における身体と同様に、「特定の誰か」という同一性へと収斂することのない「カタログ的身体」、あるいは「カタロゴス的身体」にほかならない。

実際、歌い手はコレクティブ・パーティシペーションのなかに埋没しているので、その構造化された社会的位置づけなどは、まったくといってよいほど見えなくなっている。日常における構造化された社会的位置づけは、命名の体系によっても規定されているが、コーラスが形作る社会空間は匿名性によって支配されている。

要するに、コーラスする身体には「父」も「息子」もないのである。

また、わたしはジャニス・ボディらの議論にインスパイアされつつ（cf. Boddy 1994）、憑依儀礼を、同一化を志向する「コピー」とは異なる「ミメーシス（模倣）」として捉えている（菊地　一九九九及び二〇〇一a参照）。だとすれば、歌をうたうという行為もまたミメーシスであろう。たとえば、「朝早く　わたしは泣くだろう」をうたうとき、誰もが「我が子を失った親」を模倣するのである。歌い手が、実際に我が子を失った経験を持つ親であったとしても。

「我が子を失った親」が「我が子を失った親」を「模倣」するなどという見方は、論理的にはとても奇妙であるように思われるかもしれない。つまり、それは外的世界の「模倣」などではなく、実際に「我が子を失った親」が自己の内的世界を「表現」（expression）する行為としてなら理解できるというわけである。しかし、ここで歌をうたう身体とは、実際に「我が子を失った親」であるところの特定の誰か、ではない。特定の誰かに属さない身体が、「我が子を失った親」を模倣しているのである。「模倣」とみなすのが奇妙に思われてしまうとすれば、それは歌い手をどこまでも「我が子を失った親」であるところの特定の誰かとしてしか見ないからである。このことは、わたしたちがそれだけ同一性の思考にどっぷりとつかっていることの証であろう。[16]

さらに、以上の分析から逆に、歌詞の内容にかかわらず、「口汚い歌」が「口汚い歌」と呼ばれ、ムジでの日常生活においてうたうことがけっして許されない理由も明らかになる。

父系的な原理が強いカウマ社会では、財産・権利・義務などが父―息子のラインで継承され、その関係においては相互の「尊敬」が重要であるとされる。ところが、歌をうたう身体は、ある父親にとっての息子といった「特定の誰か」ではないのであり、したがって、父と息子の構造化された社会的位置づけを解体へと向かわせる作用を秘めている。だから、それは「尊敬」を欠いた行為として日常的には禁止されなくてはならないのである。少年たちが流行りのポップスやボブ・マーリーの歌を遠慮がちに口ずさんでいても、父親や父方オジが近くに来るとうたうのを止めてしまうのもこのためであろう。必ずしも歌詞に問題があるからではないのだ。

けれども、「口汚い歌」に性的な内容の歌詞がたくさん含まれることも故無きことではない。カウマにおける父と息子という構造的な分化は、性の分離によって基礎づけられている。息子は、自分の産みの母だけでなく、父の他の妻（たち）もまた母として尊敬しなくてはならない。父が二人目、三人目の妻を娶ったとき、その女性が、息子と同年輩か年下であることは十分にありうるが、彼らが性的関係を持つことは許されないのである。[17] この構造分化を無効にするためには、そうした性の分離を抹消すればよい。性的な内容の歌をうたうことは、言語的コ

16▼ 精神病理学者の木村敏による次の指摘は示唆的である。「声は意志である。私は声によって、私自身ではない意志によって捕らえられる。声が怖しいのは、それが私との絶対的な近さにありながら、まだ私自身ではないからである。声はその意志によって、私自身の内部に亀裂を生じさせる。私自身であるものと、私自身でないものとの、この存在論的（非）同一性の、声による開示。」（木村　一九九一：五一）

17▼ カウマでは、未亡人が亡夫の兄弟に相続されることがあるが、亡夫の他の妻の息子に相続されることはない。しかし、亡夫の孫の世代の男性親族によって相続されることは可能である。

ミュニケーションのレベルでこれを実行することになる。つまり、言語的コミュニケーションのレベルで性を共有することは、やはり言語的コミュニケーションのレベルで性の分離を抹消することだからである。葬式が、構造化された社会的位置づけが一時的に解体される社会空間であるとすれば、性的な内容の歌は、まさにその場に親和的であるといえよう。

6 劣位性のコムニタス

コーラスには女性だけではなく、比較的少数とはいえ男性も参加する。しかも、参加する女性の年齢構成にも、機会によって微妙な差異が認められる。それゆえ、ことを「コーラスに参加するのは女性」の一言で片づけることができないのは明らかである。しかし反対に、問題を「人それぞれ」として個人的選択の結果に解消するには、あまりに大きすぎるジェンダー間の非対称性が認められるのも事実である。

これまでの分析から、大勢でともに歌をうたうときに形作られる関係性とは、「特定の誰か」という同一性へと収斂することのない身体によって結ばれた交流空間のことであると考えられる。よく知られた社会人類学の分析概念に照らせば、それはV・ターナーの〈コムニタス〉に一脈通じるものがあると思われる(ターナー　一九七六参照)。

コムニタスとは、人間関係が社会的位置づけによって規定されている通常の秩序とは異なり、人々が未分化のままに交流する空間である。卑近な例として、日本のプロ野球のチームを想像してみよう。シーズン中は、チームの内部は社会的位置づけによって規定され構造化しているのが普通であろう。つまり、チームの指揮権は監督が掌握しており、その下にはコーチ陣がいて、その指導の下に選手たちがいるのである。選手たちの内部も、先輩と後輩などの上下関係によって構造化していて、若手の投手がベテラン捕手のサインに首を振ることは難しい。ところが、優勝が決まって祝勝会恒例の盛大な「ビールかけ」がはじまれば、そこには監督もコーチもベテランも若手もない、いわゆる無礼講の状態が出現する。まさにチームの構成員が未分化のままに交流する空間である。

また、ターナーは、そのような社会空間が、儀礼の過程における境界状況のほかに、分化された構造における劣位におかれた側に存在することを指摘している（入団したての若手選手たちによる寮での共同生活？）。カウマにおける様々な機会のコーラスが、主として女性たちによって担われている事実は、このこととも少なくとも部分的には符合するように思われる。

父系の出自集団によって組織されるカウマ社会では、父の権威が強く、父系拡大家族としてのムジのヘッド（「ムジの所有者」）もまた原則としてムジの最長老男性が務める。親族会議は、男性成員を中心に行われる。カウマ全体にかかわる政治＝宗教的権威として「カヤの長老」という長老組織があるが、その成員もすべて男性である。また、イギリスによる植民地統治の時代に起源を持つチーフ職やサブチーフ職も、今日に至るまで全員が男性によって占められてきた。つまり、親族組織や長老政治、さらには近代的な行政システムといったヒエラルキー的に構造化された領域は、完全に男性が独占してきたといってよい。反対に、女性の活動はつねにその外部におかれてきたのである。結果的に、そうした女性たちと、大勢でともに歌をうたうときに形作られるコムニタス的な関係性は、極めて親和的なものとなるだろう。

しかし、まだ疑問が残る。このようなジェンダーの非対称性はいかにして持続されているのだろうか、という疑問だ。

カウマの日常生活においては、食事の準備や後片づけ、トウモロコシの脱穀作業、水汲み、薪の採取といった仕事が、ほぼ全面的に女性に割り振られている。ただし、水を汲みに集まった女性たちが喋っているような場面を除くと、それぞれが暮らすムジを越えて女性が集まる機会は少ない。逆に言えば、ムジを越えて女性が集まる機会の多くは、歌をうたうときなのである。だが、カウマの場合、こうした集まりはあくまでも一時的なものであり、それを母体として女性たちがグループとして活動するというわけではない。教会などでの女性の集まりが相互扶助を目的とした女性グループに発展するようなケースは、現状では見あたらない。「口汚い歌」のなかには、「わたしたちは議会に入るまで進んで行くのよ」といった歌詞を含む歌もあるのだが、周縁における、コーラスによって結ばれた女性たちの連帯は、今のところ社会の中心へと進出するうえでの足がかりとはなっていない。

カウマにも互助組織としての女性グループがいくつか存在するが（水道管の敷設やキオスクの経営などがその目的である）、資金集めがうまくゆかず、休眠状態となっているものもある。ケニア内陸地方には、農業や商業部門での各種の活動において大きな成果を挙げている女性グループは少なくない。工芸品や加工食品を扱った大規模な製造販売センターを経営しているような女性グループもある。しかし、これらと、カウマの女性グループとの差は歴然としている。

カウマの女性グループの活動が停滞している背景に、先に述べたような男性中心の支配システムがあることは疑いえない。けれども、かつて男性中心の支配システムが存在していたが、現在は女性グループの活躍が目立つ地域もある。にもかかわらず、カウマの女性グループをめぐる現状は今述べたとおりなのである。どうしてなのだろう。

最後に、この点についてもう少し考えてみたい。

7 ジェンダーの非対称性とグローバル・コンテクスト

男性中心の支配システムのほかに、もう一つの重要なポイントがある。それは、沿岸都市部を除くケニア海岸地方が、国内でも屈指の低開発地域であるということだ。現金収入が、ケニア国内の他の地域比べて非常に低い水準にとどまっていることは、カウマの女性グループの活動を困難にしている無視しがたい要因である。

この低開発に関しては、「住民が怠け者だから発展・開発が遅れているのだ」という言説が、カウマの人々の耳にも届いている。カウマ出身の作家モーリス・カンビシェラ・ムンバは、小説『祖霊の怒り』に、中央の政府関係者などから貼り付けられた「怠け者」というレッテルとそれに対する反発をさりげなく、そしてユーモラスに描いている（Mumba 1987：27-28）。「怠け者は淘汰されて当然」とでもいいたそうな言説の陰には、一九世紀的な社会進化論の観念が冷たく暗く響いている。

カウマのみならず、ケニア海岸地方後背地に暮らすミジケンダの人々を蔑視する向きは、二〇世紀以前にもあったらしい。たとえば、ザンジバルなどへと積み出されていった奴隷の多くが主として内陸部から連れてこられた一方で、後背地の人々は、それほど奴隷の供給源とはならなかったとされるのであるが、その理由は、ミジケンダは身長が低く、アラブの奴隷商人の目には鈍感で寝ぼけた人間として映り、奴隷としては必要とされなかったからだという（Beachey 1976：37, 182-183）。

また、ミジケンダという名称と民族集団としての一体性の観念は一九四〇年代になってから形成されたといわれる（Willis 1993：28）。少なくともそれまでは、後背地の諸民族は、沿岸都市部の住民から一括して「薮の人々」を意味する「ワニイカ」という蔑称しか与えられていなかった。この呼び方にも、後背地の人々を、あたかも本来的な未開性によって括ってしまうような見方が潜んでいる。

しかし、後背地に暮らす人々は、本質的に「進化」から取り残され、「淘汰」されてもやむを得ないような「怠け者」であり、「鈍感で寝ぼけた」「薮の人々」なのだろうか。もちろん答えは否であろう。そうした見方もまた歴史的に形成されてきたものなのである。

歴史学者ポーウェルズの指摘によれば、沿岸都市部のスワヒリの人々にとって「ウスタアラブ（アラブ的であること）」という言葉がこの地方の「文明」――後背地や内陸部における非イスラームの「野蛮」に対して、イスラーム世界の一員としての「文明」――を意味するようになったのは、一八六〇年代から一八七〇年代以降になってからに過ぎないという。この時期には、ポルトガル撤退後のモンバサを支配したマズルイ朝をザンジバルのオマーンが倒し、この地方全域にオマーン・アラブの政治的・経済的・文化的なインパクトが及ぶようになった。だが、それまでは、沿岸都市部のスワヒリの人々にとって、後背地の伝統もまた宗教的・文化的要素として重視されていたのである（Pouwels 1987：72）。その背景には、後背地の人々が、ローカルな交易の連鎖を通して価値の高い輸出アイテムとしての象牙をもたらすと同時に、最も頼りになる政治的・軍事的同盟者としてモンバサ繁栄の鍵を握っていたという事実があった（菊地　二〇〇一b：一二七）。

経済の停滞とその格差の拡大を、当の社会や国家の問題（「怠け者」「鈍感で寝ぼけた人間」「薮の人々」）としてのみ説明するような平板な社会進化論が基本的に誤りであることを示したのは、一九六〇年代以降、フランクやウォーラーステインらが提唱した従属論や世界システム論の視点であった。従属論や世界システム論、及びそれらの論者たちの議論の異同はここではおくとしても、これらの視点の方がはるかに有効であろう。

ウォーラーステインの世界システム論によれば、近代世界の経済は、一五、六世紀の西ヨーロッパに誕生し、そこから世界に拡大した一つのシステムである。それは中心、半辺境、辺境の要素から構成され、それらの間で支配と搾取関係を伴う分業体制が成立したという。実際、はるか大昔からケニア海岸地方後背地が東アフリカ屈指の貧困地帯だったなどということがあり得ただろうか。後背地が沿岸都市部や内陸部との大きな経済格差を抱えるに至ったのは、グローバルな経済システムが拡大する過程でアフリカとケニアが周辺化されたうえ、そのケニアのなかでも、たとえば紅茶やコーヒーといった外貨獲得にもつながるような有力な換金作物の育たない海岸地方後背地が二重に周辺化されていった結果であったとも見ることができよう。紅茶やコーヒーが育つような地域は、世界的には低価格の農産物の供給地として固定化され、その意味で明らかに周辺化されることになったのだが、海岸地方後背地のような地域に対してはむしろ支配的な位置に立つことになったのである。こうした位置関係におかれては、後背地の人間が「怠け者」か「働き者」かにかかわらず、その経済的発展は困難な条件にあるといわざるをえない。

今日でもカウマには常設のマーケットが存在せず、アラブ人が経営する商店（一軒のみ）といくつかのキオスクで野菜などがわずかに売買されるだけである。妻（たち）は自らの小さな畑を所有するが、そこで生産される野菜などはほとんどが自家消費に充てられる。女性グループは、ごく少額の寄付金を集めるのもままならないのが実状である。実際、彼女たちも、内陸部には一定の成功をおさめている女性グループが数多く存在することをよく知っている。その違いの理由をたずねると、即座に「換金作物がここでは育たないから」との答えがかえってくる。ケニア経済企画開発庁とナイロビ大学アフリカ研究所の共同研究プロジェクトとして作成された"*Kilifi District Socio-Cultural Profile*"にも、キリフィ・ディストリクト内で活動する自助グループ（女性グループを含む）に関する勧告として、リテラシー向上のための成人教育と財政的支援の二点がなされるべきであると記されている（Were and Mathu 1988：140）。社会の周縁における女性の連帯が、少なくとも現状では周縁にとどまっている背景として、二重の周辺化に起因する経済的貧困という問題があるのを見逃してはならないだろう。

カウマのコーラスに見られるジェンダー間の非対称性について、ローカル・コンテクストに即して慎重に対象を読み解くことが極めて重要であるのは間違いない。だが、それにのみ終始するならば、男性中心の支配システムをカウマにとって本質的な「伝統」とみなし、そこにすべての説明を帰する危険性がある。もちろん、ここで試みたグローバル・コンテクストからの考察も、大まかな素描に過ぎない。だが、この「特定の誰か」ではない身体の所在という問題は、二つのコンテクスト、すなわちローカル・コンテクストとグローバル・コンテクストが交錯するところで検討する必要があることだけは指摘できるであろう。

［参考文献］

遠藤保子『舞踊と社会――アフリカの舞踊を事例として』文理閣、二〇〇一年。

今村　薫「サンの日常と歌」田中二郎・掛谷誠編『ヒトの自然誌』平凡社、一九九一年。

今村　薫「同調行動の諸相――ブッシュマンの日常生活から」菅原和孝・野村雅編『コミュニケーションとしての身体』（叢書・身体と文化　第2巻）大修館書店、一九九六年。

菊地滋夫「ケニヤ海岸地方後背地における緩やかなイスラーム化――改宗の社会・文化的諸条件をめぐって――」『民族學研究』（日本民族学会）第六四巻三号、一九九九年。

菊地滋夫「憑依霊の踊りと自分勝手な人類学者――ケニア海岸地方カウマの人々の最近の暮らしぶり」『接続』2001 vol.1　ひつじ書房、二〇〇一年a。

菊地滋夫「インド洋沿岸のスワヒリ都市」嶋田義仁・松田素二・和崎春日編『アフリカの都市的世界』世界思想社、

二〇〇一年b。

木村　敏『形なきものの形――音楽・ことば・精神医学――』弘文堂、一九九一年。

澤田昌人「音声コミュニケーションがつくる二つの世界」菅原和孝・野村雅編『コミュニケーションとしての身体』（叢書・身体と文化　第2巻）大修館書店、一九九六年。

ヴィクター・ターナー『儀礼の過程』冨倉光雄訳、思索社、一九七六年。

ジャン＝リュック・ナンシー『共同-体《コルプス》』大西雅一郎訳、松籟社、一九九六年。

塚田健一『アフリカの音の世界――音楽学者のおもしろフィールドワーク――』新書館、二〇〇〇年。

やまだようこ「共鳴してうたうこと・自身の声がうまれること」菅原和孝・野村雅編『コミュニケーションとしての身体』（叢書・身体と文化　第2巻）大修館書店、一九九六年。
W. R. Beachey, *The Slave Trade of Eastern Africa*, London : Rex Collings, 1976.
Janice Boddy, "Spirit Possession Revisited : Beyond Instrumentality." *Annual Review of Anthropology* 23, 407-434, 1994.
Randall L. Pouwels, *Horn and Crescent : Cultural and Traditional Islam on the East African Coast, 800-1900*, Cambridge : Cambridge University Press, 1987.
Thomas T. Spear, *The Kaya Complex : A History of the Mijikenda Peoples of the Kenya Coast to 1900*, Nairobi : Kenya Literature Bureau, 1978.
Maurice Kambishera Mumba, *The Wrath of Koma*, Nairobi, Heinemann Kenya, 1987.
David J. Parkin, Sacred Void : *Spatial Images of Work and Ritual among the Giriama of Kenya*. Cambridge : Cambridge University Press, 1991.
Gideon S. Were and Mathu George (eds.), *Kilifi District Socio-Cultural Profile* (draft), Nairobi : Government of Kenya, 1988.
Justin Willis, *Mombasa, the Swahili, and the Making of the Mijikenda*, Oxford : Clarendon Press, 1993.

（附記）　本稿は、日本アフリカ学会第38回学術大会における公開シンポジウム・女性フォーラム「ジェンダー非対称性のローカル・コンテクスト――東アフリカの事例から」（於名古屋大学、二〇〇一年五月二七日）にて、「カウマ社会（ケニア）における歌とジェンダー」と題して行った口頭発表原稿を下敷きとして、大幅に加筆・修正したものである。女性フォーラムでの発表の機会を与えてくださった宮城学院女子大学の富永智津子先生と、示唆に富んだコメントをくださった方々にこの場を借りて深く感謝申しあげたい。

ダイアローグ

アフリカからアメリカへ

海を越えた「コーラスする身体《からだ》」

◉茅野佳子

ブルースやジャズの演奏家でもあった音楽評論家のロバート・パーマーが、著書『ディープ・ブルーズ』の第一部「起源」で、次のような記述をしている。

南部の畑で苦役に従じていた奴隷たちは、奴隷貿易が関わっていたアフリカのあらゆる地域から連れてこられた人々だった。彼らは労働や礼拝の際に独りで歌ったり、畑のあちこちから叫び合ったり、一緒に歌ったりしながら、数えきれないほどあるアフリカの声楽の伝統から真の本質を抽出した混成の音楽言語を発展させた。セネガルやヴォルタ川上流、ガーナ、カメルーンといった地域、そして現地録音がほとんど行なわれていないその他の地域でも疑いなく、アフリカの歌唱はこのアメリカの混成がもつ特徴の多くを含んでいる。このような歌唱はヨーロッパ人の耳にはほとんど馴染みのないものだった。（五十嵐正訳　四九頁〜五〇頁）

ここでパーマーは、アメリカの黒人の間で発展していった歌とアフリカに今も残る歌唱の伝統とを比べ、その類似点をいくつか挙げて詳しく説明しているのだが、さらに歌詞や太鼓のリズムにも言及し、そのつながりを示唆している。例えば、「アメリカ黒人音楽の歌詞に見られる聖なるものと不敬なるものの混合」に関しては、植民地化される前のアフリカにおいて、この二つが対立するものとしてとらえられていなかったことを指摘している。また打楽器の演奏に関しては、奴隷が太鼓の演奏を禁じられていたとする説（従ってリズムは天性のものであるとする説）が誤りで、奴隷制度の中で太鼓はある程度許容されており、手拍子や足の踏みならしも含め実際の演奏を通じて、アフリカの伝統的なリズムが代々受け継がれていったのだと説明している。

アフリカから強制的にアメリカに連れてこられて過酷な労働を強いられた人々が、苦しみに耐え生きていくための慰めや支えを歌に求めたことは、容易に想像できる。しかし、裸同然で祖国から切り離され、言葉の通じ合わない他部族の人々と一緒に新しい世界に放り込まれ、想像を絶する苦難の中で生命の危険にさらされながら、いったいどのようにして故国の文化や伝統を取り戻し、育て、伝えることができたのだろうか。また、うたうことが黒人コミュニティの中で重要な機能を果たし、大きな力となり得たのはどのような理由によるのだろうか。菊地滋夫「特定の誰か、ではない身体の所在」の中で述べられていた「ともに歌をうたう」という行為の特徴、つまり「自他を越えた共通経験を志向する」コミュニケーション、そして「構造化された社会的位置付けを解体へと向かわせる作用」という説明の中に、その答えが見つかるように思う。

ケニア海岸のカウマの人々の間で長い間受け継がれている「うたう」ことに関する慣習は、一見現代文明の流れに取り残されているような印象を与えるが、社会の中で根強く残るということはその慣習が十分に機能を果しており、さらにその機能が社会にとって重要なものだからであろう。「ともに歌をうたう」という行為によって、社会の引いた境界線を越え、カタルシスを経て現実にもどる。社会の中で底辺に置かれ抑圧される者たちがそんな体験を必要としていることを、アフリカの共同体は伝統の中でちゃんと配慮しているのだと思う。また、理解を越える現象や様々な変化に対応するために、集団でうたう行為がカウマの人々にとって重要な機能を果たしていたように、海を渡って奴隷となった人々にも、うたうことによる「共通経験」と「社会的位置付けの解体」が大きな意味をもったにちがいない。

アフリカの歌の伝統は、奴隷船の中ですでにその継承と変容を暗示していた。『アフリカン・アメリカンの文学』の中で著者荒このみは、アミリ・バラカ（旧名リロイ・ジョーンズ）の書いた『奴隷船――歴史的ページェント』（一九六七）という戯曲を紹介し、大西洋を渡る奴隷船の中での恐怖と苦痛に満ちた経験が、アフリカの黒人の肉体ばかりでなく精神の変容までもうながし、奴隷に変えてしまう機能を果たしていたことを指摘している。戯曲の舞台は奴隷船の中。白人船長のかけ声とともにアフリカの太鼓の音が聞こえてくるが、やがてそれは太鼓ではなく、壁や床をたたく音であり、鎖を引きずる音、女たちが「アフリカの悲しみの歌」をうたう声、うめき声、ハミングなどがそれに混じっていることがわかる。白人の支配する船の中は、「言語化されない人間の発する声や音」でいっぱいになる。これはもちろん二〇世紀に書かれた戯曲の中のシーンなのだが、現実に、鎖に繋がれたアフリカの人々は耐え難い苦痛と不安と恐怖の中で、太鼓の代わりに床をたたき、呻くようにうたい、得体のしれない「悪霊」を追い払う儀式を執り行なおうともがいていたのかもしれない。もちろんそんな「儀式」は何の効果もなかったはずだ。だが、アメリカに連れてこられた世代は、この船の中での異様な体験を忘れることはなかった。

奴隷制度の中でアメリカの黒人が独自の文化を築き上げていったのは、厳しく制限された生活を送りながらも、ひとりひとりが自分の部族の中で守られていた伝統を伝え合い、連帯感を生じさせることができたからである。「築き上げた」というよりは、イシュメイル・リードの言葉を借りて、「ジェス・グルー（自然発生）」したと言った方がよいかもしれない。この「ジェス・グルー」（"Jes Grew" つまり "just grew"）とは、リードの小説『マンボ・ジャンボ』（一九七二年）の中で、黒人の内在的な力を、どこからともなく発生し蔓延していく菌に例え擬人化してつけた名前である。『アフリカン・アメリカンの文学』の中で荒は、「ジェス・グルー」とは「見えない命」であり、「白人の支配するアメリカに挑む力」であり、「増幅し増殖する伝染性のテクスト」でもあることを指摘している。小説の中では、この「ジェス・グルー」が疫病のようにアメリカ中で猛威を振るい白人に脅威を与えるのであるが、黒人文化の代表である音楽は白人聴衆を脅かすのではなく魅了していくことになった。

白人農園主が奴隷たちにも日曜日にキリスト教の礼拝に出席することを求め、やがて英語を覚え聖書の内容を理解する者が現れ、黒人は自分たちだけの集会をもつようになった。そこでは歌や太鼓や踊りによるアフリカの「儀式」がいろいろな形で執り行なわれ、共同体意識が育っていった。それは意図的にというよりは、「ジェス・グルー（自然発生）」的に起こったにちがいない。ジェイムズ・バーダマンらの説明によると、このような機会にうたわれる歌は、リーダーのソロの声を受けてグループによるコーラスが続き、それをくり返すコール・アンド・レスポンス（呼応形式）をとり、全員参加のものであったという。そこに太鼓や手拍子、踊りなどが加わることもあった。また、白人教会で耳にした賛美歌の影響も受け、キリスト教の説教を自分たちの境遇に当てはめて、黒人霊歌が生まれた。そして、全員参加の歌や踊りが重要な部分を占めていた奴隷たちの集会は、今も黒人教会の礼拝に引き継がれている。

一方、集団で従事させられたプランテーションの農作業の中で、ワークソングと呼ばれる労働歌がうたわれたが、これも過酷な労働の中で「ジェス・グルー（自然発生）」したと思われる。そこにアフリカの共同体音楽の形式が残っていたことを、三井徹は『黒人ブルースの現代』の中で指摘し、ブルースへと発展していった様子を次のように説明している。ワークソングは、呼応形式や規則正しいリズム、そして同じモチーフのくり返しという特徴をもち、「共同体遺産の力」、「集合的下意識」、「集団のリアリティの力」をとどめており、やがて奴隷制度が解体した後も、線路工事や刑務所の労働のような集団労働の場面でうたわれた。また、農作業をしながらひとりでうたうフィールド・ホラーズ（field hollers）という個人の表現形式である労働歌が、奴隷解放の頃に現れ、集団でうたうワーク・ソングの影響も残し、ヨーロッパ音楽の影響も受けながら、個人的悲しみ、嘆き、孤独感、労働や生活のつらさをうたうブルースへと発展していくことになったという。

「特定の誰か、ではない身体の所在」では、「ともに歌をうたう」行為によって、「構造化された社会的位置づけが一時的に解体される社会空間」が生じることを示唆しているが、うたう行為だけでなく歌詞の表現そのものにも、うたう主体（または表現する主体）を曖昧にぼかす働きが担わされているように思う。ヘンリー・ルイス・ゲイツ・ジュニアは、アフリカ系アメリカ人の表現形式の特徴として、「シグニファイング」（英語 “signify” は「意味する、物語る、示す」といった意味）という、間接的に表現することで二重の意味をもたせる語り口を挙げ、この特徴がアフリカの部族の言語に見られるものであることを論じた。『アフリカン・アメリカンの文学』の中で荒は、白人の前で自由に物を言うことのできなかった奴隷たちが、焦点をぼかし間接的に語り、白人にはわからない言語行動によって自分の気持ちを表現する必然性があったことを指摘する。つまり、アフリカの言語表現の特徴が、アメリカ黒人の置かれた特殊な状況の中で受け継がれ、発展し、定着していったと言えるのではないだろうか。

「特定の誰か、ではない身体の所在」に引用された歌詞の中には、この「シグニファイング」の特徴が確かに認められるものがある。「今日　牛は糞をしなくちゃ」とうたう主体は誰であろうか。「牛に糞をさせる」という行為は、文字どおりのものなのか、別の意味を含むものなのか。「排泄」に言及すること自体が特別な意味をもつのであろうか。ふだんはうたうことの許されない、主体のはっきりしない「口汚い」歌をともにうたうことで、社会的な位置付けがさらに曖昧なものになる。奴隷たちがアメリカの綿花畑でうたう歌には、抑圧された者の禁じられた言葉が隠されていた。それを集団でうたう行為には、やはり社会の中で厳しく引かれた境界線をひととき崩す機能があったと思う。

ともにうたうことで境界線が崩れるという視点に立つ時、南部の女流作家カースン・マッカラーズの小説『悲しい酒場の唄』（一九五一）に印象的なシーンがある。それは、小説の内容とは直接関係のない、鎖につながれた一二人の囚人の歌声についての描写で、小説全体の雰囲気を設定する効果を上げている。ここでは、社会で厳しく分けられている黒人と白人がともにうたい、その歌声が境界線を崩す様子が、聞く側の印象として語られるのである。

囚人たちの労働は一日中つづき、夜が明けてまもなく刑務所の護送車に詰め込まれて到着し、うす暗い八月の黄昏どきにまた運び去られるのであった。……そして毎日歌声が聞こえた。まず、濁声の一人が最初の一節を半分まで、質問するように歌う。しばらくすると、もう一人の声がこれに答え、やがて全部の囚人が歌いはじめるのであった。金色の日光のなかに濁った歌声が流れ、その音調に暗い悲しみと明るい喜びとが複雑に混じり合っていた。歌声が高まって、ついには、その声は、鎖につながれた一二人の囚人の口から出たものではなくて、大地そのもの、あるいは広い空から聞こえてくるように思われた。それは心を広げ、聞く者を恍惚と恐怖で冷たくさせる歌声である。やがて歌声は次第に低くなり、しまいにはたった一人のさびしい声だけとなり、そして、大きなかすれた声が一呼吸したあとは、静寂のなかに日が照りつけ、鶴嘴の音が聞こえるだけである。（西田実訳）

音楽家を目指していたマッカラーズが、南部で過ごした少女時代に実際こんな光景を目にし、歌声を耳にしたかどうかはわからない。しかし、南部育ちの白人作家のイメージの中で、「ともに歌をうたう」という行為が、人種の境界線をひととき崩す効果をもつものとして描かれていることが興味深い。マッカラーズは『結婚式のメンバー』（一九四六）という小説の中でも、二人の孤独な白人の子どもと黒人家政婦が夏の日の午後の台所で急にうたい始め、それぞれの歌声が奇妙に混じりあい、社会的位置付けに規定されない「コムニタス」的空間の生じるひとときを描き出している。

「コーラスする身体」は海を越え、アメリカの地で奇蹟のように、しかし必然的かつ自然発生的に、古くて新しい歌を生み出した。そしてそれはアメリカ中に広まり、様々な分野で影響を及ぼすことになった。アフリカ系アメリカ人作家リチャード・ライトが、アメリカ黒人の歴史の中に見い出し、讃え表現したいと願った「生命の力」（life force）を、私も強く感じずにはいられない。

［参考文献］

荒このみ　『アフリカン・アメリカンの文学』平凡社、二〇〇〇年。
猿谷　要　『歴史物語アフリカ系アメリカ人』朝日選書、二〇〇〇年。

ジェイムズ・バーダマン『アメリカ南部——大国の内なる異郷』森本豊富訳、講談社現代新書、一九九五年。
ロバート・パーマー『ディープ・ブルーズ』五十嵐正訳、シンコー・ミュージック、二〇〇〇年。
三井　徹『黒人ブルースの現代』音楽の友社、一九九七年。
Henry Louis Gates, Jr. *The Signifying Monkey : A Theory of African American Literary Criticsm*. New York : Oxford University Press, 1988.
Carson McCullers. *The Ballad of the Sad Café and Collected Short Stories*. Boston : Houghton Mifflin, 1952. 邦訳『悲しい酒場の唄』西田実訳、白水社、一九八二年。
——. *The Member of the Wedding*. Boston : Houghton Mifflin, 1946. 邦訳『結婚式のメンバー』渥美昭夫訳、中央公論社、一九七二年。
Ishmael Reed. *Mumbo Jumbo*. New York : Doubleday, 1972. 邦訳『マンボ・ジャンボ』上岡伸雄訳、国書刊行会、一九九七年。

III

はじめての接続

First Contact

「異化」していこう！——まなざしの転換

細谷 等

1 「異化」って何？

「異化」って何？　この頁にふと眼を落とした大方の読者は、こうした疑問を抱くのではないでしょうか。たしかになじみのない名前ですね。でも、しばらくしてわかると思いますが、この「なじみのない」ことこそ、「異化」の基本理念なのです。また、もし聞いたことがあるという人がいたら、おそらく文学理論のひとつとしてそれを知っているのではないでしょうか。たしかに、「異化」は文学の領域から産み出された概念です。しかし、「異化」はたんなる文学理論以上のもの、あえていえばモノの視方そのものにかかわる重要なスタンスを意味します。後述するように、それは何も文学に限定されるものではありません。少々大げさにいえば、それは使いようによっては、私たちの生活態度そのものすら一変させるような力をもっているのです。では、「異化」とはどのようなものなのでしょうか。

説明にはいるまえに簡単なテストをしてみましょう。まず次の短文①と②を読んでみてください。

①ちょっとタバコの火を貸してください。

②失敬、煙漂う草の葉に少しく炎を点じたいが故、火を拝借いたしたく候。

さて問題です。①と②では、どちらがより文学的ですか？

私は自分のクラスでもこの問題をよく出すのですが、一〇人中一〇人が②のほうが文学的と答えます。おそらく、読者の皆さんもその答えには異論はないと思います。では次の問題。それでは、なぜ②のほうが文学的なのですか。

これは、けっこう難しかったのではないでしょうか。「文学っぽい」から、というのは答えになっていません。「表現が難しいから」？　私の学生でも、この回答をした人が大勢いました。でも、これは半分だけ〇。なぜなら、幾何学のテキストだって哲学書だって、難解でしょ。それでも、私たちはそうしたものを「文学」とは呼ばない。では、なぜ理由をはっきりいえないのに、ほとんどの人が②をより文学的と思うのでしょうか。言い換えれば、幾何学のテキストや哲学書を読んでもそれを「文学」と思わないのに、森鷗外の『舞姫』を読むと、なぜそれを「文学」と思うのか、ということです。

さきほどけっこう難しいといいましたが、本当にこれは難問で、かえってあまりにも自明すぎるために、ほとんどの人（プロの文学者も含めて）が答えられない厄介な問題でした。いま読んでいるものがどうして「文学」なんだ、なんて考えながら読んでる人はいませんでしたし、いまもあまりいませんからね。ところが、これにある明快な答えを与えた人がいたのです。ヴィクトル・シクロフスキイという文学研究者で、名前からもわかるように旧ソ連の人です。彼は「手法としての芸術」という論文のなかで、私たちに文学を「文学」として認知させる仕掛けを明らかにします。それが、「異化」というやつなのです。

シクロフスキイは文学の言語（彼の言葉を使えば、「詩的言語」）の特性を明らかにするにあたって、まず私たちが日常使う言語（「実用言語」）とはどういうものかを定義します。つまり、私たちが電車のなかで会話をしたり、部屋で新聞記事を読んだり、会社の書類をまとめたりするときに使う言語、誰が見ても「文学的」とは思えない非文学的な言語のことです。そうした実用言語に共通なものとして、シクロフスキイは「自動化」という現象を指摘します。彼の話に少々耳を傾けてみましょう。

知覚の一般法則を検討してみれば、その作用は習慣化していくのと同時に自動的になっていくことが分かる。たとえばわれわれの習慣的反応はことごとく無意識的＝自動的なものの領域へと退いていく。はじめてペンを執ったときとか、はじめて外国語を喋ったときに味わった感覚を思い出して、同じことを一万回繰り返したときに覚える感覚と比べてみれば、右のことが納得されよう。（ヴィクトル・シクロフスキイ「手法としての芸術」、松原明　訳）

少々難しい説明かもしれません。わかりやすくするため、ここで挙げられている「外国語」を例として、この「自動化」というものを考えてみましょう。まず次の文を読んでみてください。

Everyone thinks he will make a great success in the future.

英語を学習したことのある人にとっては、とりたてて難しい文ではありません。おそらく、そうした人はこの文を一気に読み、「彼は将来を嘱望されているんだな」というメッセージを受け取ることでしょう。しかし、英語を習いたての中学生や英語の苦手な人は、一気にそのメッセージを受け取るわけにはいきません。“everyone”がこの文の主語で、“will”はたしか未来を示す助動詞だよな、“make a success”ってどういう意味だっけ、などとひとつひとつの単語に引っかかりながら、ようやくその意味するところに辿り着くのではないでしょうか。私たちはこうした単語や文例を繰り返し眼にし、また使うことで、スラッと英文を読みこなせるようになるのですが、この「スラッと」がまさにシクロフスキイのいう「自動化」にほかなりません。この点をもう少しつぶさに見ていきましょう。

　注意したいのは、英語に堪能な人がこの文を読むとき、もはや初心者のように単語に引っかかりをおぼえない、ということです。言い換えれば、外国語に堪能な人はいちいち立ち止まって文を構成する単語をもはや確認することなく、一瞬でメッセージのみをとらえる。シクロフスキイにならっていうなら、メッセージを構成する言葉そのものは「無意識的＝自動的なものの領域へと退いていく」わけです。意識にはいるのは言葉そのものではなく、その意味するところであり、言葉はたんなる透明な媒体となっていくのです。

　あるいは、何万回も繰り返して使っているうちに、言葉は貨幣のようになっていくともいえるでしょう。というのも、例えば私たちが千円札を使うとき、それで何が買えるのかが重要なのであり、お札自体には何の関心も向けないからです。問題は千円札のもつ交換機能であり、そのデザインや色彩が秀逸であるとか、夏目漱石の肖像がリアルであるとかいったことではありません。このお金の交換機能を言葉の伝えるメッセージに、千円札そのものを言葉それ自体に、それぞれ置き換えてみましょう。メッセージを伝えるのみで、もはやそれ自体には注意を向けられなくなってしまった言語、交換のみに使用されるすり減った貨幣のような言語、それこそが「自動化」した言語であり、私たちが日常使用する言語なのです。だって、日常私たちが口にする言葉に誰が関心など払うでしょうか。「あれとって」といえば、それを聞いた人はメッセージをとらえて、そのようにしてくれるでしょう。けれども、「あれとって」の「あれ」という言葉のもつ響きや抑揚にわざわざ注意を向け、その言葉自体を味わう人などいないはずです。

ところが、英語の初心者の例に見たように、私たちははじめから言葉を貨幣のように（メッセージの）交換のみに使用していたのではありません。最初は誰でも言葉に引っかかりをおぼえる、つまり言葉自体に注意がいかざるをえないのです。そのことは、子どもの言語感覚を見ればよくわかると思います。

少々古い例で恐縮ですが、「協和汚職事件」という見出しを新聞で見たとしましょう。大人はこれを見て、「ナニ、また銀行の汚職か」とか、「日本の金融状況はどうなるのか」といったことに思いをめぐらせるでしょう。この場合、見出しのメッセージのみが受け取られるわけです。しかし、子どもは違います。「協和汚職事件」という見出しを見て、「今日はお食事券」などといったギャグを平気でいったりします。大人で、こうしたダジャレを考えつく人はそれほどいないのではないでしょうか。では、なぜそうなるのでしょうか。それは、子どもにとって、日本語はまだなじみのないもの、引っかかりをおぼえるものにほかならないからです。大人には何万回も繰り返すことで透明な媒体となってしまった言葉が、子どもにはまだ充分に透明にはなっていない。そのため、「キョーワオショクジケン」という言葉の響きに注意がいってしまい、さきのような意味よりも音からくるギャグが生まれるのです。考えてみれば、貨幣だってそうですよね。子どもは十円玉の輝きや刻印された模様を、飽きもせずためつすがめつ眺めたりします。言葉と同じように、子どもはお金に交換媒体としてではなく、モノ自体として触れているわけです。

さて、以上のことを踏まえて、今度は「詩的言語」について考えてみます。再びシクロフスキイの話を聞いてみましょう。

そこで、生の感覚を取りもどし、事物を感じとるためにこそ、石を石らしくせんがためにこそ、芸術と呼ばれるものが存在しているのである。……そして、芸術の手法とは、事物を〈異化〉する手法であり、形式を難解にして知覚をより困難にし、より長びかせる手法なのである。（シクロフスキイ、前掲書）

ここで「異化」の定義が出てきます。「形式を難解にして知覚をより困難に」するというのがそれですが、それによってどういう効果があるかといえば、モノ自体に注意が喚起されるということです。異化作用によって、ふだん気にもとめない「石」がまさに「石」として改めて見直される。この「石」を「言葉」に置き換えてみましょう。ふだん気にもとめない「言葉」が「言葉」として改めて見直される。もう少しわかりやすくいえば、メッセージ伝達のたんなる道具としてもはや関心が払われなくなった言葉に、改めて注意が向けられる。こうした作用をもつものが、芸術の言語であり、「詩的言語」なわけです。

この観点から、最初に出した設問をもう一度おさらいしてみましょう。あなたが駅で「ちょっとタバコの火を貸してください」といわれれば、即座にライターを取り出すでしょう。しかし、「失敬、煙漂う草の葉に少しく炎を点じたいが故、火を拝借いたしたく候」といわれたとき、あなたは「ハイ？」と一瞬とまどうはずです。なぜなら、前者の場合、すぐそのメッセージ（内容）が理解できるのに、後者の場合は言葉の形式が「難解」なためにそれに引っかかりをおぼえ、メッセージよりも言葉自体に注意が向いてしまうからです。そして、これが②をより「文学的」と大方の人が答える理由なのです。

以上のように、「詩的言語」というのは、その伝えるところをなかなか理解できないようにすることで、つまり「異化」することで、それ自体に注意を喚起させる言語のことをいいます。コミュニケーションのたんなる道具として、あるいはくたびれた貨幣として、ソッポを向かれた言葉に「生の感覚」を取りもどしてあげること。これが「異化」の効果なのです。ちなみに、「異化」のことを英語では“defamiliarization”といいます。接頭辞の“de-”は「脱」を、“familiarization”は「なじませること」をそれぞれ意味します。したがって、“defamiliarization”とは「脱—なじませること」、「なじんだものをなじみないものに変えること」となります。設問の②などは、それこそ何万回も聴いて「なじんだ」実用言語①を「なじみのない」表現に変えたものといえましょう。英語のほうが「異化」の定義にもなっていますので、そちらも憶えておいてください。

もう少し例を引いて、「異化」について見ていきましょう。次にあげる詩の抜粋は、ステファヌ・マラルメというフランスの詩人のものです。原語で紹介できればよいのですが、執筆者の能力の問題と、訳者の鈴木信太郎の日本語でも充分「異化」しているという理由から、あえて翻訳を使わせてもらいます。

月魂《つきしろ》は悲しかりけり。織天使《してんし》は涙に濡れて、

指に樂弓《ゆみ》、朧《おぼろ》にけぶる花々の静寂の中を
夢みつつ、花瓣《はなびら》の蒼空の上を渡りゆく
眞白き涕泣　音《ね》も絶え絶えの胡琴《たてごと》に　ゆし按《あん》じたり。
（ステファヌ・マラルメ「あらはれ」一部抜粋、鈴木信太郎　訳）

この文を読んで、会議の議事録であるとか、雑誌の記事であると思う人などいないでしょう。ここでは、いったい何を伝えているのかということよりも、まずなじみのない言葉のほうに眼がいってしまい、その形・響きに注意がつなぎ止められます。そして、それゆえに、これは「詩」であると多くの人が判断することでしょう。つまり、メッセージ（内容）よりも言葉そのものに関心がいくように、言語が「異化」されているわけです。

　さきほど、子どもはまだ言葉になじみがないために、それ自体に関心を向けるといいましたが、そのためか子ども向けの歌には言葉の意味よりも響きを重視したものが多いようです。例えば、私が子どものときに見ていた『魔法使いサリー』というテレビ番組の主題歌。「マハリク・マハリタ・ヤンパラヤンヤンヤン」という呪文でそれははじまるのですが、その言葉に何かメッセージが込められているといったことはありません。「マハリク・マハリタ・ヤンパラヤンヤンヤン」という響きが楽しいのであり、言葉そのものが関心の対象なのです。『サリー』の後続番組『ひみつのアッコちゃん』でも、鏡の魔法を解く呪文「ラミパス・ラミパス・ルルルルル」は言葉そのものが問題なのです。「ラミパス」という文句は「スーパーミラー」の逆さ言葉である、とそこに意味を読み込んでしまうのは、実用言語と同じようにくたびれ果てた大人の言語感覚といえましょう。「マハリク・マハリタ」にしろ、「ラミパス」にしろ、記憶力が最近とみに低下した私が四〇歳になっても憶えているくらいですから、その言葉に向けての喚起力は相当なものです。実用言語にすら言葉の存在性を感じとってしまう子どもにとっては、まさにうってつけの「異化」された言語といえましょう。

シクロフスキイは「異化」の概念を「詩的言語」、つまり文学の定義に用いましたが、これを演劇に応用した人がいます。ベルトルト・ブレヒトというドイツの劇作家です。この人はたんに「異化」を文学から演劇へと移植しただけでなく、それがもつ可能性を広げました。すなわち、彼は「異化」のなかに芸術の手法だけでなく、実践的な利用とでも呼ぶべきものを発見したのです。そして、これが「異化」の重要なポイントになっていきます。

2 演劇における「異化」

ブレヒトはその『演劇論』において、演劇における「異化」を次のように説明します。

叙事（的演）劇特有の要素のひとつ、いわゆるV《ファウ》効果（異、常化の効果）をいよいよ論ずるはこびである。ここで眼目とするところは、要約すると、上演の対象である人間相互間の出来ごとに、人目に立つもの・説明を要するもの・当然自明とはいかぬもの・ただ単にあるがままとは云えぬものというきわめ付きをあたえることのできるようなテクニックである。（ベルトルト・ブレヒト「街頭の場面――叙事（的演）劇の場面の基本型」、小宮昿三　訳）

ここで「異常化」と訳されているのは、もちろん「異化」のことです。キーワードは、「当然自明とはいかぬもの」に「きわめ付きをあたえる」こと、ようするに演劇における不自然な約束事を改めて目立たせる、ということにあります。ブレヒトによれば、それによって、舞台と観客の間に「催眠術の場」が生じなくなり、演劇的イリュージョンが剝ぎ取られることになります。どういうことでしょうか。演劇だとわかる人が限られてきますので（私もよくわからないひとりですが）、もっと身近にテレビ・ドラマを例にとってまず考えてみましょう。

日頃漫然と眺めているテレビ・ドラマですが、よく考えてみれば不自然なことがいっぱいあります。例えば、昼の恋愛ドラマなどで、恋人が事故にあって入院したという知らせをヒロインが聞いたとします。ショックを受ける彼女。するとなぜか部屋まで暗くなったり、いままで晴れていたのに急に雨が降り出して、彼女がそのなかをしゃにむに突っ走っていったりします。電気も天気も、ヒロインの気分次第で自由自在というわけですね。また、朝の連ドラなどでよく見かけますが、家族の会話なのに、ひとりひとりの話をじっくり聴いたうえで、順番に話すという光景があります。喧嘩しているときですら、礼儀正しく順番を守ってののしり言葉を吐くのですから、無気味です。恋人同士の会話にも、不自然きわまりないものがあります。いつも会っているはずなのに、「あなたは○○大学医学部卒業の医局長候補……」、「そういうきみだって、××財閥のお嬢さん、……」などといちいちお互いの経歴を紹介しあったりする。視聴者に向けての人物紹介なのでしょうが、あなたがこんな会話を喫茶店でしたら皆の注目を集めること請け合いです。そういえば、私が子どものときに大好きだった『ウルトラマン』には、「サトルくん、地球をあげますといえ！」と日本語で（しかも、星一徹の声で）恫喝するメフィラス星人のように、やたら日本に関心をもつ宇宙人や怪獣が登場しました。そのときは考えもしなかったけれど、これも「当然自明とはいかぬもの」ですね。

以上、思わずつっこみを入れてみたくなるものばかりを挙げてみました。でも、いわれてみればであって、日常はあまりこういう細かいことなど気にしないでドラマを見ている人のほうが多いのではないでしょうか。なぜでしょう。それはそうしたものを絶えず眼にすることで、本来不自然であるはずの約束事が「自然」化してしまうからです。つまり、ドラマと視聴者の間に「催眠術の場」が生じ、ちょうど催眠術をかけられた人が石を宝石と思いこんでしまうのと同様に、視聴者は不自然なものを「自然」と錯覚するようになるのです。これをシクロフスキイ的に言い直すなら、約束事が何万回も繰り返されることで「自動化」し、無意識的・自動的なものの領域へと退いて、もはやその不自然さが意識に上らなくなってしまった、ということになりましょうか。こうした不自然な約束事を改めて不自然きわまりない形で、まさに「なじみのない形式《ディファミリアライゼーション》」で提出し、観客にその異常さを知覚させることがブレヒトの「異化」の戦略なわけです。

ひとつ例を挙げて、さらに見ていきましょう。図版1は、森田芳光監督の『家族ゲーム』（一九八三年）からの有名なシーンのひとコマです。一見すると、変な食卓風景ですね。優作も伊丹十三も、みんな横一線に並んで食事をしている。思わず、「何じゃコリャ！」ですね。しかし、この「不自然さ」こそがミソなのです。つまり、森田芳光はここで映画のある約束事、本来不自然なのにその不自然さが忘却されてしまった約束事を、「なじみのない形式」に置くことで観客に改めて知覚させようとしているのです。

では、その「異化」されたものとは何か。これもまた、テレビ・ドラマで考えてみればよいでしょう。日頃、ドラマに出てくる食卓シーンを変だと思う人はそういないはずです。しかし、よくよく考えてみれば、いつも視聴者に向かって手前の位置に人がいないことに気づくはずです。どうしてかといえば、それはカメラのある位置であり、そこに人が座っていてはその人の背中しか映らなくなってしまうからです。それは撮影の制約に縛られた、ふつうの食卓ではとんとお眼にかかれない、いつも特定の席に人がいない不自然な食卓なのです。それをもっと極端な形（家族全員がカメラの方を向いている）で提示したのが、『家族ゲーム』だったわけです。

　この映画の異化作用はこれで終わりません。それは映画・ドラマの約束事だけでなく、私たちの日常生活の不自然さをも「異化」しています。テレビ世代である私などは痛感するのですが、この「不自然な」食卓風景は私たちのそれが誇張されたものでもあります。というのも、家族がテレビを見ながら食事をするというのが、私の家でもそうでしたが、ごく一般的な家庭の慣行だったからです（過去形で書いたのは、家族全員でテレビを見るということが最近では少なくなったからです）。視線を合わさず、ろくに会話を交わすこともない、一定方向（カメラ、ではなくテレビの方向）に顔だけ向けて食事をする家族の肖像。考えてみれば、無気味で不自然ですよね。横一列に並んでこそいないが、原理的には映画の食卓と同じような光景が日本の家庭の至るところで、しかもその不自然さが改めて問われることもなく、繰り返されていたわけです。もし茶の間で食事中に『家族ゲーム』を見ながら、「ヘンなの」なんていってい
る家族がいたら、それこそ映画の思うツボということになりましょう。

　自動化し「自然」化した約束事を不自然なものに突き返すこの脱―自然化の手続きを、今度は演劇そのもので例証してみましょう。取り上げるのは、ドイツの作家ルードウィヒ・ティークの『長靴をはいた猫』ならぬ『長靴をはいた牡猫』という、題名からして人を食った戯曲です。これは十八世紀に書かれたものですが、ブレヒトの演劇論を先取りするかのような、ある意味で教科書的な異化芝居となっています。

　この戯曲は、芝居のなかにその芝居を批評する観客が登場する、といった劇中劇のような構造をもっています。『長靴をはいた牡猫』という芝居がはじまる。すると、その当の芝居のなかに観客が現れて、それをあれやこれや寸評しだす、という仕掛けです。少々長くなります

が、一部引用してみます。

ローレンツ　親父さんが死んだからにゃ、わずかな財産でも、すぐ分配しなきゃなんねえと、おれはおもうんだがの。お前らも知ってのとおり、死んだ親父さんは目ぼしい物といったら、たった三つしか残しちゃいねえ。馬と牛と、それから、そこにいる牡猫だけだ。おれは長男だから馬をもらうだ。バルテル、お前は次男だから牛を取れ。そこで、と。一番下の弟には牡猫が残るってわけだな。

ロイトネル　（平土間で）こりゃおどろいた。こんな発端てあるもんだろうか。これでみても劇芸術がいかに堕落しているかがわかりますよ。

ミュレル　だが、わたしには、なにもかもよくのみこめましたがな。

ロイトネル　それ、そこがつまり欠点ですよ。観客には、それとなく、こっそりと分からせなけりゃいけない。こんなふうに、むき出しに言うって法はありませんよ。

ミュレル　しかし、見当がつくってものじゃありませんか。

ロイトネル　それだって、あわてて知る必要はありませんよ。自然にそのなかへ、はいりこんでゆくのが、まさにこの上ない楽しみというものですよ。

（ルードウィヒ・ティーク『長靴をはいた牡猫』、大畑末吉訳）

ちょっと複雑ですね。人物関係を整理すると、ローレンツは劇のなかで演じられる劇の登場人物で、ロイトネルとミュレルはそれを批評する劇中の観客となります。素朴な図式化をすれば、その効果は次のようになりましょう。まず、（本当の）観客が『長靴をはいた牡猫』という劇を鑑賞しようとする。（本当の）観客が劇の世界にはいろうとしたとたん、その劇のなかに役者演じるところの観客が現れて、その構成や展開をあれこれ寸評しだす。それによって、(本当の)観客は自分が劇を観ていることをつねに意識させられ、劇の世界に没入できなくなる。

異化効果とは「感情移入を目的とするテクニック」とは対極にある、とブレヒトがいったことが、ここでは愚直に実践されています。芝居であれドラマであれ、それを観るとき、私たちはその約束事を前提として受け入れて、虚構の世界へとはいっていきます。なぜ宇宙人は日本ばかり侵略して日本語で話すのだろう、なんて疑問をもったら、『ウルトラセブン』などとても見れませんよね。しかし、『長靴をはいた牡猫』はこの不問にされるべき約束事をさらけだし、約束事自体に改めて注意を向けさせることで、観客に芝居のもつ芝居性を不断に想起させるのです。簡単にいえば、芝居の豪華なセットの裏側をつねに晒し、薄っぺらなベニヤ板だとか角材を見せつけることで、劇的なイリュージョンを断ち切るわけです。しかも、皮肉なことに、そうしたイリュージョンを断ち切っている当の本人たちが、「こんなふうに、むき出しに言うって法はありませんよ」とか、あるいは別のところで「こんなことじゃ、合理的なイリュージョンの世界へは、はいってゆけませんね」などといっているのです。

少し話題はそれますが、『長靴をはいた牡猫』のような劇をメタ芝居ということができます。この場合、「メタ」(meta-)という接頭辞は「〜のあとに」というぐらいの意味で、あるもの「のあとに」同じあるものがきてそれを解説・批評するようなときに使います。有名なのはメタ・フィクションですが、これは小説のなかで小説を書くことを解説したり、あるいは「文学」という制度を批評的に論じたりする、いわば「楽屋オチ」のようなジャンルです。小説について語る小説、とでもいいましょうか。『長靴をはいた牡猫』は、芝居のなかで芝居について語る芝居ですね。こうした自己言及的な仕組みをもつものを、一般に「メタ〇〇」といいます。言語学は、言葉の機能をその当の言葉で解説する（例えば、英語という言語について英語で記述する）メタ言語といえましょう。また、「ポケットモンスター」にバトル相手のポケモンそっくりに変身できる能力をもつ「メタモン」というポケモンがいます。相手を自己言及の術策にはめて倒す、あざといポケモンですね。小説であれ劇であれ、ふだんは注意が向かないような約束事を改めて意識化させ、問い直すという意味で、「メタ」も「異化」のひとつの形態である、と私などは理解しています。

以上、ブレヒトの「異化」について述べてきましたが、さきほどもいいましたように、それはたんに劇の約束事がもつ不自然さを意識化させるといった「楽屋オチ」を狙ったものではありません。ブレヒトは「異化」の概念を応用するさい、演劇という狭い領域を越えたところまで射程に入れていたのです。そして、そこにこそ、政治的・実践的な武器としての「異化」の可能性が開けてくるのです。

3 「異化」していこう！

ブレヒトは異化演劇を演じる俳優について、「彼がとる立場は社会批判の立場である」といっています。また彼は、「あらゆる出来ごとの土台である社会的な身ぶりを異常化すること」にこそ、異化効果の究極的な目的があるとも語っています。つまり、彼にとって、「異化」とは、演劇的約束事の不自然さを露呈させる装置にとどまらず、社会的約束事の不自然さをも告発する戦略だったわけです。

日常の・じかにふれる環境の・出来ごとや人物は、見慣れているから、当然あるべきものという趣をそなえているように思われる。これを異常化するのは、われわれの注意をひかせるのに役立つ。ありきたりの・〈自明の〉・けっして疑をさしはさまれたことのない現象にするどい眼をむけるというテクニックは、科学によって丹念に編み上げられて来たのだ、だから芸術が有益なことかぎりないこの立場をとってはならぬという理由は、すこしもないのである。（ブレヒト、前掲書）

「ありきたりの」「自明の」「けっして疑をさしはさまれたことのない」事がらに注意を喚起させるという「異化」の手法が、「日常の・じかにふれる環境の・出来ごとや人物」にも応用されるべきだ、とここでは訴えられています。私たちの日常、私たちが「自明の」こととして暮らしていく日常、よく考えればおかしなことだらけかもしれないのに、もはや関心すら払わずに消化していく日常、こうしたことこそ「異化」すべきなのだ、というのです。どういうことなのか、具体例を挙げますので理解してみましょう。

まず図版2を見てください。優しく微笑んでいるお母さんが子どもに本を読んであげている構図です。これは一八四〇年頃に描かれたものですが、そこに何か不自然なものを見てとる人は現在でもあまりいないと思われます。心なごむ絵じゃないか、といった声が聞こえてきそうです。おそらく当時の人にとっては、なおさらそこに「不自然さ」など感じられなかったことでしょう。というのも、一九世紀の西洋では、こうした絵画や挿し絵が何千何万と出回り流通していたからです。つまり、繰り返しそうした構図を眼にすることで、当時の人はそれを「ありきたりの」こととしてとらえていたからです。では、この絵に描かれているような母と子の関係は、本当に「自然」なものなのでしょうか。母性は普遍的なもの、自然なものであるがゆえに繰り返し描かれたのでしょうか、それとも繰り返し描かれたからこそ「自然」になったの

図1

図2

でしょうか。
女性史を繙《ひもと》けばどこにでも書いてあることですが、男性が家庭の外で働いて、女性が家事をするといった役割分担が確立したのは、歴史的に見てそれほど昔のことではありません。最初にそれが確立された欧米社会においても、せいぜい一九世紀初頭の頃にすぎません。その経緯をごく簡単に述べれば、一八世紀後半にまずイギリスで産業革命が起こり、従来の農業主体の社会が解体し、工業主体の社会に変わっていきます。「家庭」の在り方もこれによって変化を強いられます。それまでの農業社会では、男性中心であることに変わりはないのですが、家庭が仕事場であり、女性もそこで労働に参加していました。父や夫といっしょに、女性も家の近くの畑を耕していたわけです。ところが、工業社会になると、仕事場と家庭が分離します。その結果、誰かが家から離れた仕事場で労働し、誰かが育児なり掃除なり家の世話をしなければならなくなります。そして、男性が外（社会）に、女性が内（家庭）に、それぞれ自分の領域を割り当てられるという領域区分が誕生したのです。

　この領域区分はけっして公平なものではありませんでした。女性がもっぱら家事を分担するということは、裏を返せば彼女がその他のあらゆる社会活動から排除されることを意味したからです。領域区分は、経済・政治・文化の領域において女性の声を組織的に抑圧する基盤となったのです。一八四八年にニューヨーク州セネカ・フォールズで、女性の参政権を求める初の決起集会が開かれたのも、また当時の女性作家たちが間接・直接的に「家庭」というシステムを疑問視し、ときに批判したのも、こうした抑圧にたいする女性側からの反動にほかならなかったわけです。とりわけ、シャーロット・パーキンス・ギルマンというアメリカの女性作家は、短編「黄色い壁紙」において、女性を幽閉する牢獄として家庭を描きだしています。ギルマンらにとって、「暖かい安息所」や「家庭の天使」といったイメージに糊塗《こと》され、その不白然さが見えなくなってしまった社会的約束事は、是が非でも「異化」せねばならないものだったわけです。

こうした歴史的文脈を踏まえて、図版2に立ち返りましょう。もはやこの図が「自明の」ものとは見えなくなるはずです。というのも、母親の優しい微笑の背後に、女性を家庭につなぎ止めようとする強力な男性イデオロギーが透けて見えてくるからです。「女性は家庭にいるべきもの」、「優しい母親、それこそ真の女性の姿」といったメッセージが何千回も何万回も繰り返されて、「普遍な」制度と化していくのです（もっとも、それがヒステリックなまでに繰り返されたのは、声高に確認せねばならないほど制度が不安定な状態にあったからなのですが）。

さきほど、現在でもこの図版に不自然さを感じない人は多いのではないか、と書きましたが、それは女性の社会進出がめざましい現代においても、いまだに一九世紀的な領域区分のシステムが根強く残っているからです。実際、洗濯や炊事関係のコマーシャルを見ても、相変わらず女性がそこで家事にいそしんでいる姿が映し出されます。それが日々何万回と繰り返され、女性＝家庭という連想を強化し、「自然」化しているとはいえないでしょうか。こうした「自然」となった不自然を「異化」し、白日の下に晒すことが、フェミニズムの仕事であったし、いまでもあるのです。そして、この場合の「異化」は、もはや「楽屋オチ」ではなく、男女関係の、あるいは人間関係のあり方を根本的に問い直すひじょうに重要な政治的戦略となっているのです。

シクロフスキイも、そうした「異化」の可能性に気づいていたようです。「手法としての芸術」の次の一節を読んでみましょう。

このようにして、生活は無に帰しつつ、消えていくのである。自動化の作用が事物を、

衣服を、家具を、妻を、そして戦争の恐怖を呑み込んでいってしまうのだ。（シクロフスキイ、前掲書）

「自動化」はたんに言葉だけに生じるのではない。「衣服」「家具」「妻」といったモノや人にも、つまり生活全般にも及ぶのです。興味深いのは、「戦争の恐怖」です。約五〇年前に日本が経験した、というより積極的に参戦した第二次大戦のことを考えてみましょう。歴史書などで当時の資料を見るかぎり、何であのような戦争を日本は遂行したのだ、と私などは思わざるをえません。そう思わない人もいるかもしれませんが、私と同様の感想を抱いている人も多いはずです。でも、当時の大方の人にとっては、あの戦争は理不尽でも何でもなく、ごく「自然」な成り行きだったのではないでしょうか。いま見ればおぞましいかぎりの帝国主義・植民地主義イデオロギーが、政治の場で、経済の場で、芸術の場で、あるいはマンガや映画といった大衆文化において、何万回と繰り返し実践されることで「自動化」し、もはやその不自然さが見えなくなってしまったのではないでしょうか。まさにブレヒトがいう「催眠術の場」が生じ（ファシズムを「催眠術」にたとえる人は少なくありません）、「戦争の恐怖」は呑み込まれていった、といえるのではないでしょうか。

少し極端な例を出しましたが、戦時中だけでなく、現在の日本にも「異化」すべき事がらはたくさんあると思います。さきに挙げた女性にかんするいびつな社会・文化的約束事などがそうです。同じことが、ゲイやレズビアンといった、異性愛中心社会から外れるグループをめぐる問題についてもいえるでしょう。同性愛者を気持ち悪いと思うのではなく、なぜ自分が「気持ち悪く思う」のか、それは自然な感情なのか、それとも同性愛者をめぐって果てしなく繰り返される言説やイメージによって「自動化」してしまった反応なのか、まず考えてみることが大事なのです。

子どもが言語にまだなじんでいないのと同じ意味で、若い人はまだ社会の約束事にはなじんでいません。ということは、ちょうど子どもがそのために言葉に注意が向くように、若い人はそうした約束事のあり方に注意が向くのではないでしょうか。自戒を込めていいますが、年をとると「自動化」現象にだんだんと呑み込まれ、制度や社会の不自然さが見えにくくなっていくのです。ラディカルな「異化」は、若いときにしかできない特権です。だから、この雑文を最後まで読んでくれた若いあなたに呼びかけて終わりとします。


「異化」していこう!

〔参考文献〕

有賀夏紀『アメリカ・フェミニズムの社会史』、勁草書房、一九八八年。

大橋洋一『新文学入門――T・イーグルトン『文学とは何か』を読む』、岩波書店、一九九五年。

水野忠夫『ロシア・アヴァンギャルド――未完の芸術革命』、パルコ出版、一九八五年。

テリー・イーグルトン『文学とは何か――現代批評理論への招待』大橋洋一訳、岩波書店、一九八五年。

パトリシア・ウォー『メタフィクション――自意識のフィクションの理論と実際』結城英雄訳、泰流社、一九八六年。

ヴィクトル・シクロフスキイ「手法としての芸術」松原明訳、桑野隆・大石雅彦編『ロシア・アヴァンギャルド6 フォルマリズム――詩的言語』所収、国書刊行会、一九八八年。

ルードウィヒ・ティーク『長靴をはいた牡猫』大畑末吉訳、岩波文庫、一九五二年。

ベルトルト・ブレヒト『演劇論』小宮曠三訳、ダヴィット社、一九六三年。

ステファヌ・マラルメ『マラルメ詩集』鈴木信太郎訳、岩波文庫、一九六三年。

執筆者紹介

宮川健郎（みやかわ・たけお）
東京都出身、日本児童文学・国語科教育専攻。主な仕事として、『国語教育と現代児童文学のあいだ』（日本書籍、一九九三年）、『現代児童文学の語るもの』（ＮＨＫブックス、一九九六年）など。

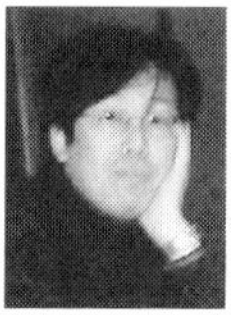

細谷 等（ほそや・ひとし）
東京都出身、アメリカ文学専攻。主な仕事として、トマス・カラー『セックスの発明——性差の観念史と解剖学のアポリア』（共訳、工作舎、一九九八年）、「退化せるヒステリー——Charlotte Perkins Gilman の「這う女」」『東北アメリカ文学研究』第二四号（二〇〇一年）など。

神辺靖光（かんべ・やすみつ）
東京都出身、日本教育史専攻。主な仕事として、『日本における中学校形成史の研究「明治初期編」』（多賀出版、一九九三年）、『幕末維新期における「学校」の組織化』（共著編、加賀出版、一九九六年）など。

毛利聡子（もうり・さとこ）
東京都出身、国際関係論専攻。主な仕事として、『ＮＧＯと地球環境ガバナンス』（築地書館、一九九九年）、「地球環境問題とＮＧＯのネットワーク」『地球環境レジームの形成と発展』（信夫隆司編、国際書院、二〇〇〇年）など。

小林一岳（こばやし・かずたけ）
東京都出身、日本史学専攻。主な仕事として、『展望日本歴史一〇　南北朝内乱』（共著編、東京堂出版、二〇〇〇年）、『日本中世の一揆と戦争』（校倉書房、二〇〇一年）など。

前田浩美（まえだ・ひろみ）
鹿児島県出身、アメリカ文学専攻。主な仕事として、"William Styron's The Confessions of Nat Turner Why Have Nat's Hopes Been Blighted?" Bulletin of Seiwa College, Vol.24, (1996), "When Peyton's Guilt Flies Away" Bulletin of Seiwa College, Vol.25, (1997) など。

千野拓政（せんの・たくまさ）
大阪府出身、中国文学専攻。主な仕事として、李輝『囚われた文学者たち』（共訳、岩波書店、一九九六年）、「文学に近代を感じるとき――魯迅『狂人日記』と『語り』のリアリティー」『接続２００１』（ひつじ書房、二〇〇一年）など。

菊地滋夫（きくち・しげお）
岩手県出身、社会人類学専攻。主な仕事として、「ケニヤ海岸地方後背地における緩やかなイスラーム化――改宗の社会・文化的諸条件をめぐって――」『民族學研究』第六四巻三号（日本民族学会、一九九九年）、「インド洋沿岸のスワヒリ都市」『アフリカの都市的世界』（嶋田義仁・松田素二・和崎春日編、世界思想社、二〇〇一年）など。

茅野佳子（かやの・よしこ）
東京都出身、アメリカ文学・英語教育（TESOL）専攻。主な仕事として、"Burden, Escape, and Nature's Role: A Study of Janie's Development in *Their Eyes Were Watching God*" *Publication of Mississippi Philological Association*, (1999), "Crossing the Boundaries: Peter Taylor's Literary Vision and His Childhood Experiences" Dissertation, (2000) など。

編集後記

二〇世紀を「児童の世紀」と呼んだのはエレン・ケイだった。その世紀が終わった今、子どもをどう捉えなおすことが可能か。そんな話をしながら作った『接続２００２』をお届けする。議論の過程であぶり出されたのは、「子ども」が、わたしたち大人の目によって創られてきたということだった。新しい世紀の子ども論は、子どもたちの目と大人の目を「接続」するところから始めなければならないだろう。わたしたちも、読者のみなさんの目と、わたしたちの思いを「接続」してゆきたいと思う。変わらぬご支援を願う。（千野）

『接続２００２』の原稿を書き始めた九月、同時多発テロ事件が起きた。世界情勢が気になり、テレビの前を離れられなかった。戦争が急に身近なものとなり不穏な空気が流れるなかで、世界各地で起きていることが、決してバラバラではなく複雑につながっていることを再認識した。異なるものが接触し、ショートを起こして焼き切れてしまうのではなく、電流が流れ新しいエネルギーが循環する。そんな「接続」があちこちで起こることを願っている。（茅野）

初号廃刊にならなかったこと、まずは喜ばしく思います。今回のテーマは「子ども」でしたが、正直言ってハマりました。誰もが通過しながらも、語ることをほとんど不能たらしめる時期。今回、女性が女性を語ることの難しさが、ほんのわずかですがわかるような気がしました。（細谷）

二〇代の前半から児童文学批評を書いてきた。子どもが読む文章は、漢字が少なく、ひらがなが多い。批評が作品の可能性の中心を引き出し、作品と共振する仕事なら、児童文学批評は、ひらがなの多い「白い字面」でなければならない。ひらがなで書くことは、作品の読者である子どもに近づくことでもある。私は、私のなかに「子ども」をつくろうとしてきたのだ。『接続２００２』で、私の文章は、そこに引かれた作品や子どもの作文に見合うほどに白い字面になれただろうか。（宮川）

最後に、今号も完成まで的確な助言と温かい励ましをくださった、ひつじ書房の松本功さん、生井純子さん、デザイナーの中山銀士さん、ほかスタッフのみなさんに、心より感謝申しあげます。

接続 2002 vol.2

発行 二〇〇二年六月八日　定価 一九〇五円＋税

著者▼
『接続』刊行会

発行者▼
松本 功

発行所▼
有限会社ひつじ書房
112-0002　東京都文京区小石川5-25-8　エスポワール8　1F
電話番号03・5684・6871　ファックス番号03・5684・6872
郵便振替00120-8-142852

印刷所・製本所▼
三美印刷株式会社

装丁者▼
中山銀士（協力＝葛城眞砂子＋佐藤睦美）

setsuzoku@hituzi.co.jp
http://www.hituzi.co.jp/setsuzoku/

ISBN 4-89476-165-3 C-1081 Printed in Japan